알듯말듯 미드족을 괴롭히는
미드표현 231개 때려잡기!

CHRIS SUH

MENT❂RS

All New
이게 진짜 미드영어다!

2025년 01월 13일 인쇄
2025년 01월 20일 발행

지 은 이 Chris Suh
발 행 인 Chris Suh
발 행 처 **MENT✪RS**
경기도 성남시 분당구 황새울로 335번길 10 598
TEL 031-604-0025 FAX 031-696-5221
mentors.co.kr
blog.naver.com/mentorsbook
* Play 스토어 및 App 스토어에서 '멘토스북' 검색해 어플다운받기!
등록일자 2005년 7월 27일
등록번호 제 2009-000027호
I S B N 979-11-94467-41-0
가   격 18,600원(MP3 무료다운로드)

PREFACE

영어공부하기에 딱 좋은 미드!

〈프렌즈〉, 〈섹스앤더시티〉, 그리고 〈위기의 주부들〉 등 동시다발적으로 터진 미드의 전성기가 지난 현재, 〈왕좌의 게임〉이 매니아를 넘어 대중성을 확보하고 전세계적인 흥행몰이를 하고 있다. 하지만 아직도 많은 미드족과 예비 미드족들은 영어공부하기에 딱 좋은 〈프렌즈〉, 〈위기의 주부들〉, 그리고 〈빅뱅이론〉 등을 보면서 미드표현을 익히고 리스닝과 영어회화 실력을 늘리는데 많은 시간을 할애하고 있는게 사실이다.

이게 진짜 미드영어다!

알아듣기 힘든 미국산 조크나 지나치게 전문적인 언어가 나오는 부분은 건너뛰고, 평이한 그리고 쉬운 단어들로 이루어진 문장을 집중적으로 공부하여, 내 것이 되는 표현들도 늘어나지만, That settles it, I see where this is going, Don't go there, I'm good to go, I could use a hand, He has it in for me, 그리고 I wouldn't put it past you 등 알듯말듯하면서 계속적으로 미드족을 괴롭히는 표현들이 있다. 이 책 〈이게 진짜 미드영어다!〉는 이렇게 종이에 적어가면서 소리내서 외워야 할 정도로 꼭 알아두어야 하는 미드냄새 팍팍 풍기는 표현 231개를 모아모아 정리하였다.

실제 미드내용으로 확인한다!

우리말 설명을 기계적으로 외우는 것은 정확한 의미를 캐취하는데도 오래 기억하는데도 한계가 있기 마련이다. 따라서 이 책에서는 각 표현의 정의는 간단히 정리하고, 대신 해당 표현이 나오는 실제 미드대화를 2개씩 발췌하였다. 물론 어느 미드인지, 어느 에피소드인지 그리고 어떤 상황에서 쓰였는지 상황설명을 해서 이해를 쉽게 하였다. 실제 미드대사를 보면서 언제 어떻게 각 표현이 쓰였는지를 경험해보는 것은 우리말 설명보다 더 정확히 그 의미를 체감할 수 있을 것이다. 대사내용이 부족하다고 생각하면 해당 에피소드에서 발췌된 부분을 찾아 앞뒤부분을 더 봐도 된다.

그래도 혼자 따라하기 부족하거나 해도해도 자꾸 까먹는 분들을 위해 이 책 〈이게 진짜 미드영어다!〉는 동영상 강의를 무료로 볼 수 있도록 준비하였다. 이 책의 완전한 이해와 기억에 커다란 도움이 될 것이다. 동영상 강의는 멘토스 홈피(www.mentors.co.kr)나 모바일웹 혹은 멘토스 어플(검색어: 멘토스북)을 다운받아 볼 수 있다. 많은 책을 두루두루 보는 것도 유익하나 또 어떤 책들은 중요하다 싶으면 페이지를 찢어먹듯이 조금은 과하게 집중해서 반복하면 영어실력을 한단계 향상시키는데 도움이 될 것이다.

무료 동영상 강의!

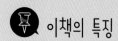 이책의 특징

1 미드족을 괴롭히는 미드냄새 팍팍 풍기는 표현 231개를 선정하였다.

2 각 표현에 친절한 우리말 설명과 POINT를 정리하였다.

3 실제 미드에서 뽑은 생생한 다이알로그를 넣어 이해를 도왔다.

4 네이티브의 현지 발음으로 귀로도 확인할 수 있다.

5 무료 동영상 강의가 되어 있어 쉽고 편리하게 표현을 익힐 수 있다.

이책의 구성

1. 231개 미드표현
알듯말듯 계속 괴롭히는 미드표현 231개를 선정하였다.

2. 우리말 설명
각 표현이 어떻게 이렇게 쓰이나, 가장 가까운 우리말은 무엇인지 자세히 설명하였다.

3. POINT
각 표현에서 꼭 기억하고 넘어가야 하는 것을 간략히 정리하였다.

4. 미드에서는 이렇게 나온다!
영어공부하기에 딱 좋은 미드들 중에서 각 표현이 나오는 장면을 캡쳐하여 대사를 우리말과 함께 수록하였다. 우리말 설명으로는 부족한 부분은 미드대사를 읽으면서 혹은 들으면서 감각적으로 각 표현의 의미를 캐치할 수 있다.

5. 무료 동영상 강의
231개의 표현에 대한 동영상 강의가 되어 있어서 더욱 쉽게 더욱 편리하게 시청각적으로 표현들을 내 것으로 만들 수 있다.

이 책을 쉽고 편리하게 보는 법

미드족을 괴롭히는 미드표현 231개

📺 062

내가 알 도리가 없지

I wouldn't know

상대방의 질문에 "나는 모른다"라고 할 때 쓰는 표현. 주로 상대방이 물어보는 질문에 답할 충분한 정보도 없지만 별로 언급하고 싶지 않을 때 쓰는 표현으로 퉁명스럽고 무례하게 들리는 문장. 모르기도 하지만 그 문제에 대해서는 얘기하고 싶지 않다는 뉘앙스가 강하게 포함되어 있다.

231개 표현에 대한 아주 친절한 우리말 설명

POINT

I wouldn't know 내가 알 도리가 없지

I wouldn't know about that! 내가 그거에 대해 알 리가 없잖

I wouldn't know wh~ S+V 내가 …을 알 도리가 없지

I wouldn't do that 나라면 하지 않겠어

꼭 기억해두어야 하는 핵심문구 정리

▶ **Friends 10-16**

파리로 떠나는 레이첼 환송파티에서 레이첼과 모니카가 헤어지는 장면.

Monica: I know what you mean. You're like a sister to me too.

Rachel: **I wouldn't know what** I'm gonna do without you.

Monica: You're the best friend I ever had.

모니카: 무슨 말인지 알아. 넌 내게 역시 자매같아.

레이첼: 너 없는 내가 뭘 해야 할지 알 수 없을거야.

모니카: 넌 최고의 절친이야.

▶ **Desperate Housewives 1-8**

오지랖 넓은 수잔은 마이크의 집을 뒤지다 걸리게 된다.

Susan: Hold on a minute, now. I started snooping around because I found all that money by accident. And, and then, I found a gun. Are you a drug dealer or something?

Mike: Is that what you think?

Susan: Well, **I wouldn't know** because you never let me in.

수잔: 잠깐만. 난 우연히 그 돈을 발견하고는 집안을 뒤지기 시작했어요. 그리고 나서 총을 발견했죠. 마약상이나 뭐 그런거에요?

마이크: 그게 당신이 생각하는거에요?

수잔: 저기, 당신이 얘기를 안해주니까 내가 알 수가 없죠.

영어공부하기에 딱 좋은 미드, 〈프렌즈〉, 〈섹스앤더시티〉, 〈위기의 주부들〉, 〈빅뱅이론〉, 〈모던 패밀리〉, 〈하우스〉, 〈브레이킹 배드〉, 〈왕좌의 게임〉 그리고 〈CSI〉, 〈Law & Order〉 등에서 해당 표현이 나오는 부분을 발췌하여 우리말과 함께 수록하였다.

CONTENTS

Section 02 **난 아는 표현인 줄 알았다!** 059-150

Section 03 | 아는 척하고 싶은데 도저히 모르겠다! | 151-231

SECTION

1

이거 모르면 스튜핏!

001-058

한배를 탔네, 이제 같은 처지군

Welcome to my world

상대방이 자기가 경험했던거와 유사한 상황에 놓여있게 될 때 사용하는 표현으로 「네가 무슨 일을 겪는지」 이해한다 라는 의미이다. 미드에 자주 나오는 표현으로 화자가 상대방이 겪는 어려움을 알고 있다는 것을 표현하고자 한다. Join the club 또한 같은 맥락의 표현이다.

POINT

Welcome to my world 같은 상황에 놓인 걸 환영해, 한배를 탔네
Join the club 나도 같은 처지야

▶ Friends 1-1

레이첼이 독립하는 것을 도와준다며 친구들이 아버지가 내주고 있는 신용카드를 잘라버리라고 하는 장면이다.

Ross: Come on, you made coffee! You can do anything! C'mon, cut.

Rachel: Y'know what? I think we can just leave it at that. It's kinda like a symbolic gesture...

Monica: Rachel! That was a library card!

Chandler: Y'know, if you listen closely, you can hear a thousand retailers scream.

Monica: **Welcome to the real world!** It sucks. You're gonna love it!

로스: 이봐, 넌 커피도 만들었잖아! 뭐든 할 수 있다고! 어서 잘라.
레이첼: 저기 말야. 이쯤에서 그만하자. 상징적인 제스처로 하고.
모니카: 레이첼! 그건 도서관 카드였어!
챈들러: 자세히 들으면 수많은 상점주인들의 비명소리가 들릴거야.
모니카: 진짜 세계에 온 걸 환영해! 그지같지만 좋아하게 될거야!

▶ CIS:Las Vegas 6-12

닉과 캐서린이 증거수집에 애를 먹고 있는 장면이다.

Nick: Hey, Catherine, I just got back trace on Kelly Gordon's fingernails. I was looking for air bag dust, but all Hodges found was air.

Catherine: Well, **join the club.** No usable prints on the parking garage camera either.

닉: 캐서린. 켈리 고든의 손톱에 있는 흔적을 가져왔어요. 에어백에 묻은 먼지를 찾았는데 하지스가 발견한 건 공기뿐이었어요.
캐서린: 나도 같은 처지야. 주차장에 있던 카메라에서도 사용가능한 지문을 발견못했어.

그 정도면 됐어, 괜찮아

Fair enough

「적정하게」(fair) 충분하다는 말로, 자기는 100% 클리어하게 동의하거나 받아들이는 것은 아니지만, 뭐 그 정도면 accept하겠다는 의미가 함축되어 있다. 그래서 문맥에 따라 단순히 받아들이겠다라는 의미로 "알았다." "알겠다"라는 뜻으로도 쓰이고 혹은 마지못해 "그 정도면 됐다"라는 뜻으로도 사용된다.

POINT

Fair enough 그 정도면 됐어, 괜찮아

That's okay 괜찮아

▶ **Big Bang Theory 3-11**

페니가 레너드의 어머니인 베버리를 호텔에 데려다 주는 길에 술을 마시면서 대화를 나누는 장면.

Penny: I'm sleeping with your son.

Beverley: Really? Which one?

Penny: The one from whom I live across the hall from.

Beverley: Well, that's convenient. How did his penis turn out?

Penny: Oh, Beverly, I can't talk to my boyfriend's mother about his penis.

Beverley: Oh, **fair enough.** What can you tell me, if anything, about that busboy's penis?

페니: 어머니 아들과 자는 사이예요.

베버리: 정말? 어느 아들?

페니: 복도 건너편에 살고 있는 아들요.

베버리: 그것 참 편하겠구나. 걔 고추가 어땠나?

페니: 남친 어머니에게 남친 고추에 대해 말할 수 없어요.

베버리: 그렇지. 그렇다면 저 접시닦이의 고추는 어떨 것 같나?

▶ **Big Bang Theory 1-3**

레슬리가 레너드에게 키스 실험을 하자고 하면서 서로 입냄새가 나지 않도록 민트를 먹고 키스를 나눈다.

Lesley: What do you think?

Leonard: You proposed the experiment, I think you should present your findings first.

Lesley: **Fair enough.** On the plus side, it was a good kiss, reasonable technique, no extraneous spittle. On the other hand, no arousal.

레슬리: 어때?

레너드: 네가 제안한 실험이니 네가 먼저 결과를 말해야 할 것 같아.

레슬리: 인정. 좋은 점은 멋진 키스였고, 테크닉도 괜찮았고 과도한 침분비도 없었어. 하지만, 전혀 흥분되지 않았어.

003

어서 말해, 빨리 얘기해
I'm Listening

직역하면 "나는 듣고 있는 중이다"이다. I'm listening은 상대방이 궁금한 이야기를 하려고 할 때, 혹은 뭔가 이야기를 하다 머뭇거릴 때 상대방보고 "나 열심히 듣고 있으니 어서 말해"라는 의미의 미드단골문장이다.

 POINT

I'm listening 어서 말해봐
Go on, I'm listening 계속해, 어서 말해봐
I'm listening (to~) (…을) 듣고 있는 중야

▶ Desperate Housewives 3-7

브리가 캐롤린에게 남편의 외도사실을 알려주자 그녀는 총을 들고 남편의 직장인 grocery로 찾아가 손님들을 인질로 잡고 노라에게 총을 쏜다.

Nora: Listen to me, Lynette. About Kayla...
Lynette: Oh, forget it! Forget it! We'll work that out later.
Nora: No, I don't have, have later, you stupid bitch. Okay? So listen.
Lynette: Okay, **I'm listening.**

노라: 제 말 들어봐요, 르넷. 케일라에 대해서…
르넷: 잊어버려. 신경끄라고. 그 문제는 나중에 얘기하자고.
노라: 아뇨, 이 멍청한 여자야. 난 나중이 없어요. 그러니 들어봐요.
르넷: 그래 어서 말해봐.

▶ Big Bang Theroy 3-12

페니와 헤어진 레너드는 쉘든의 손님인 플림튼 여박사와 잠자리를 하고, 이를 눈치챈 페니에게 레너드가 변명을 늘어놓는 장면이다.

Leonard: So you're not judging me?
Penny: Oh, I'm judging you nine ways to Sunday, but you don't owe me an explanation.
Leonard: Nevertheless, I'd like to get one on the record so you can understand why I did what I did.
Penny: **I'm listening.**

레너드: 그럼 날 비난하지 않는거지?
페니: 철저하게 널 비난하지만 내가 설명할 필요는 없어.
레너드: 그래도 내가 왜 그렇게 했는지 이해할 수 있도록 설명은 하고 싶어.
페니: 빨리 얘기해.

004

원가 이상해, 원가 느낌이 달라

It doesn't feel right

단어 그대로 해석하면 답이 나오는 표현으로 원가 사물이나 상황이 평소와 달리 원가 이상할 때 쓰는 표현이다. 참고로 I don't feel right (~ing)은 "썩 내키지 않아"라는 의미이다.

POINT

It doesn't feel right 원가 이상해

I don't feel right ~ing …하는 것은 썩 내키지 않아

▶ **Big Bang Theroy 2-16**

빅뱅이론의 유명한 장면 중 하나. 페니가 실수로 쉘든의 소파자리에 물감을 묻히고 뒤집어 놨으나 그 미세한 차이에 쉘든이 몸을 흔들면서 하는 말이다.

Sheldon: Something's wrong.

Leonard: What do you mean?

Sheldon: I'm not sure. **It doesn't feel right.**

Leonard: I don't know what you're talking about. Oh, that. Penny did that.

쉘든: 원가 이상해.

레너드: 그게 무슨 말이야?

쉘든: 잘 모르겠어 하지만 원가 느낌이 달라.

레너드: 무슨 말하는지 모르겠어. 어 그거. 페니가 그랬어.

▶ **Friends 9-1**

출산한 레이첼에게 조이는 실수로 청혼하게 되고 이에 대해 피비와 레이첼이 나누는 대화.

Rachel: I just don't know! **It just doesn't feel right.**

Phoebe: Why?! You two are so meant to be together, everybody thinks so.

Rachel: Really?! Even Ross?

Phoebe: Especially Ross!

레이첼: 잘 모르겠어. 원가 이상해.

피비: 왜? 너희 둘 정말 천생연분이야, 다들 그렇게 생각해.

레이첼: 정말?! 로스도 그렇게 생각해?

피비: 특히 로스가 그래!

005

뭐랄까?, 할 말이 없어, 낸들 어쩌겠어?

What can I say?

말 그대로 "뭐랄까?"라는 의미로 말이 안 떠오를 때, 그리고 잘못에 대한 변명의 여지가 없을 때 "할 말이 없어." 마지막으로 약간 저항하는 분위기 속에서 나도 어쩔 수 없었다라는 뉘앙스를 갖고서 "나더러 어쩌라는거야?" "낸들 어쩌겠어?" 등의 세가지 의미로 쓰이니 문맥에 맞춰 선택을 해야 한다.

 POINT

What can I say? 뭐랄까?, 할 말이 없어, 낸들 어쩌겠어?
What can I tell you? 뭐라 할 말이 없어

Friends 2-18

모니카는 아버지 친구인 리차드와 사귀는 중에 서로 몇명의 이성과 사귀었는지 얘기를 나누고 있다.

Monica: Alright, before I tell you, uh, why don't you tell me how many women you've been with.

Richard: Two.

Monica: Two? TWO? How is that possible? I mean, have you seen you?

Richard: Well, I mean **what can I say?** I, I was married to Barbara for 30 years. She was my high school sweetheart, now you, that's two.

Monica: Two it is. Okay, time for bed, I'm gonna go brush my teeth.

Richard: Woah, woah, no wait a minute now. C'mon it's your turn. Oh c'mon. Ya know, I don't need the actual number, just a ballpark.

Monica: Okay, it is definitely less than a ballpark.

모니카: 좋아요, 내가 말하기 전에, 몇명의 여자와 사귀었는지 말해봐요.
리차드: 두명.
모니카: 두명, 두명요? 어떻게요? 내 말은 당신같이 멋진 사람이?
리차드: 내 말은 낸들 어쩌겠어? 난 고등학교 때 바바라와 만나서 30년간 바바라와 결혼했고, 이제는 너, 그래서 둘이야.
모니카: 두명이네요, 그래요. 잘 시간이네요. 가서 양치질 할게요.
리차드: 어어, 안돼, 잠깐만. 이제 네 차례야, 어서, 정확한 숫자보다 대강만 말해봐.
모니카: 그래요, 분명히 말하지만 대강의 수(야구장에 모인 대략의 관중수)보다는 적어요.

자, 어서 말해봐, 말해줘

Come on, spill it

spill은 안에 있는 것을 흘리다, 비밀 등을 말하다라는 뜻으로 Spill it하게 되면 대화도중에 상대방이 비밀인 듯 말을 하지 않을 때 다그치면서, 혹은 비법같은 것을 말해주지 않으려 할 때 말해달라고 떼를 쓰면서 쓸 수 있는 표현이 Spill it 이다. 비슷한 표현으로 Spit it out이 있는데 이는 어서 빨리 얘기달라고(hurry up and tell me everything)하는 문장 이다.

POINT

Come on, spill it 이봐. 어서 털어나봐
spit it out 어서 빨리 얘기해

▶ **The Good Wife 2-23**

윌과 알리샤가 호텔바에서 함께 술을 마시고 있는 장면.

Will:	Yeah, the women like me until they discover the real me.
Alicia:	Which is?
Will:	You don't want to know.
Alicia:	Oh, come on. I'm constantly **spilling it.** What's the real you?
윌:	그래, 여자들은 내가 어떤 사람인지 알기 전까지는 나를 좋아하지.
알리샤:	어떤 사람인데?
윌:	모르는게 나아.
알리샤:	그러지마. 난 다 털어놓잖아. 진짜 어떤 사람인데?

▶ **CSI: Las Vegas 1-5**

사막에서 마약을 하다 환각상태에서 친구를 살해하게 된 용의자 바비 테일러를 조사하고 있는 브래스 경감.

Brass:	You guys go into the desert?
Bobby Taylor:	Yeah. A party out near red rock. How did you know?
Brass:	You just told us. **So spill it.**
Bobby Taylor:	We, uh, drank a couple beers hung out, and ... then I just lost track of him around midnight and I haven't seen him since.
브라스:	너희들 사막으로 갔어?
바비 테일러:	네. 레드락 근처에서 열린 파티예요. 어떻게 아셨어요?
브라스:	네가 방금 말했잖아. 그러니 다 털어놔.
바비 테일러:	우린 놀면서 맥주 몇잔을 마셨고, 그리고는 자정쯤 그 친구를 놓쳤고 그 이후로는 못봤어요.

007

무슨 말인지 잘 알겠어

You made your point

You made your point는 "너는 네 주장을 이해시켰다"라는 의미. 의역하면 "네 주장이나 입장을 이해시켰다." "충분히 알아들었다." "무슨 말인지 잘 알겠다"라는 뜻이 된다. 상대방이 뭔가 설명을 하거나 자기 주장을 피력했는데, 이를 듣는 사람(들)이 상대방이 뭘 말하려는지 명확히 이해하여서 더 이상 말할 필요가 없다는 말이다.

POINT

You made your point 네 주장을 잘 이해시켰어
Make your point! 요점을 정확히 말해!

▶ Big Bang Theory 4-1

쉘든의 에이미와 첫 공식데이트에 도와주러 페니가 함께 한다. 하지만 여기서 페니가 잠자리한 남자 수가 쉘든의 절묘한 계산으로 뽀록나는데…

Penny:	Okay, Sheldon, I think **you've made your point.**
Sheldon:	So we multiply 193, minus 21 men before the loss of virginity, so 172 times 0.18 gives us 30.96 sexual partners. Let's round that up to 31.
페니:	좋아, 쉘든. 네가 하려는 말은 한 것 같으니 그만해.
쉘든:	그래서 193 곱하기, 첫경험 전의 21명을 빼면 172명 곱하기 0.18하면 30.96명의 섹스파트너가 있는 셈이고 반올림하면 31명이 돼.

▶ House 2-24

하우스가 총에 맞아 치료를 받으면서 다른 환자를 치료하는 에피소드. 병원장인 커디와 얘기를 나누고 있는데…

House:	I'm taking myself off my case.
Cuddy:	Your patient's in critical care, he's had a fever unabated for two -
House:	I think I'm losing my mind. I'm having blackouts.
Cuddy:	You said you weren't having any -
House:	I lied.
Cuddy:	If you are doing this to scare me, **you made your point.** Next time you get shot, I promise to only treat the bullet wounds.
하우스:	환자에서 손을 떼겠소.
커디:	당신 환자는 위급한 상황이고, 이틀째 열이 내리지 않고 있고…
하우스:	내가 정신을 잃는 것 같아요. 순간적으로 기억상실을 겪고 있어요.
커디:	아무런 후유증이 없다고 말했잖아요.
하우스:	내가 거짓말을 했소.
커디:	나를 겁주게 하려고 한다면, 당신 뜻이 뭔지 알겠어요. 다음번에 총을 맞으면, 꼭 총상만 치료하도록 할게요.

왜 그런거야?, 뭐 때문에 그런거야?

What was that for?

어떤 사람이 한 행동이 이해가 되지 않아서 물어볼 때 사용하는 표현이다. 그 행동이 좀 예상못한 것으로 좀 놀랍고 또 왜 그런 일이 생겼는지 궁금해서 물어보기는 하지만 그 이면에서는 그 행동에 대한 부정적인 생각을 갖고 있는 경우가 많다.

POINT

What was that for? 왜 그런거야?, 뭐 때문에 그런거야?, 이건 뭐야?

What's that for? 그건 뭐 때문이야?

▶ Desperate Housewives 2-15

카를로스가 대리모가 되어주겠다던 장모를 데려다 주고 와서 개비에게 입양을 하자고 한다.

Gabrielle: **What was that for?**

Carlos: No reason. Hey, I was thinking, we should look into adoption.

Gabrielle: Seriously? But I thought you wanted a kid with your own D.N.A.

Carlos: Blood isn't everything.

가브리엘: 이건 뭐야?
카를로스: 이유없어. 내가 생각해봤는데, 우리 입양을 생각해보자.
가브리엘: 정말? 하지만 당신은 자신의 핏줄인 아이를 원하는 줄 알았는데.
카를로스: 핏줄이 전부는 아니잖아.

▶ Desperate Housewives 2-23

카를로스에 화가 난 가브리엘은 정원사였던 존과 섹스를 하고, 카를로스에게 섹스란 친밀감의 표시에 불과하다고 평가절하하는데… 존이 가브리엘에게 키스를 한다.

Gabrielle: **What was that for?**

John: Thought you needed a kiss.

Gabrielle: Well, since this is our last time, I guess we can make the most of it.

John: So, you really trust him, huh?

Gabrielle: Completely.

가브리엘: 이건 뭐야?
존: 당신에게 키스가 필요할 거라 생각했어요.
가브리엘: 이게 우리의 마지막 시간이니까, 최대한 즐거운 시간을 가져도 되겠구나.
존: 그럼, 당신은 카를로스를 정말 신뢰해요?
가브리엘: 전적으로.

009

잘 알고 있어, 그 일을 하고 있어
I'm all over it

be all over sth하면 기본적으로 「일을 하고 있다」 「서둘러 시작하다」라는 뜻이지만, 자신이 sth에 대해 아주 잘 알고 있거나 혹은 sth에 관심이 무척 많다는 것을 알려주려 할 때도 사용된다. 한편 be all over sb하게 되면 「sb에게 홀딱 반하다」 혹은 「육체적으로 구석구석 덤벼들다」라는 뜻. 또한 all을 빼고 I'm over it이나 I'm over her하게 되면 「다 끝냈다」 그래서 「중요하지 않다」 그녀와 헤어진 후 「다 잊었다」 「극복했다」라는 뜻이 된다.

POINT
I'm all over it 일을 하고 있다, 잘 알고 있어
be all over sb 반하다, 성적으로 들이대다
I'm over it[her] 끝냈어, 다 잊었어

▶ Friends 5-14
챈들러와 모니카가 사귀는 것을 눈치챈 피비는 장난으로 챈들러를 유혹한다.

Monica: That's not possible! I'm sorry it's just, Phoebe just always thought you were, you were charming in a, in a sexless kind of way.
Chandler: Oh, y'know I-I can't hear that enough.
Monica: I'm sorry, I think that you just misunderstood her.
Chandler: No, I didn't misunderstand, okay? **She was all over me!** She touched my bicep for crying out loud!
모니카: 말도 안돼, 미안하지만 피비는 성적인 것은 배제하고 네가 매력적이라고 생각했어.
챈들러: 저 말이야, 난 그런 얘기 충분히 들었어.
모니카: 미안해, 난 네가 피비를 오해한 것 같아.
챈들러: 아냐, 난 피비를 오해하지 않았다고, 알아? 피비는 내게 들이댔다고! 이것 참 내 알통을 만졌다니까!

▶ Friends 2-7
로스앓이를 하던 레이첼은 소개팅에서 만난 남자의 조언을 듣고 취한 상태로 전화를 걸어 자동응답기에 널 잊었다(I'm over you)라고 메시지를 남긴다.

Ross: Rach, I got a message from you.
Rachel: Oh my God. Oh my God Ross, no, hang up the phone, give me the phone Ross, give me the phone, give me the phone, give me the.
Ross: **You're over me?** Wha... you're uh, you're, you're over me?
로스: 레이첼, 너한테 온 메시지가 있는데.
레이첼: 맙소사, 로스 전화끊어, 전화기 내게 줘, 전화기 달라고, 전화기…
로스: 나를 잊었다고, 와…네가 나를 잊었다고?

내가 뭘 더 어떻게 해야 되는데?, 더 뭘 원하는데?, 나더러 어쩌라는거야?

What do you want from me?

짜증에 신경질부리면서 널 어떻게 만족시켜줘야 될지 모르겠다. 내가 할만큼 했는데 더 이상 어떻게 해야 널 기쁘게 해줄 수 있냐라고 내뱉는 표현이다. 우리말로 매끈하게 옮겨보자면, "내가 뭘 더 어떻게 해야 되는데?", "더 뭘 원하는데?", "나더러 어쩌라는거야?" 정도로 이해하면 된다.

POINT

What do you want from me? 나더러 어찌라고?
Hey, look, what do you want from me? 야, 이봐. 나보고 어쩌라는거야?
I mean, what do you want from me? 내 말은, 나한테 원하는게 뭐냐는거야?

▶ Sex and the City 1-7

캐리는 빅의 자유분방한 연애생활을 보면서 파티에서 빅에게 짜증을 부린다.

Carrie:	How many women are you dating?
BIG:	In the tri-state area?
Carrie:	Well, let's see, there's me, um, Julia, and let's not forget international Melissa.
BIG:	I'm not doing this here.
Carrie:	Fine.
BIG:	Can't we just enjoy the party?
Carrie:	I don't know.
BIG:	Come on, I mean, **what do you want from me?**

캐리:	몇명의 여자와 데이트를 하는거야?
빅:	인근 3개주에서?
캐리:	어디보자, 내가 있고, 줄리아, 그리고 국제적인 멜리사를 빼놓으면 안되지.
빅:	여기서 이러지 말자.
캐리:	좋아.
빅:	그냥 파티를 즐기면 안될까?
캐리:	모르겠어.
빅:	그러지말고, 내 말은 나더러 어쩌라고?

▶ CSI: Las Vegas 5-12

새라는 개인적인 문제로 상사들과 부딪히고 이를 걱정한 그리섬은 새라와 대화를 시도해본다.

Sara:	Leave it alone.
Grissom:	No, Sara.
Sara:	**What do you want from me?**
Grissom:	I want to know why you're so angry.

새라:	내버려 둬요.
그리섬:	안돼. 새라.
새라:	나보고 어떻게 하라구요?
그리섬:	네가 왜 그렇게 화를 내는지 알고 싶어.

누가 그래?, 그걸 말이라고 해!

Says who?

서로 얘기가 오가다 상대방이 얘기한 의견에 반박하기 위해서 혹은 방금 한 얘기는 사실이 아닐 수도 있다고 생각한다고 말할 때 사용할 수 있다. 다시 말해 상대방의 말에 동의할 수 없다거나, 사실이 아니라고 반박하면서, "누가 그래?," "그걸 말이라고 해?" 정도에 해당되는 문장이다.

POINT

Says who? 누가 그래?, 그걸 말이라고 해?

Who says S+V? 누가 …라고 그래?

Says me! 내 얘기야!

Says you! 바로 네 얘기야!

▶ Sex and the City 1-11

캐리는 빅과 한 침대에 있을 때 방귀를 뀌게 되고 그 이후로 3번의 데이트에서 섹스를 못했다고 자책한다.

Carrie: I farted. I farted in front of my boyfriend. And we're no longer having sex. And he thinks of me as one of the boys. And I'm gonna have to move to another city where the shame of this won't follow me.

Miranda: You farted. You're human.

Carrie: I don't want him to know that. I mean he's this perfect guy. You know, he walks around in his perfect apartment with his perfect suit. And he's just perfect, perfect, perfect, and I'm the girl who farts. No wonder we're not having sex.

Miranda: You're insane! It's been 3 times. It's perfectly normal.

Carrie: **Says who?** I mean, say it's not the… then what else is going on? I mean, is it normal to be in the same bed and not do it?

캐리: 방귀를 뀌었어. 남친 앞에서 방귀를 뀌었어. 그리고 우리는 더 이상 섹스를 하지 않아. 빅은 나를 남자취급하는 것 같아. 너무 창피해서 다른 도시로 이사가야 할까 봐.

미란다: 넌 방귀를 뀐거야. 넌 인간이야.

캐리: 빅이 모르기를 원해. 내 말은 그는 그 정도로 완벽한 남자야. 완벽한 아파트에서 완벽한 복장을 한 채로 걸어다니는데 난 방귀를 뀌는 여자야. 섹스를 하지 않는 것도 당연하지.

미란다: 미쳤구만! 겨우 3번 걸러놓고. 그건 극히 정상이야.

캐리: 누가 그래? 내 말은 그게 아니라면 그럼 무슨 일인거야? 내 말은 같은 침대에 있으면서도 섹스를 하지 않는게 정상이라는거야?

내가 할게요

Allow me

상대방에게 도움 등을 제공하겠다고 하는 정중한 표현이다. "내가 할게요" 정도로 생각하면 된다. 물론 하려는 행동을 말하려면 Allow me to+V~로 말할 수 있지만 앞뒤 문맥이나 정황상 뻔한 경우에 생략된 것으로 formal하고 아주 예의바른 문장.

POINT

Allow me 내가 할게요

Allow me to~ 내가 …할게요

Let me 내가 할게

Let me+V 내가 …할게

▶ **Modern Family 1-23**

에피소드 시작부분. 필과 클레어가 신혼여행가기로 했던 하지만 일이 생겨서 못갔던 하와이로 가족 전체가 여행을 간다.

Phil: Actually, Claire and I were supposed to go to Hawaii for our honeymoon... But something else came up.

Claire: I got pregnant with Haley.

Phil: My bad!

Claire: We didn't even have a proper wedding. We just went down to the courthouse on a Tuesday.

Phil: The judge sentenced me to life with no chance of parole.

Claire: You begged me to marry you.

Phil: It's true. I did. Oh! Hold on, my bride. **Allow me.**

Claire: Oh! Whoa. What are you doin'?

Phil: Being romantic. God, you're solid.

Claire: Sweetie, put me down.

필:	실은, 클레어와 난 하와이로 신혼여행을 가기로 되어 있었죠. 하지만 일이 생겼어요.
클레어:	헤일리를 임신했어요.
필:	나의 실수였어!
클레어:	우리는 결혼식도 못하고 화요일에 법원에 가서 신고를 했어요.
필:	판사는 가석방 없는 종신형을 선고했어요.
클레어:	당신이 결혼하자고 사정했잖아.
필:	사실이에요, 내가 그랬어요. (다시 여행지에서) 어, 잠깐만, 내 신부. 내가 안아줄게.
클레어:	와, 지금 뭐하는거야?
필:	로맨틱 해질려고. 당신 왜 이렇게 뻣뻣해.
클레어:	자기야, 내려줘.

그걸로 뭐하는거야?, 그걸로 뭘 어쩌자는거야?

What are you doing with it?

What are you doing 다음에 with sb[sth]이 이어 오게 되면 "···로 뭐하는거야?." 혹은 놀라서 "···로 뭘 어쩌자는거야?"라고 화를 내는 문장이 된다. 또한 What을 How로 바꾸어 How are you doing with~?하게 되면 인사가 아니라, "···을 어떻게 처리하고 있냐?." 즉 어떻게 처리할건지를 물어보는 표현이 된다.

POINT

What are you doing with sb[sth]? ···로 뭐하는거야?, ···로 뭘 어쩌자는거야?
How are you doing with~? ···을 어떻게 처리하고 있어?
What do you do (for a living)? 직업이 뭐예요?

▶ NCIS 7-18

토니와 지바가 사건을 해결하고 사무실에서 영화를 보고 있다.

Tony: Really, then, **what are you doing with me** watching a movie on a Friday night at work, huh?

Jiva: You are my friend.

Tony: Really?

Jiva: No. My date cancelled.

Tony: Mine,too.

토니: 정말. 그럼 금요일 밤에 사무실에서 나와 함께 영화를 보는 건 뭐야?
지바: 네가 나의 친구야.
토니: 정말?
지바: 아니. 데이트가 취소됐어.
토니: 나도 그래.

▶ CSI: Las Vegas 5-2

그리섬과 닉이 피해자 신원문제로 얘기를 나누고 있다.

Grissom: **How are you doing with** victim ID?

Nick: So far we've followed up on eleven missing persons who fit the profile, ruled out every one by case history.

그리섬: 피해자 신원은 어떻게 돼가?
닉: 지금까지 프로파일에 맞는 실종자 11명의 행방을 뒤지고 있고, 후속사건기록에 따라 모두 다 제외했습니다.

NCIS

014

애무하자고?

Wanna make out?

make out의 범위는 가벼운 키스에서부터 서로의 허가 꼬이는 프렌치 키스, 나아가 서로의 몸을 더듬는 groping, 그리고 최종 목표인 have sex를 뜻하기도 한다. 말하는 두 사람 관계의 진척 정도, 상황에 따라서 맞춰서 이해해야 한다.

POINT

Wanna make out? 애무하고 싶어?

make out with sb …와 애무하다

make out (to) 수표나 문서를 작성하다

▶ Friends 6-8

피비가 레이첼이 근무하고 있는 랄프 로렌 회사에 가서 복사를 하다 가짜 랄프 로렌을 만나는 이야기.

Phoebe: Yeah. I was just in there. He introduced himself and the next thing I know, we're **making out.** You know.

Rachel: Phoebe, I mean, you do know he's married?

Phoebe: No!

Rachel: Phoebe…

Phoebe: What am I supposed to do? Ask every guy I make out with if he's married?

피비: 어, 그 안에 있었는데. 그가 자기 소개를 하더니 어느 순간 우리 둘이 키스를 하고 있었어.
레이첼: 유부남인거 알고 있어?
피비: 아니!
레이첼: 피비…
피비: 내가 어떻게 해야 되는데? 내가 키스하는 남자마다 다 결혼했냐고 물어봐야 돼?

▶ Big Bang Theory 3-4

라지가 쉘든과 함께 일하게 되면서 레너드는 사생활이 좀 더 생기고, 그 틈을 활용해서 페니와 애무를 시작하려 한다.

Penny: Mm-hmm. Hey, want to get a little crazy?

Leonard: What are you thinking?

Penny: Let's slide over to Sheldon's spot and **make out.**

Leonard: You are a dirty girl.

페니: 우리 미친 짓 좀 해볼까?
레너드: 뭘 하려고?
페니: 쉘든의 소파자리에 가서 애무하자.
레너드: 이런 음탕한 여자같으니라고.

Section 01   **25**

네 속셈이 뭔지 다 알아

I know what you're doing

글자 그대로 옮기면 나는 네가 무엇을 하고 있는지 알고 있다이다. 문맥에 따라 이렇게 쓰일 수도 있고 아니면 비유적으로는 보통 상대방의 비겁하고 거짓된 행동을 간파했을 때 하는 말로 "네 속셈이 뭔지 알고 있어서 속지 않을 것이다"라는 의미로 쓰인다.

POINT

I know what you're doing 네 속셈이 뭔지 다 알아
I know what you're saying 무슨 말인지 알겠어
I know what I'm doing 내가 알아서 할게
I know what I'm saying 내가 알아서 말할테니 걱정마

▶ Lost 2-23/24

숲속을 이동하다 잭은 마이클에게 진실을 말하라고 몰아친다.

Jack: Stop lying! Tell them.

Michael: Tell them what?

Jack: **I know what you're doing,** Michael! Now tell them the truth. Tell them!

잭: 거짓말 그만해! 그들에게 말하라고.

마이클: 무엇을 말하라고?

잭: 네 속셈 다 알고 있어. 마이클! 이제 진실을 말해. 말하라고!

▶ Modern Family 3-22

가족끼리 디즈니랜드에 가기로 한 날 클레어는 친구 배서니의 조카 엄친아 이든을 초대한다.

Haley: Who's Ethan?

Claire : Didn't I tell you? My friend Bethenny's nephew is coming with us today. He moved to town to go to college. He's very nice, very smart, big hockey player.

Haley: **I know what you're doing.**

Alex: Really? She was so subtle.

헤일리: 이든이 누구야?

클레어: 내가 얘기 안했나? 내 친구 배서니의 조카가 오늘 우리와 함께 가. 대학에 가기 위해 이곳으로 이사왔어. 착하고 스마트하고 유명 하키 선수야.

헤일리: 무슨 속셈인지 알겠네.

알렉스: 정말? 엄마가 분명하게 얘기하지 않았는데.

016

내 결혼이 위태로와

My marriage was on the line

be on the line은 「위태롭다」, put sth on the line하면 「…을 위태롭게 하다」, put myself on the line하면 「위험을 무릅쓰다」 등 다양한 형태로 사용된다. 이번에는 좀 더 구체적으로 put one's life on the line하면 「죽음을 무릅쓰다」, be one's life on the line하면 「목숨이 걸려있다」라는 뜻이 된다.

POINT

My marriage is on the line 내 결혼이 위태로와

be on the line 위태롭다

put sth on the line …을 위태롭게 하다,

put myself on the line 위험해 빠지다, 위험을 무릅쓰다

▶ **Desperate Housewives 2-20**

톰과 르넷의 사장인 에드를 대신해 르넷이 에드의 부인과 채팅을 하게 됐는데 이게 들통난다. 에드는 그짓을 한 사람을 해고하기로 부인에게 약속하는데, 톰을 희생양으로 삼으려 한다.

Ed:	I promised her I would fire the person who did it.
Lynette:	You're gonna fire me?
Ed:	No, of course not. You're too important here. I'm gonna fire Tom. I told her it was him that send the IMs.
Lynette:	"What?"
Ed:	I told her that he had a problem with boundaries. I'm sorry, I didn't want to do this, but **my marriage was on the line.**
Lynette:	You can't make my husband your scapegoat! I won't let you!

에드: 아내에게 그짓을 한 사람을 자르기로 약속했어요.
르넷: 나를 해고할거예요?
에드: 아뇨, 물론 아니죠. 당신은 너무 중요한 사람이니 톰을 해고할거예요. 메신저를 보낸 사람이 톰이라고 했어요.
르넷: 뭐라고요?
에드: 톰이 주제파악을 잘 못한다고 얘기했어요. 이러고 싶지 않지만 결혼생활이 위태해서요.
르넷: 내 남편을 희생양으로 만들 수 없어요. 절대 그렇게 못하게 할거예요!

그게 돌아가게 할게, 난 해낼 수 있어

I'll make it work

사역동사 구문. make sth work로 sth이 「제대로 작동하게 하다」, 「잘 돌아가게 하다」라는 의미이다. 주로 sth의 자리에는 it, this 등이 와서 make it work, make this work의 형태로 많이 쓰인다. I'll make it work하게 되면 뭔가 어렵더라도 잘 돌아가게, 즉 성공하겠다는 다짐을 표현하는 문장이 된다.

POINT

I'll make it work 내가 제대로 할거야, 성공할거야

make things work 잘 돌아가게 하다

make it right 뭔가 잘못된 것을 바로 잡다

▶ **Walking Dead 2-6**

릭의 아내는 임신을 하게 되고 유산하려다 릭이 알아차린다.

Laurie: You want me to bring a baby into this? To live a short, cruel life?

Rick: How can you think like that?

Laurie: We can't even protect the son we already have.

Rick: So this is the solution?

Laurie: Rick, I threw them up. I screwed up. I don't know how we do this.

Rick: We can **make it work.**

Laurie: How? Tell me how.

Rick: We'll figure it out.

로리: 이런 상황에서 아기를 낳으라고? 잔인하게 짧게 살다 가라고?

릭: 어떻게 그렇게 생각해?

로리: 우린 이미 있는 아이조차도 보호하지 못하잖아.

릭: 그래서 이게 해결책이야?

로리: 릭, 토해버렸어. 내가 망쳐버렸어. 어떻게 해야 할지 모르겠어.

릭: 우리는 해낼 수 있어.

로리: 어떻게? 어떻게 할 수 있는지 말해줘.

릭: 우리가 알아낼거야.

018

내가 도와줄게, 내가 도와줄테니 날 믿어

I got your back

직역하면 「내가 너 등[뒤]을 갖고 있다」라는 뜻으로 네 뒤를 「내가 지켜주마」라고 상대방에게 어려운 일이 닥치더라도 너를 지지하고 지켜주고 도와줄테니 나를 믿으라는 뜻으로 쓰인다. "내가 도와줄게," "내가 도와줄테니 날 믿어" 정도로 생각하면 된다.

POINT

I got your back 내가 도와줄게, 내가 있잖아

You got my back 내가 도와줄게

▶ **Big Bang Theory 4-15**

기금모임에서 만난 레이섬 부인이 레너드를 개인적으로 만나자고 하자, 쉘든은 특유의 방식으로 이해를 한다.

Leonard: Excuse me, but you are not the only distinguished scientist in this apartment. I've been published in peer-reviewed journals, I received a Dissertation of the Year award for experimental particle physics.

Sheldon: No, that can't be it. And since you seem to have forgotten, the reason we live together is we're best friends. And **I got your back,** Jack.

*Jack은 별 의미없이 back과 운율을 맞추기 위해 쓴 단어.

레너드: 미안하지만 너만 이 아파트에서 유일하게 가장 저명한 과학자는 아냐. 난 관련 전문가 검토를 거친 저널에 발표도 해봤고 소립자 실험 물리학 부문 올해의 논문상도 받았어.

쉘든: 아냐, 그럴 리가 없어. 네가 잊고 있는 것 같아서 그런데, 우리가 함께 사는 건 우리가 절친이기 때문이야. 내가 너를 봐줄게, 잭.

▶ **Desperate Housewives 2-20**

애인 칼이 바람을 핀다고 생각한 이디는 수잔과 함께 그녀가 일하는 식당으로 간다.

Susan: You know what? It is her.

Edie: Really? Why?

Susan: She just spit in your wings.

Edie: **You got my back?**

Susan: Uh, sure.

수잔: 저 말이야? 걔가 맞아.
에디: 정말? 왜?
수잔: 걔가 네 치킨에 침을 뱉었어.
에디: 내 편 들어줄거지?
수잔: 물론.

말 안해도 알겠어, 알았어, 더 말안해도 돼

Say no more

상대방이 뭔가 한 마디를 했는데, 그 다음 얘기가 무언지 충분히 짐작되는 문맥에서, 더 이상 말이나 설명을 하지 않아도 「무슨 말인지 알아들었다고」 하면서 상대방의 말을 차단하고 자기가 말을 이어갈 때 사용하는 표현이다.

POINT

Say no more 말 안해도 알겠어, 알았어

Got it. Say no more 알았어. 그만해

Tell me more 더 말해줘

▶ Friends 9-19

모니카는 자신이 일하는 고급식당 앞에서 피비가 기타치면서 노래를 부르자…

Monica:	You know how much I love listening to your music, you know, but...
Phoebe:	But what?
Monica:	This is kind of a classy place.
Phoebe:	OK, **say no more.**

모니카: 내가 네 노래 듣는 것을 얼마나 좋아하는지 넌 알거야. 그렇지만…
피비: 그렇지만 뭔데?
모니카: 여기는 좀 세련된 곳이잖아.
피비: 알았어. 무슨 말인지 알아들었어.

▶ Friends 3-24

챈들러는 회사 사장이 손으로 엉덩이를 치는 것을 하지 말아달라고 조심스럽게 얘기를 꺼내고 있다.

Chandler:	Oh, and don't get me wrong, I appreciate the sentiment. It's just that I, I have a rather, sensitive posterior, and ah, besides, it's making all the other guys jealous.
Doug:	Well, **say no more.** Y'know it takes guts to bring this up. Bing! You're okay.
Chandler:	Okay.

챈들러: 오해는 하지 마세요. 알아봐주셔서 감사하지만, 제 엉덩이가 좀 민감하거든요. 게다가 다른 직원들이 질투도 하고요.
더그: 무슨 말인지 알았네. 이 얘기 꺼내기에 많은 용기가 필요했을거야. 챈들러! 잘 알았어.
챈들러: 좋아요.

020

지금 아니면 안돼, 지금 아니면 영영 기회가 없을거야
It's now or never

지금(now)이거나 아니면 절대로 없다(never)라는 의미로 주로 「기회」와 연관된 문맥에서 사용된다. 절호의 기회가 왔음에도 불구하고 상대방이 안절부절, 우유부단하고 있을 때 앞으로 이런 기회는 다시 안올테니 지금 기회를 잡아야 된다고 강력하게 밀어붙이는 표현.

POINT

It's now or never 지금 아니면 안돼

If it's now or never, 지금이 아니면 안된다면,

Come on, man. It's now or never 이봐, 지금 아니면 기회가 없어

▶ Sex and the City 1-8

샬롯은 쓰리섬에 대한 판타지를 애인과 실현해보려고 한다. 다른 여인의 윙크를 받은 샬롯에게 남친이 물어본다.

Charlotte:	I do have another fantasy.
Man:	What's that?
Charlotte:	Doing it upstairs at a party.
Woman:	Can I join you?
Narration:	She realized that this was her moment. If she was gonna take the plunge, **it was now or never.**

샬롯:　난 다른 판타지도 있어.
남자:　그게 뭔데?
샬롯:　파티 때 이층에서 섹스하는거.
여자:　함께 해도 돼요?
나레이션:　샬롯은 지금이 그녀의 때인 것을 깨달았다. 그녀가 결행할거라면, 지금 아니면 영영 기회가 없는 것이었다.

▶ Desperate Housewives 1-4

메리는 자살하고 남편 폴은 집을 내놓고 이사하려고 한다. 네 명의 친구들은 메리에게 온 쪽지(I know what you did. It makes me sick. I'm going to tell)를 폴에게 보여줄지 말지 얘기를 나누고 있다.

Susan:	I think we should show Paul the note.
Lynette:	Are you sure? He's gonna freak.
Bree:	Well, **it's now or never.** I mean, I saw what he's asking for the place. It's gonna sell quickly.

수잔:　폴에게 그 쪽지를 보여주는게 낫겠어.
르넷:　정말? 질겁을 할텐데.
브리:　지금 아니면 영영 기회가 없어. 내 말은 집을 내놓은 조건을 봤는데 금방 팔릴거야.

그만 잊어, 다음으로 넘어가자
Let's move on

뭔가 하고 있던 일을 그만두고 다른 일을 하자고 할 때 혹은 지금까지 나누고 있는 화제를 마무리하고 다른 화제거리를 이야기하자는 말이다. 또한 나쁜 경험을 이겨내고 삶을 계속 살아가기 시작하다라는 뜻이 있어, 힘든 상황을 겪은 상대방에게 이제 극복하고 그만 잊어버리고 계속 기운을 내서 살아가라라고 할 때 많이 들을 수 있다.

POINT

Let's move on 다음으로 넘어가자
Let's get a move on it 빨리 서두르자

▶ **Big Bang Theory 1-5**

쉘든의 쌍둥이 동생 Missy의 등장으로 나머지 세명의 친구는 데이트를 해보려고 안달이다. 쉘든은 레너드에게 제안을 하나 하는데 마침 Missy와 페니가 등장한다.

Sheldon: Am I? Here. Eat this cheese without farting and you can sleep with my sister.

Missy: Oh really? Shelly, can I speak to you for a minute? Alone.

Sheldon: Why does everyone suddenly want to talk to me alone? Usually nobody wants to be alone with me.

Leonard: We all make mistakes, **let's move on.**

쉘든: 내가? 좋아. 이 치즈를 먹고 방귀를 뀌지 않으면 내 동생과 잘 수 있어.

미시: 어 정말? 쉘리, 잠깐 얘기 좀 할까? 단 둘이서?

쉘든: 왜 다들 갑자기 나하고 둘이서만 얘기를 하려는 걸까? 보통 때는 아무도 나와 함께 단둘이 있으려고 하지 않는데.

레너드: 우린 모두 실수를 하잖아. 넘어가자고.

▶ **House 6-22**

커디가 하우스에게 사랑을 고백하는 장면이다.

Cuddy: I'm stuck, House. I keep wanting to move forward, I keep wanting to **move on,** and I can't. I'm in my new house with my new fiancé, and all I can think about is you. I just need to know if you and I can work.

House: You think I can fix myself?

커디: 하우스, 난 벗어날 수가 없어. 앞으로 나아가길 계속 원했고, 잊으려고 계속 원했지만 그럴 수가 없어. 새로운 집도 있고 새로운 약혼자도 있지만, 내가 생각할 수 있는 사람은 오직 당신 뿐이야. 다만 내가 당신하고 가능할지 알아야 돼.

하우스: 당신은 내가 고쳐질 수 있다고 생각해?

022

이럴 수가 없어, 믿을 수가 없어
This can't be happening

여기서 This는 눈앞에 벌어지는 일이든지 혹은 다른 사람으로부터 전해들은 소식을 말한다. 그 소식으로 모두 다 놀랄 정도로 안좋은 일이 벌어져 충격을 받았거나 기대 이하의 상황이 발생하여 실망과 당황하고 있다는 문장.

POINT

This can't be happening 이럴 수가 없어, 믿을 수가 없어
I can't believe this is happening 믿기지 않아
I don't see that happening 그런 일은 없을거야
This should not be happening 이래서는 안돼지

▶ Desperate Housewives 1-1

수잔은 이디가 마이클을 초대해서 저녁을 먹는다는 이야기를 듣고 안절부절한다.

Susan: I can't believe it. **This can't be happening.** Mike can't like Edie better than me, He just can't!

Julie: You don't know what's going on. Maybe they're just having dinner.

수잔: 믿을 수가 없어. 이럴 수가 없어. 마이크가 나보다 더 이디를 좋아할 리가 없어. 그럴 리가 없다고!
줄리: 무슨 일인지 모르잖아. 그냥 저녁 먹는 것일 수도 있어.

▶ CSI:Las Vegas 4-4

새라가 사건을 설명해주며 실종된 아들의 행방을 묻고 있는 장면.

Sara: Mr. Young, your son was last seen with a young girl. We know that he rented a wave runner. Now that young girl is in our morgue and we don't know where your son is.

Mr. Young: **I can't believe this is happening.** Mark has a job. There's no reason for him to be on the lake during a work day.

새라: 영 선생님, 당신의 아들이 한 젊은 소녀와 마지막으로 함께 있는 것이 목격되었습니다. 아들이 제트스키를 빌린 것을 압니다. 그 소녀는 시체안치실에 있는데 당신의 아들은 어디에 있는지 모릅니다.
미스터 영: 믿기지 않아요. 마크는 직장인예요. 근무일에 호수에 있을 이유가 없어요.

내가 일을 망쳤어

I screwed up

I screwed up하게 되면 내가 뭔가 잘못했고 그 때문에 문제가 발생하게 되고 그래서 나는 후회하고 있다는 감정까지 이 표현에 들어있다고 보면 된다. 반대로 You screwed up하게 되면 "네가 일을 망쳤어"라고 비난할 때 사용하면 된다.

POINT

I screwed up 내가 일을 망쳤네

You screwed up 네가 일을 망쳤어

I'm really screwed 곤경에 처했어, 속았어

screw around 문제를 일으키다, 섹스하다

Big Bang Theory 5-1

술김에 라지와 잠자리를 한 페니는 집에 돌아와 술을 마시려고 하는데 자칭 절친인 에이미가 찾아온다.

Penny: You heard what I did?

Amy: Well, I heard who you did.

Penny: Oh, my God, **I screwed up everything.** I hurt Leonard, I hurt Raj, I mean, what is wrong with me?

페니: 내가 무슨 짓을 했는지 들었어?

에이미: 네가 누구랑 했는지 들었지.

페니: 맙소사. 내가 다 망쳤어. 레너드에게 상처를 주고, 라지에게 상처를 주고, 난 도대체 왜 이럴까?

Breaking Bad 5-10

월터는 스카일러에게 자신이 마약제조를 해서 번 돈을 받고 자식에게 물려주기를 바란다고 하는데…

Walter: Skyler, I'll make this easy. I'll give myself up. If you promise me one thing. You keep the money. Never speak of it. Never give it up. You pass it on to our children. Give them everything. Will you do that? Please? Please don't let me have done all this for nothing.

Skyler: How did Hank find out? Did-- did somebody talk?

Walter: No, no one talked. It was me. **I screwed up.**

월터: 스카일러, 내가 일을 쉽게 해줄게. 내가 자수할게. 내게 한가지 약속해주면. 돈을 가져. 절대 알려서도 안되고 절대 포기해서도 안돼. 우리 아이에게 넘겨줘. 다 넘겨줘. 그래줄래? 제발? 지금까지 한 일을 의미없게 만들지 말아줘.

스카일러: 행크는 어떻게 알아낸거야? 누가 얘기한거야?

월터: 아니, 아무도 말하지 않았어. 그건 나였어. 내가 다 망쳤어.

024

네 말에 일리가 있어, 네 말이 맞아
You have a point there

여기서 there은 거기가 아니라 상대방의 의견이나 상대방이 한 생각을 말하는 경우이다. 그래서 You have a point there하게 되면 상대방의 의견이나 생각이 일리가 있다고 동의한다고 할 때 사용하는 표현이다. 우리말로 하자면 "네 말에 일리가 있어," "네 말이 맞아"에 해당된다.

POINT

You have a point there 네 말이 맞아

You have a point 네 말에 일리가 있어

You('ve) got a point there 네 말이 맞아

I think he's got a point 걔 말이 맞는 것 같아

▶ **Sex and the City 3-1**

캐리는 뉴욕 소방관 달력 모델 심사대회에 심사위원으로 왔다 Bill이란 정치가와 만난다.

Bill:	Hello. Can I bum a smoke?
Carrie:	Sure.
Bill:	Thanks.
Carrie:	There you go.
Bill:	Man, that's good. I quit three years ago.
Carrie:	How's that working out for you?
Bill:	Good. I allow myself one a week.
Carrie:	You live right on the edge, don't you?
Bill:	Can I buy you a beer?
Carrie:	No. Thanks. I got it.
Bill:	Oh, come on. It's on me for helping me out during the contest.
Carrie:	Okay, sure. And by the way, you have the worst taste in men. Ever.
Bill:	No way.
Carrie:	You gave that guy from Midtown a seven.
Bill:	Hey, I like a firefighter with love handles. It gives you something to hold onto when you ride him down the side of a burning building.
Carrie:	**You got a point there**, my friend.

빌:	안녕하세요. 담배한대 필 수 있을까요?	빌:	그러지마요. 시상대회에서 빠져나오게 도와주는 대가로요.
캐리:	그럼요.		
빌:	고마워요.	캐리:	그래요, 그럼. 그런데 당신은 남자 보는 눈이 최악이더군요.
캐리:	여기요.		
빌:	어휴, 좋다. 3년전에 담배 끊었어요.	빌:	말도 안돼요.
캐리:	담배 끊으니 어떻던가요?	캐리:	미드타운 출신 소방관에게 7점을 줬잖아요.
빌:	좋아요. 일주일에 한대 피죠.	빌:	난 허리에 군살이 있는 소방관을 좋아해요. 불타는 건물에서 소방관 타고 내려갈 때 잡을 수 있는게 잖아요.
캐리:	아슬아슬하게 사는군요, 그렇지 않아요?		
빌:	맥주한잔 살게요.		
캐리:	고맙지만 됐어요. 마셨어요.	캐리:	일리가 있는 말이네요.

025

나한테 무슨 볼 일이 있어?, 날 어떻게 하려고 하는거야?

What do you want with me?

What do you want with sth?하게 되면 상대방이 with 이하의 것을 왜 필요로 하는지 이해를 할 수 없다는 뉘앙스로, "너 그걸로 뭘하려는거야?"라는 문장이 되고, What do you want with sb?하게 되면 상대방에게 sb에서 원하는 게 뭐냐, 즉 "sb를 어떻게 하려고 하는거야?"라고 불확실한 상황에서 물어보는 표현이다.

POINT

What do you want with sth? 너 그걸로 뭘하려는거야?
What do you want with sb? sb를 어떻게 하려고 하는거야?
What do you want with me? 날 어떻게 하려고 하는거야?
What does (s)he want with sb 쟤 …을 어떻게 하겠다는거야?

▶ Game of Thrones 1-3

네드 스타크는 아리아에게 언니 산사의 입장을 이해시키려고 아리아의 방에 들어오는데, 아리아가 검을 갖고 있는 것을 본다.

Ned:	Whose sword is that?
Ayra:	Mine.
Ned:	Give it to me. I know this maker's mark. This is Mikken's work. Where did you get this? This is no toy. Little ladies shouldn't play with swords.
Arya:	I wasn't playing. And I don't want to be a lady.
Ned:	Come here. **Now what do you want with this?**

네드:	그거 누구의 검이냐?
아리아:	제꺼요.
네드:	이리 줘봐라. 누가 만들었는지 알겠는데. 미켄이 만든거구나. 어디서 얻었니? 이건 장난감이 아냐. 어린 소녀는 검을 갖고 놀아서는 안된다.
아리아:	갖고 놀지 않았어요. 그리고 난 숙녀가 되고 싶지 않아요.
네드:	이리 와바라. 이걸로 뭘하려는거냐?

▶ Game of Thrones 2-8

존 스노우는 야인들에게 체포되고 야인들은 존 스노우를 죽이자고 하지만 이그리트는 맨스 레이더에게 산 채로 내려가자고 한다.

Ygritte:	He's a bastard of Winterfell, Ned Stark's son. Mance will want him.
Man:	**What does Mance want with a dead man's bastard?**
Ygritte:	I don't know. I think he'll want to decide for himself.

이그리트:	그는 윈터펠의 서자예요. 네드 스타크의 아들. 맨스가 그를 원할거예요.
남자:	맨스가 죽은 사람의 서자에게 무슨 볼 일이 있겠어?
이그리트:	몰라요. 맨스가 직접 결정하고 싶어하실거예요.

026

가능성이 얼마나 돼?

What are the odds?

odds처럼 복수명사로 쓰이면 무엇이 일어날 「가능성」을 말한다. 그래서 The odds are (that)~하게 되면 …할 것 같다(It's likely to~)라는 의미가 되고, 위 문장인 What are the odds?하게 되면 "가능성[확률]이 얼마나 돼?"라고 묻는 표현이 된다. 또 그것의 가능성은 어떠냐?라고 물어볼 때는 What are the odds of that?이라고 한다.

POINT

What are the odds? 가능성[확률]이 얼마나 돼?

What are the odds of that? 그거의 가능성이 얼마나 돼?

What are the odds of ~ ing? …할 가능성이 어떻게 돼?

be at odds with~ …와 사이가 안좋다, 뜻이 안맞다

the odds of~ …의 가능성, 확률

beat the odds 확률을 이겨내다, 불리함을 극복하다

▶ **CSI: Las Vegas 6-24**

총상을 입은 환자를 두고 의사와 그리섬이 나누는 대화장면.

Grissom: And without surgery?

Surgeon: The bullet could migrate into the artery and, again, cause a stroke or kill him. Or it could stay there for years and do nothing. He might never wake up.

Grissom: What are the odds?

Surgeon: Mr. Grissom, this isn't a casino. **I don't give odds.** It's your call.

Grissom: Do it.

그리섬: 수술을 안하면요?
의사: 총알이 동맥에 자리를 잡을 수도 있고, 역시 뇌졸중을 일으켜 죽을 수도 있습니다. 혹은 오랫동안 그 자리에 있으면서 아무렇지도 않을 수도 있습니다. 영영 깨어나지 않을 수도 있고요.
그리섬: 가능성은요?
의사: 그리섬 선생, 이건 카지노가 아녜요. 난 확률을 말하지 않습니다. 당신이 결정해주세요.
그리섬: 해주세요.

▶ **Game of Thrones 2-7**

티리온과 세르세이의 대화. 세르세이가 근친상간의 대가를 두려워하며 타르가르엔의 반이 미쳤다고 하고 자식들을 걱정하자, 티리온은 나머지 두 남매는 온전하지 않냐고 위로한다.

Tyrion: **You've beaten the odds.** Tommen and Myrcella are good, decent children, both of them.

티리온: 누나는 확률을 이겨냈잖아. (세명의 자식 중 두명인) 토멘과 마르셀라는 선하고 근사한 아이들이야, 둘 다.

027

난 단지 놀러 왔을뿐이야

I just came to hang out

원래 매달다라는 모양에서 보듯 별 특별한 목적없이 매달려서 빈둥빈둥거리는 것을 말하는데서 출발한 표현인 hang out은 친구와 함께 영화를 보든, 공갖고 놀든 별로 serious하지 않게 노는 것을 말한다. 또한 hang around 역시 어떤 장소에서 만날 사람을 기다리거나 아무것도 하지 않거나 시간을 보내는 것이나 혹은 hang around with sb의 형태로 「…와 함께 시간을 보내다」라는 의미로 쓰인다.

POINT

I just came to hang out 그냥 놀러왔어
hang out with sb …와 함께 놀다
hang around with sb …와 함께 시간을 보내다

▶ **Friends 8-11**
임신 4개월째, 호르몬의 변화로 성욕이 차오르는 레이첼은 검사받으러 병원에 왔는데, 그만 의사가 훈남이다.

Rachel: Where-where are you from? What do you do?
Dr. Schiff: I'm a doctor.
Rachel: Right! Right! I-I actually meant in your spare time, do you cook? Do you ski? Or do you just **hang out with** your wife or girlfriend?
레이첼: 어디 출신예요? 직업이 뭐예요?
쉬프박사: 의사인데요.
레이첼: 맞아요. 내 말은 여가시간에 뭐하는지요. 요리해요? 스키타요? 아니면 아내나 여친과 시간을 보내나요?

▶ **Big Bang Theory 3-12**
라지와 쉘든은 여자들을 초대하여 시간을 보내고 있는데 라지커플은 소파에서 열심히 키스중이다. 이때 쉘든은 그만 잔다고 자기 방에 가버리자, 파트너는 방까지 찾아와 함께 놀자고 하는데…

Martha: Sheldon?
Sheldon: Yes?
Martha: Listen, they're kind of getting busy in the living room, and I was wondering if I could **hang out** in here for a while.
Sheldon: Well, I suppose. Come in. I'll sleep in Leonard's room. Good night.
마샤: 쉘든?
쉘든: 응?
마샤: 저기, 걔네들 거실에서 좀 바쁜데, 여기 안에서 잠깐 시간을 보내도 될까해서.
쉘든: 그럼. 그래. 들어와. 난 레너드 방에서 잘게. 잘 자.

028

그럼 거절로 생각할게
I'll take that as a "no"

take은 「sth를 이하로 생각하다」(think about)라는 뜻이다. 주로 take that[it] as ~의 형태로 많이 쓰이며, that은 상대방이나 제 3자가 한 말을 지칭하는 경우가 많다. 그래서 위 문장은 상대방이 에둘러 거절하는 듯한 상황일 때 "그럼 거절로 생각할게"라는 말이며, 반대는 I'll take that as a "yes"이다.

POINT

I'll take that as a "no" 그럼 거절로 생각할게
I'll take that as a "yes" 찬성으로 생각할게
I'll take that as a compliment 칭찬으로 생각할게

Law & Order : SVU 3-9
핀이 피해자의 아버지와 대화를 나누고 있다.

Fin: Do you know a Cassie Adams?
Man: How's that concern you?
Fin: **Take that as a yes.**
Man: Why are you asking about my daughter?
판: 캐시 아담스라는 사람 압니까?
남자: 그게 당신하고 무슨 상관이에요?
판: 안다는 걸로 알아들을게요.
남자: 왜 내 딸에 대해서 묻는 겁니까?

CSI: Las Vegas : 2-8
캐서린이 레이디 헤더와 대화를 나누고 있다.

Lady Heather: Don't take this the wrong way, but I think you've got everything it takes to make a great Dominatrix.
Catherine: **I take that as a compliment.**
Lady Heather: Well, you should. It's just about knowing yourself, being strong and not taking any crap from powerful jerks who are used to giving it all day long.
레이디 헤더: 이거 오해하고 듣지 마요. 당신은 도미나트릭스가 되기에 모든 자질을 갖추고 있어요.
캐서린: 칭찬으로 알아들을게요.
레이디 헤더: 그래야지요. 그건 자기 자신을 아는 거예요. 강해지고 허구헌날 헛소리나 해대는 멍충이 권력자로부터 헛소리를 듣지 않는거죠.

그럼 결과적으로 선택은 하나뿐이네

That leaves us with one choice

That은 앞서 「발생한 뭔가」 (something that happened)를 말하는 것이고 leaves는 여기서 어떤 결과(result)나 기록(tally)이 「남다」라는 뜻으로, 이 둘을 합쳐서 That leaves~하게 되면 앞에서 이러이러하니 최종적으로 혹은 「결과적으로 ⋯가 남게 되다」라는 의미가 된다.

POINT
That leaves us with~ 결과적으로 ⋯가 남게 되다
So that leaves us with what? 그럼 우리는 결과적으로 어떻게 되는거야?
Which leaves us with~ 그럼 결과적으로 우리에게 ⋯남게 돼

▶ **CSI: Las Vegas : 1-14**
브래스 경감과 그리섬 그리고 캐서린이 모여서 사건을 어떻게 처리할지 토의한다.

Brass: I don't know. You're the lab guys. What is the evidence telling you?
Grissom: Forensically, we can't prove if Mel took the digoxin overdose or if she forced it on him.
Catherine: **So that leaves us with one choice.**

브래스: 난 몰라. 당신들이 연구실팀이잖아. 증거가 뭐라고 하고 있어?
그리섬: 증거상으로 보면 멜이 스스로 디곡신을 과다복용했는지 아니면 부인이 강제로 먹였는지 증명할 수 없어.
캐서린: 그럼 한가지 선택만이 남네요.

▶ **CSI: Las Vegas : 5-10**
캐서린과 닉 그리고 워릭이 모여서 교도소 폭동사건에 대한 회의를 하고 있다.

Catherine: We now know the cops were not responsible, **so that leaves us with thirty-four suspects,** all with rap sheets. Is there anything to narrow the focus?

캐서린: 이제 경찰들 책임은 아니라는 것을 알아냈고 그럼 남는 것은 34명의 용의자인데 모두 전과자야. 수사 초점을 좁힐만 한 것이 없을까?

030

내가 하지 않을 일은 너도 하지마라

Don't do anything I wouldn't do

내가 하지 않을 일은 너도 절대로 하지 마라라는 의미이다. 즉 상대방에 조언이나 충고하는 표현으로 뭔가 나쁜 일이거나 비윤리적인 일은 하지 말라고 말하는 문장이다. 특히 친구들 사이에서 많이 쓰인다.

POINT

Don't do anything I wouldn't do 조신하게 행동해

Have fun, boys, don't do anything I wouldn't do
애들아 재미있게 놀지만 함부로 행동은 하지마

▶ **Sex and the City : 6-8**

사만다가 연하 애인 스미스를 멕시코 현지 촬영지에 보내면서 나누는 대화.

Smith: I'm gonna miss you Samantha.

Samantha: Oh, save that performance for Mr. Van Sant. It's just two weeks.

Smith: It's a long time.

Samantha: Would you get out of here already? I'm late as it is. And listen. When you're on location, **don't do anything I wouldn't do.**

Smith: What does that rule out?

Samantha: Few things. Karaoke. I don't do that.

스미스: 보고 싶을거야. 사만다.

사만다: 연기는 구스 반 산트 감독을 위해서 남겨 둬. 단지 2주뿐인데.

스미스: 긴 시간이잖아.

사만다: 빨리 좀 나가줄테야? 난 지금 늦었거든. 그리고 내가 하지 않는 것은 너도 하지마.

스미스: 예를 들면?

사만다: 몇가지가 있지. 가라오케. 난 가지 않아.

난 걔뿐이야
I'm all about her

sb가 주어한테 매우 중요한 사람이고 그래서 당연히 관심과 열정이 넘쳐난다고 말할 때 사용한다. 즉 자기가 좋아하는 사람에 대한 헌신(devotion)을 표현한다. 한 남자가 여친에 대한 지극한 사랑(deep love)을 표현하려면 "I'm all about her"이라고 말할 수 있다.

POINT

I'm all about her 나 걔뿐이야

I'm all about ~ing 난 오직 …할 뿐이야

▶ Desperate Housewives : 2-16

같은 직장을 다니고 있는 르넷과 톰은 갈등이 집에서까지 이어지는데…

Tom:	You were pushing on me like you were trying to sack me. I felt it.
Lynette:	Are you serious? Tom, I wasn't doing anything. I was just going for it. I was just lost in the moment. Oh, come on! Come on, this is silly. I don't wanna argue. I mean, unless it turns you on. Does it? 'Cause then **I'm all about it,** baby.
톰:	날 뭉개려는듯 계속 밀어대잖아. 난 그렇게 느꼈어.
르넷:	진담야? 톰, 나 아무 짓도 하지 않았어. 난 그냥 몰두하고 있었어. 그 순간에 빠져 있었어. 그러지마! 바보같아. 다투고 싶지 않아. 내 말은 그게 흥분되지 않는다면, 그래? 그럼 난 열중할테니 말야.

▶ Desperate Housewives : 3-3

가브리엘과 르넷은 호텔 스파에 가서 마사지를 함께 받고 있다.

Gabrielle:	Don't you love this? Oh, God bless Tom for taking the kids camping. This is exactly what we needed. Especially after everything I've been through lately. **I am all about** relaxing and rejuvenating…
가브리엘:	이거 좋지 않아? 톰이 아이들을 캠핑에 데려가줘서 정말 고마워. 이거야 말로 우리가 정말 원했던거야. 특히 최근에 내가 겪은 모든 일들을 생각하면 말야. 난 오직 긴장을 풀고 재충전하는데 열중할거야…

032

그런 일은 없을거야, 그렇게는 안될거야

(It's) Never gonna happen

의미는 두 가지인데. 먼저 어떤 일이 일어나거나 행해질 것 같지 않을 때 쓰인다. 남녀 사이에 서로 맺어질 수 없다고 말할 때, 다른 의미는 역시 같은 맥락으로 상대방이 제안하는거에 내키지 않거나 거절할 때 쓰이는 것으로 이때는 단순히 "No"라고 생각하면 쉽다.

POINT

It's never gonna happen 그런 일 없을거야
That's never going to happen 그렇게는 안될거야

▶ Friends :2-1

레이첼은 로스에게 사랑을 고백하러 중국출장에서 돌아오는 로스를 마중나가는데, 로스는 중국에서 사귄 애인과 나타난다.

Chandler: So what the hell happened to you in China? I mean, when last we left you, you were totally in love with, you know.

Ross: I know, I know I was, but there was always this little voice inside that kept saying **it's never gonna happen,** move on.

챈들러: 도대체 중국에서 무슨 일이 있었던거야? 내 말은 떠날 때만해도 레이첼에게 빠져있었잖아.

로스: 알아. 그랬지만 너희들은 절대 안되니까 잊으라고 말하는 내부의 목소리가 계속 들리더라고.

▶ Sex and the City :2-4

캐리, 샬롯 그리고 미란다는 조깅을 하다 미란다의 옛 애인인 안과의사를 만난다.

Miranda: I only slept with him twice. The first time I faked it because **it was never gonna happen.** The second time I faked it because I did the first time.

Carrie: Naturally.

Miranda: I didn't wanna fake it again, so I just forgot to return his call.

Charlotte: You broke up with an ophthalmologist over that?

미란다: 걔와 단 두번 잤어. 처음에는 전혀 될 것 같지가 않아서 오르가즘에 오른 척했고 두번째는 첫번째 그렇게 했기 때문에 또 그랬어.

캐리: 그렇겠지.

미란다: 난 다시 척하기 싫어서 걔 전화에 답하지 않았어.

샬롯: 오르가즘 때문에 안과의사와 헤어졌다는 말야?

033

네 능력을 보여줘 봐
Show me what you got

네가 가진 것을 보여줘라. 즉 「너의 능력이나 재주를 보여달라」는 뜻이다. 아무 때나 말하는 것은 아니고, 상대방이 자기가 능력이 있고 잘한다고 내세울 때 이 문장을 쓰는데 이때는 상대방이 정말 능력이 있는 건지 혹은 과장떨고 허풍치는지 알고 싶어 당돌하게 되받아치는 경우이다

 POINT
Show me what you got 네 능력을 보여줘
All right, Chris, show me what you got 좋아, 크리스, 네 능력을 보여줘봐
Just show me what you got 내게 네 능력을 보여줘봐

▶ **Sex and the City :3-5**
미란다의 애인 스티브는 자신의 능력을 알아주지 않는 미란다에게 화를 내고 미란다는 스티브가 농구슛연습하는 것을 보러와 응원한다.

Steve:	If this is ever gonna work, I need you to believe in us a little more! I need you to believe in me, even if you think it is fucking stupid!
Miranda:	All right, hotshot! **Show me what you got!** Nice legs! Very nice!
Steve:	Okay! This is for the big money!
Miranda:	Okay!
Carrie(Naration):	Steve never did win the big money at Madison Square Garden, but having Miranda show up for him that day, made him feel like a million bucks."
스티브:	이게 안되더라도 난 네가 조금 더 우리에 대한 믿음을 가졌으면 해! 이게 빌어먹게도 멍청한 일이라 할지라도 나를 믿어주기를 바래!
미란다:	좋아, 거물! 네 능력을 보여줘! 다리 멋진데! 아주 좋아!
스티브:	좋아! 이건 백만불짜리 샷이야!
미란다:	좋아!
캐리(나레이션):	스티브는 매디슨 스퀘어 가든에서 백만불을 타지 못했지만 미란다가 그날 자기를 위해 응원나게 함으로써 자신이 백만 불짜리라는 느낌을 얻었다.

034

위든지 말해, 편하게 말해
I'm all yours

나는 전적으로 너의 것이다라는 말로 비유적으로 "나를 네가 원하는 대로 해라," 혹은 "나는 네 책임이다"라는 뜻. 상대방이 뭔가 부탁을 하거나 시간을 내달라고 할 때, 기꺼이 도와주고 필요한 것이 뭐든지 하겠다라고 할 때 사용하는 문장이다.

POINT

I'm all yours 편하게 말해, 뭐든지 말해, 난 네꺼야
She's all yours 걘 네 책임이야
It's all yours 그건 모두 네 책임이야

▶ Sex and the City :1-1

캐리는 옛 애인 커트를 상대로 「남자처럼 섹스하기」 도전에 성공했는데, 다시 바에서 만나게 된다.

Curt: Lucky me, twice in one week.

Carrie: You may not be getting that lucky.

Curt: I was pissed off the way you left.

Carrie: You were?

Curt: Yeah. Then I thought how great! You finally understand that we can have sex without commitment.

Carrie: Yeah, right. Sure, I guess. So whenever I feel like it, I'll give you a call.

Curt: Yeah, whenever you feel like it. I mean, if I'm alone, **I'm all yours.**

Carrie: Alright.

Curt: I like this new you. Call me.

Carrie: Yup.

커트: 내가 운이 좋네. 일주일에 두번이나 보고 말야.
캐리: 그렇게 운이 좋지 않을지도 몰라.
커트: 네가 휙 가버려서 화가 났었어.
캐리: 그랬어?
커트: 어, 그리고 나서 아주 좋았다고 생각했어. 네가 드디어, 서로 얽매임없이 섹스를 할 수 있다는 것을 이해했잖아.
캐리: 어, 맞아. 그럼. 그럼 내가 내키면 전화줄게.
커트: 아, 내키면 언제든지. 내 말은 내가 혼자 있을 때는 난 당신꺼야.
캐리: 좋아.
커트: 이런 새로운 네가 좋아. 전화해.
캐리: 그래.

035

네가 말해봐!, 네가 더 잘 알잖아!

You tell me!

You tell me!는 "네가 말해봐"라는 단순한 의미. 이 표현을 쓰는 상황은 특이하다. 상대방이 이미 알고 있는 내용을 질문할 때 사용하는 것으로, 내가 어떻게 알아, 네가 더 잘 알잖아라는 의미가 함축되어 있다. "네가 말해봐"라고 생각하면 된다.

POINT

You tell me 네가 말해봐, 네가 더 잘 알잖아

Now you tell me 왜 진작 말해주지 않았어

You're telling me 네 말이 맞아, 누가 아니래

(Now) You tell me what~ …를 말해줘

▶ NCIS:7-7

리온과 20년전 사건에 연루된 저격범 키아가 워싱턴에 도착하게 되면서 리온의 신변에 위험이 생기고 깁스와 그에 대해 대화를 나누고 있다.

Leon: What is she doing? What does she really want?

Gibbs: You know her well. **You tell me.**

리온: 그녀가 뭘 하고 있는건가? 그녀가 정말로 원하는게 뭐야?

깁스: 국장님이 그녀를 더 잘 알잖아. 국장님이 말해봐요.

▶ Sex and the City 2-6

헤어진 후에 다시 빅과 데이트를 시작한 캐리는 둘 관계의 정의를 공식적으로 내리고 싶어한다.

Big: I don't know what "officially" means.

Carrie: "Officially" means officially. You know, for real.

Big: Every moment of my life is for real, baby.

Carrie: Just answer me this: Why did we break up?

Big: **You tell me.** You're the one who left me high and dry with two tickets to St. Barts.

빅: 정식으로라는 말이 무슨 뜻인지 모르겠어.

캐리: 정식이란 말은 정식으로라는 말이야. 자기도 알잖아, 진심으로.

빅: 내 인생의 모든 순간이 다 진심이야.

캐리: 이것만 대답해봐. 우리 왜 헤어진거야?

빅: 네가 더 잘 알잖아. St. Barts 행 비행기 표 두장만 갖고 홀로 남겨두고 날 떠난게 자기잖아.

036

내가 일을 망쳤어

I messed up

mess up는 간단히 쉽게 표현한다면 make a mistake라 할 수 있다. 다시 말해, mess up은 뭔가 잘못된 일을 했고 그 결과 안 좋은 일들이 있을지도 모른다라는 뉘앙스를 갖고 있다. 이미 이 표현을 쓸 때면 자기가 잘못한 일에 대해 후회하고 있는 시점이라고 보면 된다. 우리말로는 「잘못하다」, 「실수하다」, 「일을 망치다」 등으로 이해하면 된다.

POINT

I messed up 내가 일을 그르쳤어, 일을 망쳤어
You messed up 네가 잘못했어
mess with 관여하다, 속이다, 건드리다, 골리다
Don't mess with me 나 건드리지마
mess around 빈둥거리다, 섹스하다

CSI: Las Vegas 5-20
브래스 경감의 골칫덩어리인 입양아 딸인 엘리 브래스와 다투는 모습.

Ellie Brass: What, you're going to send me to my room and ground me? Have a patrol car pick me up at prom? Or spank me?

Brass: Okay. You're right. You're right. **I messed up.** But I'm just trying to do the best that I can. I wish you could say the same thing.

엘리 블래스: 그래서, 방으로 보내서 외출금지시키겠어요? 졸업파티에서 순찰차로 나를 끌고 올건가요? 아니면 때리실 건가요?

브래스: 좋아, 네 말이 맞아. 내가 망쳤어. 하지만 난 내가 할 수 있는 최선을 하려고 하고 있다. 너도 같은 말을 해주었으면 한다.

Friends 6-20
오디션 일정을 깜박잊고 말해주지 않은 챈들러에게 화를 내는 조이.

Joey: How could you do this to me Chandler?! This part could've turned my whole career around!

Chandler: **I messed up.** Okay? I'm sorry, **I really messed up.**

Joey: Hey, you don't even live here anymore! What are you doing answering my phone? I have my machine!

조이: 챈들러, 어떻게 내게 이럴 수 있어? 이 역은 내 커리어 전체를 반전시킬 수도 있는건데.
챈들러: 내가 망쳤어. 미안해. 내가 정말 망쳤어.
조이: 너 여기 살지도 않잖아! 뭐하러 내 전화를 받은거야? 자동응답기도 있는데!

037

넌 맨날 그런 식이야

That's what you always do

그게 바로 네가 항상 그러는 것이다. 좀 부드럽게 해보자면, "네가 하는 일은 늘 그런 식이다." "넌 맨날 그런 식이야"라는 의미가 된다. 말투에서 느끼듯이 상대방이 기대치에 못미치는 실망스런 행동을 했을 때 불쾌감을 표시하면서 비아냥거릴 때 사용된다.

 POINT

That's what you always do 넌 맨날 그런 식이야, 네가 하는 일을 늘 그래, 너 맨날 그러잖아
do what you always do 늘 그런식으로 하다
do this all the time 항상 그렇게 하다
You always do (this) 넌 항상 그렇지

 House 1-7

하우스와 절친 윌슨 박사의 대화장면

Wilson: There was no date! I had lunch with one of the nurses. It's her first time in an oncology unit and she's having a tough time, emotionally.

House: Perfect.

Wilson: I wanted to be nice. That's all. I mean it.

House: **You always do.** It's part of your charm.

윌슨: 데이트는 없었어! 간호사 중의 한 명과 점심을 했어. 그녀는 종양학 부분에서 첫번째여서 정서적으로 힘든 시간을 보내고 있어.
하우스: 완벽하군.
윌슨: 난 친절하게 대하고 싶었어. 그게 다야. 정말야.
하우스: 넌 항상 그렇지. 네 매력의 일부지.

House 3-24

카메론은 하우스에게 사직서를 제출한다.

Cameron: I've gotten all I can from this job.

House: What do you expect me to do? Break down and apologize? Beg Chase to come back?

Cameron: No, I expect you to **do what you always do.** I expect you to make a joke and go on. I expect you to be just fine. I'll miss you.

카메론: 이 직장에서 배울 수 있는 건 다 배웠어요.
하우스: 내가 어쩌기를 바래? 무릎꿇고 사과하기를? 체이스에게 돌아오라고 사정하기를?
카메론: 아뇨, 박사님이 늘 그러듯이 그러기를 바래요. 농담하시고 하시던 일 계속 하기를 바래요. 박사님이 괜찮기를 바래요. 보고 싶을 거예요.

038

난 전념했어, 약속을 했어
I made a commitment

commit의 명사형인 이 단어는 어떤 일에 헌신적으로 전념하기, 몰두하는 것을 말하는 것으로 make a commitment (to)하면 「(…에) 헌신하다」, 「전념하다」라는 뜻이 된다. 동사형을 써서 be committed to+N[~ing], commit oneself to라고 해도 된다.

 POINT

I made a commitment 난 헌신했어, 전념했어
I made a commitment to sb …에게 헌신하다
I made a commitment to+V …전념하기로 하다, …하기로 약속하다

▶ **Friends 5-15**

모니카는 함께 결혼해 살기를 원하지만 챈들러는 얽매이기를 싫어하며 언쟁을 한다.

Chandler: Oh please, you are obsessed with babies and-and marriage and everything that's related to babies and-and marriage! I've got an idea, why don't we turn down the heat on this pressure cooker?!

Monica: Have you lost your mind? Chandler, this isn't about me! This is about you and **all your weird relationship commitment crap!**

챈들러: 그러지마, 넌 아기와 그리고 결혼 그리고 아기와 결혼에 관련된 모든 것에 사로잡혀 있어. 내게 좋은 생각이 있어. 압력솥의 온도를 좀 낮추자고?!

모니카: 정신나갔어? 챈들러, 이건 내 문제가 아니라 너와 네 이상한 깊은 만남에 대한 생각때문이야.

▶ **Sex and the City 2-18**

캐리의 주변만 맴돌던 빅이 나타샤와 약혼했다는 이야기를 듣고서…

Carrie: Engaged? How can you be engaged? **You have a problem with commitment, remember?** In fact, you told me you never wanted to get married again, ever.

Mr. Big: Well, things change.

Carrie: Meaning what? You just didn't wanna marry me.

캐리: 약혼했다고? 어떻게 약혼을 할 수 있어? 너 전념하는데 문제가 있잖아, 기억해? 사실, 다시는 결혼을 하지 않을거라고 내게 말했잖아.

빅: 저기 상황은 변하는거라서.

캐리: 그게 무슨 말이겠어. 넌 단지 나와 결혼하기를 원치 않았던거야.

이게 내가 생각하는게 맞아?

Is that what I think it is?

뭔가 예상못하고 놀랄만한 일이 벌여지는 장면에서 지금 상황에 대해서 자기가 생각하는게 맞는지 물어보거나 자문하고, 지금 상황이 보이는 것처럼 진짜 그런 상황인지를 물어보는 것이다. 너무 놀라서 말하는 상황이라면 꼭 대답을 필요로 하지 않을 때도 있다.

POINT

Is that what I think it is? 이게 내가 생각하는게 맞아?

Did you just say what I think you said 너 내가 생각하는 그 말을 한거지?

Are you doing what I think you're doing?
너 지금 내가 생각하고 있는 걸 하고 있는거지?

Are you saying what I think you're saying?
너 지금 내가 생각하고 있는 걸 말하는거지?

▶ **Modern Family 2-14**

발렌타인 데이를 맞아 필과 클레어는 호텔에서 롤플레이를 해보기로 한다. 필은 클라이브로, 클레어는 줄리아나라는 가명으로 처음 만나서…

Claire: Why do I get the feeling you're not really a salesman?

Phil: Ohh... Pretty and smart. Or should I say "pretty smart"? I might do some high-risk work for Uncle Sam that takes me clear around the country.

Claire: Mm, so you could say you're a... national man of mystery.

Phil: Never did catch what you do.　　　Claire:　　Didn't you?

Phil: Surprising, I know. I'm usually pretty good at catching things from women in bars.

Claire: Well, Clive, I am just a bored housewife with a dark side and an hour to kill.

Phil: **Is that what I think it is?**

Claire: It's not a gift card. Or maybe it is. I'll be upstairs, Clive. Don't take too long.

Phil: I never do.

클레어: 왜 당신이 진짜 세일즈맨이 아니라는 생각이 들죠?
필: 어… 예쁜데 똑똑하기까지 하고, 아니면 꽤 똑똑하다고 해야 되나요? 국가를 위해서 아주 위험한 일을 할지도 모르죠. 그 때문에 전국을 쭉 돌아다니죠.
클레어: 그럼 당신은 미스터리한 국가적인 인물이라는 말이군요.
필: 당신의 직업은 캐치 못했어요.　　　클레어:　　그랬어요?
필: 놀랍게도, 난 알아요. 보통 바에서 만난 여자들의 속셈을 캐치하는데 능하거든요.
클레어: 클라이브, 난 단지 지루한 전업주부예요. 어두운 이면이 있고 한시간 재미볼 시간이 있어요.
필: 그게 내가 생각하는 그건가요?
클레어: 기프트 카드가 아녜요. 혹은 그거일 수도 있죠. 올라가 있을게요. 클라이브, 바로 올라와요.
필: 절대 늦는 법이 없죠.

걘 위험한 행위를 했어
He engaged in risky behavior

「약혼하다」, 「교전하다」, 「종사하다」 등으로 익숙하지만 위 문장에서처럼 engage in하면 「…행위에 참여하다」(be involved in), 「관여하다」 혹은 「…을 하다」 정도로 해석해도 될 때가 있다.

POINT

He engaged in risky behavior 걘 위험한 행위를 했어

engage in …행위에 참여하다(be involved in), 관여하다, …을 하다

be engaged to 약혼하다

▶ Sex and the City 2-10

빅과 한 파티에 간 캐리는 시중 알바를 하고 있는 옛친구 제레미아를 만난다.

Carrie:	Jeremiah was a famous downtown performance artist… who was best known uptown as: "Kid, give me another scotch and soda." **We had engaged in a mild flirtation for years.**
Jeremiah:	Who're you here with?
Carrie:	Some guy.
캐리:	제레미아는 다운타운에서 유명한 행위예술가이고 업타운에는 "야, 스카치 한잔과 탄산음료를 가져와'라는 말로 유명했다. 우리는 오랫동안 사귀었었다.
제레미아:	누구랑 여기왔어?
캐리:	어떤 사람하고.

▶ CSI: Las Vegas 3-15

브래스 경감과 워릭이 한 피의자를 심문하고 있다.

Brass:	You lied to us, Mrs. McCormick. **You said you only engaged in on-line sex with Trey Buchman.**
Warrick:	Your hair has a similar morphology to the hair that we found in Mr. Buchman's hotel suite.
Rebecca McCormick:	Well, "similar" doesn't mean me.
브래스:	맥커믹 부인 우리에게 거짓말을 했네요. 당신은 트레이 버크맨과 온라인 섹스만을 했다고 말했죠.
워릭:	버크만의 호텔 스위트룸에서 발견된 머리카락이 부인 것과 유사합니다.
레베카 맥커믹:	저기, "유사하다"는 것이 나를 의미하는 것은 아니잖아요.

너는 해낼거야

You'll make it happen

make it happen은 그것이 일어나도록 하다. 의역을 해보자면,「그렇게 하다」「이루다」「성공하다」라는 의미로까지 아주 많이 쓰이는 표현이다. 그래서 You'll make it happen은 너는 그렇게 되도록 하게 될거야, 즉 "너는 해낼거야 (You'll be successful)"라는 의미이다.

POINT

You'll make it happen 너는 해낼거야, 너는 성공할거야

I'll make it happen 그렇게 하도록 할게

Make it happen 그렇게 하도록 해

 Desperate Housewives 2-4

가브리엘은 감옥에 있는 카를로스와 부부면회(conjugal visit)를 하기 위해 변호사와 얘기를 나누고 있다.

Gabrielle: Excuse me! We are husband and wife. When we make love it is a very sacred covenant. Okay, look, all we need is twenty minutes.

Mr. Doyle: I said no.

Gabrielle: You can't tell me no. You work for me. **You will make it happen!**

Mr. Doyle: You can't force me to do anything. I am not your maid. Or your gardener.

가브리엘: 이봐요! 우리는 부부예요. 우리가 사랑을 나눌 때 그건 신성한 계약이라구요. 좋아요, 우리가 필요로 하는 건 20분예요.

미스터 도일: 안된다고 했어요.

가브리엘: 내게 안된다고 말할 수 없어요. 날 위해 일하잖아요. 그렇게 되도록 하세요!

미스터 도일: 내게 강제적으로 일을 시킬 수는 없어요. 난 당신의 하녀나 정원사가 아녜요.

▶ **NCIS 4-18**

깁스는 정보를 얻기 위해 모사드 출신인 지바에게 정보를 빼오려고 한다.

Gibbs: There someone you can call?

Ziva: Might have a friend in Tel Aviv.

Gibbs: **Make it happen, Ziva.**

깁스: 그곳에 누구 전화넣을 사람 있어?

지바: 텔아비브에 친구가 있을거예요.

깁스: 그렇게 해, 지바.

042

개네들이 네게 그렇게 못하게 해

Don't let them bother you

Don't let sb[sth]+V~로 이루어진 이 표현은 직역하면 "sb[sth]이 V하지 못하도록 해라"가 된다. 그래서 Don't let them bother you하게 되면 "개네들이 널 못살게 굴지 못하게 해," "너한테 그렇게 못하게 해"라는 뜻이 된다.

POINT

Don't let them bother you 개네들이 너한테 그렇게 못하게 해
Don't let it bother you 그거 신경쓰지마
Don't let it get to you 신경쓰지마
Don't let it happen again 다시는 그러지마

▶ Sex and the City 1-6

빅은 캐리와 거리를 함께 거닐다가 지인을 만나 반가워하지만 옆에 있는 캐리를 소개시켜주지 않아 캐리는 썩 소를 짓는다.

Carrie:	Who was that?
Mr. Big:	Some guy I skied with in Aspen.
Narration:	I didn't understand. Had I become the invisible woman? I tried not to let it bother me. **I also tried not to let it bother me** that he took me back to Fung Wa, scene of our post-coital dinner.
Mr. Big:	I can't make your party tomorrow.
Carrie:	Oh no. I wanted to introduce you to my friends.
Mr. Big:	Well, I'll be home later if you miss me.

캐리:	누구예요?
빅:	아스펜에서 스키타다가 만난 사람이야.
캐리(나레이션):	난 이해가 되지 않았다. 내가 투명인간이 되었단 말인가? 그것 때문에 신경쓰지 않으려고 했다. 지난번에 갔던 섹스 후의 저녁식사 장소인 풍와라는 중국 식당에 또 데려간 것도 신경쓰지 않으려고 했다.
빅:	내일 네 파티에 못갈 것 같아.
캐리:	이런. 내 친구들에게 자기 소개시켜주고 싶었는데.
빅:	보고 싶으면 저녁에 집으로 와.

043

내가 지나쳤어

I'm way out of line

out of line은 지켜야 될 선을 넘어 이해할 수 없는 행동이나 말을 했다는 뜻. 강조하기 위해서 way out of line이라고도 한다.

POINT

I'm probably way out of line, 내가 할 얘기는 아닐 수도 있지만,

I hope I'm not out of line, but~ 주제넘는다고 생각하지 않았으면 하지만

You are way out of line 네가 너무 지나쳤어

It's totally out of line 그건 정말 도가 지나쳤어

▶ **Big Bang Theory 3-11**

레너드는 어머니인 베버리의 이혼사실과 애완견 미치의 죽음을 자기가 가장 늦게 알게 되었다면서 항의하다 베버리에게 한방 먹는데…

Beverley: Excuse me, Leonard, I am the one who's getting a divorce, Mitzy is the one who is dead. Why are you the one making a fuss?

Leonard: You're right. I'm-I'm-I'm-I'm sorry, **I'm way out of line!**

베버리: 잠깐만, 레너드야. 이혼하는 사람은 나이고, 그리고 죽은 강아지는 미치인데, 왜 네가 그렇게 호들갑이야?

레너드: 엄마 말이 맞아요. 미안해요. 내가 지나쳤어요!

▶ **Desperate Housewives 1-19**

가브리엘에게 혼후계약서에 강제적으로 도장을 찍게 한 카를로스는 침실을 이용하지 못하게 된다.

Carlos: I am not proud of what I did. I admit, **I was way out of line.**

Gabrielle: You want back in this bed? You know what to do.

Carlos: I'm not tearing up the post-nup.

카를로스: 내가 한 짓이 자랑스럽지 않아. 인정해. 내가 지나쳤어.

가브리엘: 이 침대로 들어오고 싶어? 그럼 어떻게 해야 하는지 알잖아.

카를로스: 난 혼후계약서를 찢지 않을거야.

044

어쩌다 이 지경까지 왔냐?

How did it come to this?

come to sth은 어떤 상황에 이르렀는데, 아주 나쁜 상황에 이어서 아주 놀랍고 충격적이라는 뜻이다. 그래서 How did it come to this?는 "어쩌다 이 지경까지 왔냐?"는 의미가 된다. Why does it come to this?도 같은 맥락의 표현. 주로 쓰이는 형태로는 Sth has come to this로 쓰인다. 또한 If it comes to that란 문구도 많이 쓰이는데, 이는 상황이 "그렇게 되면," 상황이 "그 지경이 되면"이라는 뜻이다.

POINT

How did it come to this? 어쩌다 이 지경까지 왔어?

If it comes to that, 상황이 그렇게 되면, 상황이 그 지경이 되면

Where does it come out? 어떻게 이런 결과가 나왔니?

What has come over you? 너 뭐 때문에 이러는거야?

I'll come to that 나중에 얘기해줄게

*(sb) come to that은 얘기하다, (새로운 토픽을) 다루기 시작하다

▶ **Desperate Housewives 2-4**

브리가 약사인 조지와 반항아인 아들 앤드류에 대해서 이야기를 나누는 장면.

Bree: What he said to you was horribly rude. That camp, it's extreme and unless I felt like Andrew was getting really out of control.

George: Well, let's hope **it doesn't come to that.** You know, in spite of everything that's happened, I really like Andrew.

브리: 걔가 당신에게 한 말은 정말이지 무례한거였어요. 그 캠프는 최후의 수단예요, 앤드류는 정말이지 통제불능였다구요.

조지: 그렇게 되지 않기를 바라죠. 저기, 이런저런 일들이 있었지만, 난 정말 앤드류를 좋아해요.

045

어떻게 하는지 내게 보여줘

Show me how it's done

how it's done은 「그것이 어떻게 된 것인지」, 「어떻게 그것을 한 것인지」를 뜻하는 것. 그래서 show me how it's done하게 되면 "어떻게 하는 것인지 내게 보여주다"가 된다. 또한 see how it's done은 "어떻게 하는 것인지 알다" 로, how it's done 앞에는 주로 show, see 등의 동사가 오게 된다. 또한 많이 쓰이는 문장인 This is how it's done 하게 되면 "이렇게 하는거야"라고 뭔가 방법이나 요령을 상대방에게 알려줄 때 사용하는 표현이다.

POINT

Show me how it's done 어떻게 하는지 내게 보여줘
Show me how it works 어떻게 일이 돌아가는지 알려줘
This is how it's done 이렇게 하면 되는거야

▶ **Friends 3-12**

조이의 오디션 장면. 감독은 자리를 비우면서 가장 경력이 많은 조이에게 오디션 참가자들의 댄스교습을 부탁하는데…

Director:	No, no, no. What was that?
Joey:	I know, it was the best I could get out of them.
Director:	Well, people! Let's try it again, and this time let's watch everybody watch Joey. **Show 'em how it's done.**
감독:	아냐, 아냐, 아냐. 이게 뭐였어?
조이:	알아요. 아무리 해도 안되네요.
감독:	자, 여러분. 다시 해봅시다. 이번에는 다들 조이를 보도록 해요. 어떻게 하는지 이들에게 보여줘.

▶ **CSI: Las Vegas 6-6**

캐서린이 피의자를 조사하고 있다.

Sandra Walkey:	Then it was all worth it. My baby has her baby. That's all that really matters.
Catherine:	Did you ever consider that Christina Adalian is somebody's baby?
Sandra Walkey:	We each protect our own. **That's how it's done.**
Catherine:	Officer, would you please escort Mrs. Walkey to lockup?
샌드라 월키:	그럼 그럴 가치가 있었네요. 내 아이는 자기 아이를 가지는거죠. 정말 중요한 것은 그것 뿐이죠.
캐서린:	크리스티나 아델리안이 누구의 자식이라는 점은 생각은 해보셨나요?
샌드라 월키:	우리는 모두 자신의 것을 지키는거죠. 그렇게 되는거잖아요.
캐서린:	경관, 월키 부인을 유치장으로 모셔가세요.

부족한게 없어

I just got everything I need

난 내가 필요로 하는 모든 것을 가졌다. 즉 이 말은 난 없는게 없어, 난 부족한 게 없어라는 의미의 문장이 된다. 여기서 got은 have got의 줄인 표현이며 그냥 have를 써도 된다.

POINT

I got everything I need 부족한게 없어
I got everything I need to+동사 …하는데 부족함이 없어
I got everything it takes to+동사 …하는데 필요한 모든 것을 갖고 있어
I've learned everything I need to know 내가 알아야 되는 것은 다 배웠어
I've heard everything I need to hear 들어야 되는 얘기는 다 들었어

▶ House 5-7

하우스와 카메론이 환자 스튜어트를 진단하고 있다.

House:	He's lying.
Cameron:	About what?
House:	About everything. About his life. He doesn't even think he's happy here. He's miserable.
Stewart:	**I've got everything I need.**

하우스:	그는 거짓말을 하고 있어.
카메론:	뭐에 대해서요?
하우스:	모든 거에 대해. 그의 삶에 대해. 그는 여기서 자신이 행복하다고 생각하지도 않아. 그는 비참해.
스튜어트:	전 부족한게 없는데요.

▶ Friends 7-19

조이는 오디션에 통과하기 위해 포경수술을 안했다고 거짓말했는데, 감독 앞에서 증명하다 그만 붙은게 떨어진다.

The Director:	**I've heard everything I need to hear.** I just need to, Leslie,
The Casting Director:	Joey, this is awkward part.
Joey:	Oh! Hey right! Not a problem. I totally understand. You need to y'know make sure I don't have any horrible scars or tattoos. Don't you worry; I have nothing to hide. So there you go, that's me. One hundred percent natural! I tell ya, that has never happened before.

감독:	들을 얘기는 다 들었고, 내가 필요하는 것은, 레슬리.
캐스팅감독:	조이, 좀 어색한데요.
조이:	좋아요, 문제 없어요. 완전히 이해해요. 내게 어떤 끔찍한 상처나 문신이 없는지 확인해야 돼죠. 걱정마세요, 난 숨기는게 아무 것도 없어요. 자, 이게 접니다. 완벽한 자연산이죠! 정말이지. 전에는 이런 적 없었는데요.

그것 때문에 죽고 싶어져

It makes me want to die

이 문장의 핵심은 make sb want~인데, make 앞에는 It 뿐만 아니라 사람이 올 수 있다. 해석은 「그 때문에」, 「그러면」 정도로 의역하면 된다. 특히 많이 쓰이는 make me want to~와 make you want to~(네가 …하고 싶어지게끔 하다)를 잘 익혀두면 된다.

POINT

It makes me want to die 그 때문에 죽고 싶어져

It makes you want to~ 그 때문에 내가 …하고 싶어지게 해

▶ Friends 8-22

임신한 레이첼의 출산이 늦어지자 의사는 매운 음식이나 섹스를 추천한다.

Rachel: I am feeling nothing. Speaking of hot, watching you do that really **makes me want to** have sex with you.

Ross: Stop it.

Rachel: Oh come on Ross, why are we wasting our time with this other stuff?! We know what's gonna work! It's doctor recommended!

레이첼: 난 아무 느낌없어. '핫'하다고 하니까 그런데, 너 그런거 보니까 너와 섹스하고 싶어져.

로스: 그만해.

레이첼: 그러지마, 로스, 왜 다른 것들로 시간을 낭비하려고해?! 그게 효과가 있을거라는 걸 알고 있잖아. 의사가 추천한거라고!

▶ Law & Order :SVU 10-3

감방에 갇힌 손녀 Katie와 할머니가 나누는 대화장면.

Grandma: See, we all make mistakes, Katie. There's no shame in that. But you do have to take responsibility for your actions.

Katie: I've done a lot of bad stuff too. With boys.

Grandma: You're a beautiful girl. Boys have always liked you.

Katie: They just wanted sex. And I gave it to them. A lot of them. Even ones I didn't know. When I think about it, **it makes me want to die.**

할머니: 우린 모두 실수들을 한단다. 케이티야. 그 점에 있어서는 부끄러운 것이 없지만 네 행동에 대해서는 책임을 져야 돼.

케이티: 난 남자애들하고많은 나쁜 짓을 저질렀어요.

할머니: 넌 예쁜 아이잖아. 남자들은 항상 너를 좋아했어.

케이티: 걔네들은 단지 섹스만을 원했고 난 걔들에게 섹스를 해줬어요. 많은 애들에게. 심지어는 모르는 남자들에게도. 전 그걸 생각할 때 죽고 싶어져요.

048

운명에 대해 깊이 생각해봤어

I got to thinking about fate

I got to thinking about+N의 형태는 내가 "N"을 한동안 아주 깊이 생각해와서 뭔가 결론에 이르렀다는 뜻을 품고 있다. 이 표현은 주로 어떤 곤경에 처했거나 혹은 어떤 문제에 대해 매우 열광적일 때 사용된다.

POINT

I got to thinking about~ …에 대해 깊이 생각해봤어

Later that night, I got to thinking about~

그날 밤 늦게, 난 …에 대해 곰곰이 생각해봤어

I got to thinking that S+V …을 깊이 생각해봤어

Sex and the City 2-16

샬롯의 섹스상대가 도중에 잠이 드는 것으로 시작하는 에피소드로 이 문제에 대해 캐리와 사만다가 대화를 나누고 있다.

Samantha: It won't matter if you're sleeping with men or women. It'll be about sleeping with individuals.

Carrie: Or in your case, twos or threes.

Samantha: Soon everyone will be pansexual. It won't matter if you're gay or straight.

Carrie: Just if you're good or bad in bed.

Samantha: Exactly.

Carrie: That night **I got to thinking about bed.** Are we secretly being graded every time we invite someone to join us in it? A plus, B, D, incomplete. Is making love really nothing more than a pop quiz? If sex is a test, how do we know if we're passing or failing? How do you know if you're good in bed?

사만다: 네가 남자와 자든 여자와 자든 문제되지 않을거야. 그건 개인들과의 잠자리가 될거야.

캐리: 네 경우에는, 두명이나 세명이고.

사만다: 곧 모든 사람은 범성애자가 될거야. 게이든 게이가 아니든 문제가 되지 않을거야.

캐리: 잠자리에서 잘하느냐 못하느냐가 문제가 될거라고.

사만다: 그렇지.

캐리: 그날 저녁, 난 잠자리에 대해 생각을 해봤다. 우리는 함께 관계를 하자고 초대한 사람들로부터 은밀하게 등급이 매겨지는걸까? A플러스, B, D, 낙제. 사랑을 나누는 것이 쪽지시험에 불과한 것일까? 섹스가 만약 테스트라면, 우리가 합격했는지 여부를 어떻게 알까? 잠자리에서 잘하는지 못하는지 우리는 어떻게 아는걸까?

네가 결정해
It's your call

여기서 call의 의미는 「결정」, 특히 이거냐 저거냐 양단간의 선택 중 해야 되는 결정을 말한다. 그래서 It's your call하게 되면 "그건 네가 해야 되는 결정이야." "네가 결정해"라는 말로 상대방에게 선택을 하라고 말하는 문장이다.

POINT

It's your call 네가 결정해
You're the boss 네 맘대로 해
make the call 결정을 내리다

▶ **CSI:Las Vegas 5-5**

부부교환사건을 수사중인 브래스 경감은 용의자 중 한명인 커닝햄 부인을 심문하고 있다.

Brass:	Mrs. Cunningham, you told us that you spent last night at the Bellagio with your husband.
Meg Cunningham:	That's correct.
Brass:	Are you sure about that?
Meg Cunningham:	D-do I need a lawyer?
Brass:	I mean, **that's your call,** that's your right.
브래스:	커닝햄 부인, 간밤에 부군과 벨라지오 호텔에서 보내셨다고 하셨죠.
커닝햄 부인:	맞아요.
브래스:	정말 확실한 건가요?
커닝햄 부인:	변호사를 불러야 하나요?
브래스:	내 말은, 부인이 결정할 사항이구요, 부인의 권리입니다.

▶ **Gossip Girl 3-6**

루퍼스와 아들 댄과의 대화.

Dan:	Actually, Olivia just got back from Japan. I was hoping we would hang out tomorrow night.
Rufus:	So bring Olivia. Or not. **It's your call.** I... I don't want to force you.
댄:	실은 올리비아가 일본에서 돌아왔어요. 내일 저녁에 데이트하려고 하는데요.
루퍼스:	그럼 올리비아를 데려와, 아님 말던지, 네가 결정해라. 난 강요하고 싶지 않아.

각자 알아서 해야 돼!

(It's) Every man for himself!

다들 각자 자신을 위한다는 말로 "스스로 알아서 하다." "각자 알아서 하다"라는 문장이다. 그럼 이 표현은 언제 쓰이는 걸까? 어떤 상황이 안좋게되자 사람들은 다른 사람을 신경쓰지 말고 각자 스스로 챙겨서 생존해야 된다고 말하는 문맥에서 자주 쓰인다. 상황이 너무 안좋기 때문이 자기만 챙기라는 말씀.

POINT

It's every man for himself! 각자 알아서 해야 돼!

Damn it, Chris, go. Every man for himself

젠장, 크리스, 가. 각자 알아서 해

▶ **Prison Break 1-11**

프랭클린이 티백에게 경고하는 말.

Franklin: You know what? We may be a team in here, but just so that you know, the minute we get over that wall, **it's every man for himself.**

프랭클린: 그거 알아? 여기 안에서는 우리가 팀일지 모르겠지만, 그냥 알아두라고 말해두는데, 우리가 저 벽을 넘는 순간, 각자 알아서 해야 돼.

▶ **Shameless 3-2**

피오나의 돈버는 방식에 불만을 품은 필립이 냉정하게 누나를 몰아붙이는 장면.

Philip: You risked everything, and you didn't even break even.

Fiona: It was my first time doing this.

Philip: That's not the point. You made a decision without consulting the rest of us.

Fiona: I'm in charge of this family.

Philip: Really? No, I'm sorry, that's-- that's news to me. You see, Fiona, **if we're gonna be every man for himself,** this family is going under fast.

필립: 누나는 모든 것을 위태롭게 했어 그리고 수지타산도 못 맞추잖아.

피오나: 이런 일 하는거 처음이잖아.

필립: 그게 핵심이 아냐. 누나는 나머지 가족들과 상의없이 결정을 했어.

피오나: 내가 이 가족을 책임지고 있잖아.

필립: 정말? 아니, 미안하지만 내게는 낯설은데. 누나, 우리가 각자 알아서 하게 되면 이 가족은 빠르게 파산할거야.

어떻게 해야 당신을 행복하게 할 수 있겠어?

What's it gonna take to make you happy?

What's it gonna take to~?는 「to 이하를 하기 위해서는 무엇이 필요하냐」고 물어보는 표현이다. 뒤에 make you happy가 붙은 이 문장은, 물론 상대방을 기쁘게 하기 위해서 무엇을 해야 하는지 물어보는 것이지만, 상대방을 기쁘게 하기 위해 이것저것 다 해봤는데도 아무것도 성공하지 못해 좌절해 있을 때 주로 많이 쓴다.

POINT

What's it going to take to~? 어떻게 해야 …하겠어?
What makes you happy? 뭘 해야 행복해?

▶ **Desperate Housewives 2-8**

감방에 있는 카를로스는 출소하는 험악한 헥터에게 가브리엘을 지켜달라고 하는데…

Gabrielle: You know what? I am tired of you judging me. **What is it gonna take to get rid of you, hmm?** What's your last name?

Hector: Ramos.

Gabrielle: Ramos. Here is one thousand dollars. I won't tell Carlos you didn't stick around. It'll be our little secret.

가브리엘: 저기 말예요. 당신이 날 비난하는데 지쳤어요. 어떻게 해야 당신이 사라질거예요? 성이 뭐예요?
헥터: 라모스요
가브리엘: 라모스. 여기 천달러예요. 카를로스에게 당신이 날 지키지 않았다고 말하지 않을게요. 이건 우리의 비밀예요

▶ **Desperate Housewives 2-14**

병원에 가야 하는 수잔은 건강보험 때문에 게이(Gary)와 위장결혼을 하려고 하는데, 게이의 파트너(Steven)가 질투를 한다.

Steven: I want you to worry about my feelings half as much as you worry about your mother's!

Gary: **What is it gonna take to make you happy?** Not go through with the wedding? Is that what you're asking?

스티븐: 자기가 자기 엄마의 감정에 대해 걱정하는 것 반만큼만 내 감정에 대해 신경써주기를 바래.
게리: 어떻게 해야 자기를 행복하게 해줄 수 있겠어? 이 결혼을 그만두라고? 지금 그걸 요구하는거야?

도대체 왜 이러는거야?, 무슨 일이야?

What's gotten into you?

풀어 쓰면 What has gotten into you?로 현재완료형 문장. 평소와 달리 이상하게 행동하는 사람에게 왜 그러는지 이유를 묻는 표현으로 "도대체 왜 이러는거야?" 혹은 상대방이 기분이 괜찮은지 물어볼 때도 사용된다.

POINT

What's got into you? 도대체 왜 이러는거야?, 무슨 일이야?
What's gotten into you? 도대체 왜 그래? 무슨 일이야?
What's going down? 무슨 일이야?
What's got you down? 무슨 고민있어?

Gossip Girl 1-9

만찬장에서 블레어가 먹지를 않자 엄마인 엘레노어가 무슨 일인지 물어본다.

Eleanor: Blair... You haven't touched your food. Come on, darling. **What has gotten into you?**

Blair: Well, I was going to wait till after dinner, but I guess now is as good a time as any. Did you call daddy and say that I didn't want to see him this Thanksgiving?

엘레노어: 블레어, 음식에 손도 안 댔네! 왜 그러는거야?

블레어: 저녁 먹고 말하려고 했는데 지금 말해도 상관없겠네요. 아빠한테 전화해서 내가 이번 추수감사절에 아빠를 보기 싫다고 했어?

Desperate Housewives 6-8

수잔과 마이크가 침대에서 사랑놀이를 하면서 수잔이 하루종일 이렇게 있자고 제안한다.

Susan: Listen. I have a crazy idea. Why don't we both call in sick and spend the day in bed naked together? Did I mention naked?

Mike: You wanna go for seconds? **What's gotten into you?**

수잔: 저기, 내게 아주 좋은 생각이 있어. 우리 둘 다 직장에 아프다고 병가를 내고 침대에서 벌거벗고 함께 하루를 보내는거야? 내가 발가벗고라고 했나?

마이크: 한번 더 하자고? 도대체 당신 왜 그러는거야?

053

우리 오늘밤에 저녁먹는거 있어

We have a dinner thing tonight

바비큐 파티를 할 예정인 부부. 남편이 준비상황을 체크할 때 고기샀냐, 상추와 깻잎샀냐 등 일일이 물어볼 수도 있지만 대부분은 간단히 "오늘 저녁 바베큐하는거 잘 돼?" 정도로 물어본다. 영어도 마찬가지이다. 서로 대강이라도 알고 있는 경우 혹은 자세히 말하고 싶지 않을 때는 「명사+thing」이란 표현을 즐겨 쓴다. 위 문장은 그래서 오늘밤에 누구와 어디서 식사하는지 서로 알고 있는 상황하에서 "우리 오늘밤에 저녁먹는거 있어"라고 말하는 것이다.

 POINT

We have a dinner thing tonight 우리 오늘밤에 저녁먹는거 있어
I have a party thing to go to 가야 될 파티가 있어

Sex and the City 1-7

빅에게 흠뻑 빠져 친구들에게 소원해진 캐리가 미란다와 전화통화를 하면서 만날 약속을 하고 있다.

Carrie: How about tonight?

Miranda: Yeah, tonight will work.

Carrie: Alright, so I'll call Charlotte and Samantha and see if they're free, **'cause Big's got this dinner thing,** so we didn't have any plans anyway.

캐리: 오늘밤은 어때?

미란다: 그래. 오늘밤 좋지.

캐리: 그래, 그럼 내가 샬롯과 사만다에게 전화해서 시간 되는지 물어볼게. 빅은 저녁건이 있고 우리 어쨌든 아무런 계획도 없으니 말야.

Friends 1-4

웨이트리스로 일하는 레이첼에게 부자 친구들이 찾아와 우울해지는데 모니카가 분위기 전환을 시도해본다.

Monica: We thought since Phoebe was staying over tonight **we'd have kinda like a slumber party thing.** We got some trashy magazines, we got cookie dough, we got Twister...

모니카: 피비가 오늘 밤 여기서 지낼거니까 파자마 파티같은 걸 해볼까 생각했어. 야한 잡지들도 있구, 쿠키 반죽도 있구, 트위스터도 있어.

F·R·I·E·N·D·S

외진 곳이야, 어딘지 모르겠어
We're in the middle of nowhere

인적이 드문 아주 멀리 떨어진 어딘가 외진 곳에 있다는 의미일 수도 있고 또는 운전하다가 길을 잃어서 자기가 있는 위치가 어딘지 모르겠다는 뜻을 갖기도 한다. 하여간 두 경우 모두 다 자기가 친숙한 공간과는 멀리 떨어져 있음을 알 수 있다.

POINT

We're in the middle of nowhere 외진 곳이야, 어딘지 모르겠어
We're in the middle of sth 한참 바쁘게 …하는 중이야

▶ **Desperate Housewives 2-21**

브리가 아들 앤드류와의 갈등을 견뎌내지 못하고 한적한 곳에 아들을 유기하는 장면.

Andrew: What are you doing?

Bree: I packed up some of your things. There's also, um, an envelope in here with some money and that should tide you over until you get a job.

Andrew: What, you're gonna, **you're gonna leave me out here in the middle of nowhere?**

앤드류: 뭐하는거예요?
브리: 네 물건들 가방에 좀 쌌고 그 안 봉투에 돈 좀 넣어뒀으니 그 돈으로 네가 취직할 때까지 버틸 수 있을거야.
앤드류: 뭐예요, 어딘지도 모르는 곳에 날 버리겠다는거예요?

▶ **Desperate Housewives 3-4**

부부싸움에 열중인 카를로스와 가브리엘. 카를로스는 경찰폭행으로 경찰서에 한시간 있다가 나온 가브리엘을 차로 데려오면서 화해를 시도한다.

Carlos: That's a lie. You're just saying that to hurt me.

Gabrielle: No, if I wanted to hurt you, I would tell you about last weekend when I slept with John Rowland. Carlos, what are you doing? Carlos! What are you doing?! Carlos! **You can't leave me out here in the middle of nowhere!**

카를로스: 그건 거짓말이야. 내게 상처주려고 단지 그러는거지.
가브리엘: 당신에게 상처를 주려 했다면, 지난주에 존과 잠자리를 했다는 것을 말했겠지. 카를로스, 무슨 짓이야? 카를로스! 뭐하는거야? 카를로스! 어딘지도 모르는 곳에 날 두고 가면 안되잖아!

일이 그렇게 돌아가지 않아

That's not how it works

이 문장의 핵심은 how it works로 That's not how it works, That's how it works, Is that how it works? 등 다양하게 그리고 아주 뻔질나게 자주 쓰이는 표현들이다. how it works는 어떤 일이나 상황이 「돌아가는 방식」이란 의미. how it works 대신에 how things work이나 the way things work라 해도 된다.

POINT

That's not how it works 일이 그렇게 돌아가지 않아
That's how it works 일이 그렇게 돌아가는거야
Is that how it works? 그렇게 일이 돌아가는거야?

▶ **Friends 10-2**

챈들러와 모니카는 입양을 하려고 하는데, 그 자료들을 본 피비가 모니카와 대화한다.

Monica: Oh, they're brochures from different adoption agencies.
Phoebe: Ooh, babies! Oh, this one is so cute, get this one!
Monica: **That's not really how it works.**
Phoebe: Oh, how does it work?

모니카: 여러 입양기관에서 가져온 안내책자들이야.
피비: 어, 아이들! 이 애가 귀엽다. 얘로 해!
모니카: 그렇게 하는게 아냐.
피비: 어떻게 진행되는건데?

▶ **Big Bang Theory 2-19**

하워드가 이사 나온다고 해서 친구들이 도와주러 집 앞으로 가는데…

Sheldon: Hold on. You honestly expect me to believe that social protocol dictates we break our backs helping Wolowitz move, and then he only need buy us a pizza?
Leonard: I'm sorry, **that really is how it works.**

쉘든: 잠깐만. 허리가 부러지면서 하워드의 이사를 도와주는데 고작 하워드는 우리에게 피자한판 사주는게 사회적 관습이라는 걸 내가 믿기 바라는 건 아니지?
레너드: 미안하지만 정말 그렇게 돌아가는거야.

056

여기까지가 내 한계야

This is where I draw the line

draw the line은 글자 그대로 선을 긋다라는 의미에서 발전하여 비유적으로 「구분짓다」, 「한계를 설정하다」라는 뜻으로 쓰여서 This is where I draw the line하게 되면 "여기까지 내가 할 수 있어," "여기까지가 내 한계야," 즉 "여기까지야," "나 못하겠어"라는 뜻으로 쓰이는 문장. 뭔가 못하겠다고 손들 때, 더 이상 도와줄 수 없다고 할 때, 더 이상 받아들이거나 허용할 수 없다고 할 때 써먹을 수 있는 표현이다.

 POINT

This is where I draw the line 여기까지가 내 한계야, 여기까지야 나 못하겠어
draw the line 선을 긋다, 한계를 설정하다, 거부하다

▶ **Desperate Housewives 3-18**

르넷은 톰이 허리를 다치자 맥클러스키 부인에게 다섯 아이와 톰을 맡기고 피자가게를 혼자 운영하는데…

Mrs. McCluskey:	Well, here's a surprise for you... I quit.
Lynette:	What? What? Why? Why? What happened?
Mrs. McCluskey:	Five kids are tough enough, but your husband makes six. **And that's where I draw the line.**
Lynette:	Okay, I know that, uh, Tom has been a little cranky lately.
Mrs. McCluskey:	No, I'm cranky. He's insufferable. I hate to admit this, Lynette, but every time that man screams out in pain, I do a little jig inside.
Lynette:	Look, I'll talk to Tom--
Mrs. McCluskey:	No, my mind's made up.
Lynette:	Wait, wait, wait! Please don't do this. Please. I am at the end of my rope.

맥클러스키 부인:	저기, 깜짝 선물이야… 나 그만뒀어.
르넷:	뭐라구요? 왜요? 무슨 일인데요?
맥클러스키 부인:	아이 다섯도 아주 힘든 일인데, 자네 남편까지 합하면 여섯이야. 그리고 여기까지가 내 한계야.
르넷:	그래요, 알고 있어요. 톰이 최근에 좀 괴팍하게 굴죠.
맥클러스키 부인:	아니, 내가 괴팍한거고 톰은 참을 수 없을 정도야. 이걸 인정하긴 싫지만, 르넷, 그 인간이 아프다고 소리지를 때마다 난 속이 부글부글 끓어.
르넷:	톰에게 얘기를 할게요.
맥클러스키 부인:	아냐, 내 맘은 결정됐어.
르넷:	잠깐만요! 제발 이러지 마세요. 제발요. 저도 죽을 지경예요.

057

상황이 좋아질거야, 상황이 괜찮아 질거야

Things will work out all right

위 문장은 상황(things)이 다 잘 될거라는 말로 이때는 사물주어(Things, It, This) work out+well[badly, all right]에 속하는 것으로, 여기서 work out은 「상황이 …하게 되다」(happen, turn out)이다. 또한 Does it work out for you?(네 생각은 어때?, 너도 좋아?)라는 문장으로 대표되는 사물주어(Things, It, This) work out for sb는 「상황이 나아지거나 해결되는」 것을 뜻한다.

 POINT

사물주어(Things, It, This) work out+well[badly, all right]
상황이 …되다

Does it work out for you? 너도 좋아?

사물주어(Things, It, This) work out for sb 상황이 나아지다, 해결되다

Things work out with sb …와의 일이 잘되다

▶ Friends 7-18

모니카가 런던에서 찾던 하룻밤 섹스 상대는 자기가 아니라 조이라는 사실을 알게 된 챈들러는…

Chandler: Look there is no way you're doing this wedding now. Okay?

Joey: What?! That's not fair! It's not my fault! I was off with my bride's maid! And who's to say I would've even said yes?! I mean I would've said yes. Chandler, you are making way too big a deal out of this, all right? **Look, everything worked out okay!**

챈들러: 이봐, 너 이 결혼식의 주례 볼 생각이지마. 알았어?
조이: 뭐라고?! 공평하지 않아. 내 잘못도 아닌데. 난 신부 들러리와 함께 있었고 내가 모니카의 섹스부탁에 예스라고 했겠어?! (모니카에게) 내 말은 예스라고 했을거라는거야. 챈들러 넌 사소한 문제를 크게 만들고 있어. 이것봐, 모든 일이 다 순조롭게 됐잖아!

▶ Friends 5-1

로스는 런던의 결혼식에서 신부 에밀리를 레이첼이라고 부르는 치명적인 실수를 하는데…

Rachel: Hi. Sorry, **things aren't working out so well.**

Ross: Oh no! It could be better, but it's gonna be okay, right?

Rachel: Oh yeah! Of course, I mean, she's gonna get over this, y'know? I mean, so you said my name!

레이첼: 하이, 미안해. 일이 잘되지 않아서 말야.
로스: 아냐! 더 좋을 수도 있었겠지만 괜찮을거야, 맞지?
레이첼: 그럼! 물론. 내 말은 에밀리는 이걸 극복할거야, 알지? 내 말은 네가 내 이름을 댄거말야!

058

그래도 된다면야
Don't mind if I do

맨 앞에 주어 "I"가 생략된 것으로 I don't mind if I do는 상대방의 제안에 긍정적으로 답하면서 "그럼 기꺼이." "좋아" 혹은 "그래도 된다면야"라는 의미가 된다.

POINT

Don't mind if I do 그래도 된다면야
Don't mind me 난 신경쓰지마, 신경꺼, 없다고 생각해

▶ **Sex and the City 6-20**

파리의 친구들이 캐리를 위한 파티를 열어주는데, 남친인 알렉산더는 일때문에 참석못한다고 한다.

Carrie:	Are you up for it?
Alexander:	I can't darling. That's the night I unveil my show to the museum curators and staff. But you go and have a wonderful time. With the throngs of screaming fans.
Carrie:	**I don't mind if I do.**
캐리:	파티에 갈 수 있어요?
알렉산더:	자기야, 난 안돼. 그날 밤에 박물관 큐레이터와 직원들에게 내 전시물을 공개하기로 했어. 하지만 자기는 가서 즐거운 시간을 보내라고. 환호하는 팬들 무리와 함께.
캐리:	그래도 된다면.

SECTION

2

난 아는 표현인 줄 알았다!

059-150

059

내가 처리할게
I got this

this는 어떤 상황이나 일을 말하는 것으로 I got this하게 되면 걱정하지마라 이 일을 내가 처리하지(Don't worry, I can handle this)라는 의미가 된다. 내가 다른 사람의 도움없이 충분히 커버할 수 있다고 자신있게(feel confident) 말하는 경우이다.

 POINT

I got this 내가 처리할게, 내가 알아서 알게, (식당) 내가 낼게, (벨,전화소리) 내가 받을게, 이해했어
It's okay, I got this 괜찮아, 내가 처리할게

▶ Big Bang Theory 5-5

버나뎃이 하워드 엄마에게 하워드가 우주에 간다고 고자질하자…

Leonard: Wait, let me see if **I got this right.** You actually asked Bernadette to leave your house in the middle of the night?

Howard: What choice did I have? She went behind my back and turned my own mother against me.

레너드: 잠깐, 내가 제대로 이해했는지 보자고, 실제로 네가 밤중에 버나뎃을 집에서 나가라고 했다고?
하워드: 내가 달리 어떻게 할 수 있었겠어? 걔가 날 배신하고 엄마에게 고자질했는 걸.

▶ Modern Family 1-15

호텔에서 롤플레이 하다가 에스컬레이트에 코트가 끼인 클레어를 글로리아가 구해주는 장면.

Jay: Well, take your coat off. Here, let me help you.

Claire: No, no, dad, dad...

Jay: Come on, what are you, naked under there? Oh, geez.

Gloria: It's okay. **I got this.** Claire, follow my lead, okay?

Claire: Okay. Okay. Wow. Okay. Thank you.

Gloria: It has happened to me before.

Phil: That was impressive.

제이: 코트를 벗어, 내가 도와줄게.
클레어: 안돼요, 아빠…
제이: 왜 그래, 너 뭐 속에 다 벗었냐? 아이고 맙소사.
글로리아: 괜찮아. 내가 알아서 할게. 클레어, 날 따라해, 알았지?
클레어: 그래요, 와우, 고마워요.
글로리아: 내가 전에 이런 적이 있었어.
필: 인상적인데요.

060

그렇게 된거야, 그게 다야

That's about it

말하는 사람이 상대방에게 자기는 모든 중요한 세부사항들을 다 말했다는 것을 표현하는 문장이다. 달리 쉬운 문장으로 바꿔보면 I've given you all of the information I know. 즉, 난 내가 알고 있는 얘기를 네게 다했다. 좀 더 매끄럽게 옮겨보자면 "그렇게 된거야," "그게 다야(더 없어)," "진상이 그래"라 이해하면 된다.

 POINT

That's about it 그렇게 된거야, 그런 것이야, 그게 다야, 더 이상 없어
That's about the size of it 그런거야

▶ **CSI: Las Vegas 6-3**
아내를 잃은 남편 Ray는 Cohen이라는 여의사와 서로 물면서 오르가즘에 올라가는 일탈을 하고 있었는데…

Jeri Cohen: He told me he was married. It wasn't a problem for me. He said they made better friends than lovers and she was a good mother; **that's about it.**

Brass: Was he violent?

Jeri Cohen: Ray? No, he was nothing like that.

제리 코헨: 유부남이라고 말했어요. 내게는 문제가 되지 않았어요. 연인이라기보다는 좋은 친구이고 아내는 좋은 엄마라고 했어요. 그게 다예요.

브래스: 레이가 폭력적이었나요?

제리 코헨: 레이가요? 아뇨, 레이는 전혀 그런 사람이 아니었어.

▶ **Sex and the City 1-1**
캐리는 왜 멋진 미혼여성은 많은데 멋진 미혼남은 없는지 질문을 던지고 남자들이 답을 하게 된다.

Man: It's all about age and biology. If you want to get married, it's to have kids, right? If you wanna do it with someone older than 35, you have to have kids right away. **And that's about it.** These women should forget about marriage... and have a good time.

남자: 그건 나이와 생물학적 특징 때문예요. 결혼을 원한다면 아이를 갖는거죠, 맞죠? 35세 이상의 여자와 결혼을 하게 되면 바로 아이를 가져야 돼요. 그런 거예요. 이런 여성들은 결혼은 잊어버리고 즐겨야 돼요.

061

감히 그렇게는 못하겠지!, 넌 그렇게 못할거야!

You wouldn't dare!

You wouldn't dare!는 상대방이 결과적으로 문제나 사고를 유발할 뭔가 말이나 행동을 하겠다는 협박성 발언을 할 때 받아치면서 설마 네가 그것을 하리라고는 믿지 않는다라는 뉘앙스를 내포하고 있다. 우리말로 하자면, "감히 그렇게는 못하겠지", "감히 어떻게 그런 말을." "넌 그렇게 못할거야." "네가 설마 그렇게 하겠냐"정도로 이해하면 된다.

 POINT

You wouldn't dare! 감히 어떻게 그런 말을!, 감히 그렇게는 못하겠지!
You wouldn't dare+V~ 감히 어떻게 …하겠다는거야
Don't you dare~ 멋대로 …하지 마라
How dare you~? 네가 감히 어떻게 …?

Desperate Housewives 2-10

회사에 놀이방을 만들고 싶어하는 르넷은 정원을 채우기 위해 사장의 딸이 필요하다고 하고 사장은 부인 몰래 아이를 회사로 데려오는데…

Fran: I thought Mindy had been kidnapped!
Ed: I left a sticky note.
Fran: I wasn't looking for a sticky note, Ed! I was looking for my missing child!
Ed: She's my child, too, and she's staying here, just a few hours a day.
Fran: You, give her to me.
Ed: No, I made a decision.
Fran: Yeah? Okay, watch me make a decision. I'm done with this marriage. I'm taking my baby and I'm getting on a plane to Pittsburgh.
Ed: You wouldn't dare!

프랜: 민디가 납치된 줄 알았잖아!
에드: 포스트잇 붙여놨는데.
프랜: 난 포스트잇을 찾지 않았어, 에드! 난 잃어버린 아이를 찾고 있었다고!
에드: 걘 내 자식이기도 해, 그리고 걘 하루에 몇시간 씩 여기에 있을거야.
프랜: 딸 내놔.
에드: 안돼, 난 결정했어.
프랜: 그래, 좋아, 내가 결정을 하는 걸 봐. 이 결혼 끝이야. 내 아이 데리고 피츠버그로 가는 비행기를 탈거야.
에드: 감히 그렇게는 못하겠지!

062

내가 알 도리가 없지

I wouldn't know

상대방의 질문에 "나는 모른다"라고 할 때 쓰는 표현. 주로 상대방이 물어보는 질문에 답할 충분한 정보도 없지만 별로 언급하고 싶지 않을 때 쓰는 표현으로 퉁명스럽고 무례하게 들리는 문장. 모르기도 하지만 그 문제에 대해서는 얘기하고 싶지 않다는 뉘앙스가 강하게 포함되어 있다.

POINT

I wouldn't know 내가 알 도리가 없지

I wouldn't know about that! 내가 그거에 대해 알 리가 없지!

I wouldn't know wh~ S+V 내가 …을 알 도리가 없지

I wouldn't do that 나라면 하지 않겠어

▶ Friends 10-16

파리로 떠나는 레이첼 환송파티에서 레이첼과 모니카가 헤어지는 장면.

Monica: I know what you mean. You're like a sister to me too.

Rachel: **I wouldn't know what** I'm gonna do without you.

Monica: You're the best friend I ever had.

모니카: 무슨 말인지 알아. 넌 내게 역시 자매같아.

레이첼: 너 없이는 내가 뭘 해야 할지 알 수 없을거야.

모니카: 넌 최고의 절친이야.

▶ Desperate Housewives 1-8

오지랖 넓은 수잔은 마이크의 집을 뒤지다 걸리게 된다.

Susan: Hold on a minute, now. I started snooping around because I found all that money by accident. And, and then, I found a gun. Are you a drug dealer or something?

Mike: Is that what you think?

Susan: Well, **I wouldn't know** because you never let me in.

수잔: 잠깐만. 난 우연히 그 돈을 발견하고는 집안을 뒤지기 시작했어요. 그리고 나서 총을 발견했죠. 마약상이나 뭐 그런거예요?

마이크: 그게 당신이 생각하는거예요?

수잔: 저기, 당신이 얘기를 안해주니까 내가 알 수가 없죠.

만반의 준비가 다 되었어
I'm good to go

크게 두 가지 의미로 쓰인다. 첫째는 모든 일이 순조롭다(everything is fine)라고 말하는 것이고 둘째는 글자 그대로 준비가 다 되었다(to express that things are ready)라는 뜻이다. 또한 인칭을 바꿔서 You're good to go라는 표현도 많이 쓰이는데, 이는 「…할 준비가 충분히 되었다」라는 말로 "해도 된다"라는 허가 및 격려의 표현이 된다.

POINT

I'm good to go 만반의 준비가 됐어
Good to know 알게 되어 다행이다
be too good to be true 믿기지 않을 정도로 좋다

▶ Big Bang Theory 2-18

레슬리는 레너드의 집에서 4중주 연습을 끝내고 레너드를 유혹하는 장면이다.

Lesley: Just so we're clear, you understand that me hanging back to practice with you is a pretext for letting you know that I'm sexually available.

Leonard: Really?

Lesley: Yeah, **I'm good to go.**

Leonard: I thought you weren't interested in me.

Lesley: That was before I saw you handling that beautiful piece of wood between your legs.

Leonard: You mean my cello?

Lesley: No, I mean the obvious crude double entendre. I'm seducing you.

Leonard: No kidding?

Lesley: What can I say, I'm a passionate and impulsive woman. So how about it?

레슬리:	확실히 하고자 하는데 내가 남아서 연습을 하고자 한 것은 네가 나와 섹스를 할 수 있다는 것을 알려주기 위한 구실인거 알고 있지.
레너드:	정말?
레슬리:	그럼, 난 준비됐어.
레너드:	넌 나한테 관심없는 줄 알았는데.
레슬리:	너의 두 다리사이에 아름다운 목재품을 다루는 것을 보기 전이었지.
레너드:	내 첼로를 말하는거야?
레슬리:	아니, 내 말은 누가봐도 뻔한 중의법을 쓴 것이야. 지금 널 유혹하는 중이야.
레너드:	정말?
레슬리:	어쩌겠어. 난 열정적이고 충동적인 여자인걸. 그럼 하는게 어때?

064

걔네들 친해졌어

They're bonding

They're bonding은 서로 친해졌다(form a close personal relationship), "서로 친한 친구가 되다," "잘 어울리다" 정도로 생각하면 된다. 서로 좋아하고 감정적으로 교류가 흐른다는 말씀. 그래서 bond with sb하게 되면 start a friendship으로 이해하면 된다.

POINT

They're bonding 걔네들 친해졌어 걔네들 잘 어울려

bond with sb 친구가 되다

It was bonded together 두개가 합쳐졌어

▶ **Big Bang Theory 4-13**

에이미는 페니에게 과학 컨퍼런스에 가자고 하는데…

Penny: Oh. Oh, okay, well, you know, like I said, I have plans, so.

Amy: Shame. Since you're my best friend, I thought it would **be a good bonding opportunity.**

페니: 알았어. 저기, 내가 말했듯이, 나 계획이 있어.

에이미: 안됐네. 넌 나의 절친이니까 친해질 수 있는 좋은 기회가 될거라 생각했거든.

▶ **Big Bang Theory 2-13**

직장에서 사람들과 친해지는데 문제가 있는 쉘든은 설문지를 만들어 페니에게 보여준다.

Penny: What is this?

Sheldon: It's a questionnaire I devised. **I'm having some difficulty bonding with** a colleague at work, so I'm doing a little research to better understand why my current friends like me.

Penny: Yes. Well, that is a good question. But is this really the best way to figure it out?

페니: 이게 뭐야?

셸든: 내가 고안한 설문지야. 직장에서 동료와 친해지는데 어려움을 겪고 있어서 왜 현재의 친구들이 날 좋아하는지 더 잘 이해하기 위해서 조사를 하고 있는거야.

페니: 그래. 그거 좋은 질문인데 말야. 하지만 이런게 정말 가장 좋은 방법이라고 생각해?

나 그럴 시간 없어
I've got better things to do

원래는 have got better things to do의 형태로 쓰이며 직역하면 "해야 할 더 좋은 일들이 있다", 바꿔말하면 대화 중 나온 일을 할 시간이 없다라고 거절하거나 반대하는 표현이다. 좀 더 직설적으로 말하자면 "나 그럴 시간 없어," "…하는데 시간 낭비하지마"라는 뜻으로 짜증내면서 말할 수 있다.

POINT

I have got better things to do 나 그럴 시간 없어

have got better things to do than (to)+동사
…하는데 시간 낭비하지 않다

I have better things to do 시간낭비야, 그걸 할 바에는 다른 걸 하겠어

I have better thing to do with my time 내 시간 낭비하지마

▶ **Desperate Housewives 2-2**

돈을 쓰려면 매번 감옥에 있는 카를로스에게 와서 수표에 서명을 받아야 하는 가브리엘이 하는 말.

Gabrielle: This is ridiculous, you know that?

Carlos: Pen.

Gabrielle: Don't you think **I have better things to do than to** bring you checks every day? Checks that I could be signing at home?

가브리엘: 이건 좀 웃기는 일이야, 그거 알지?
카를로스: 펜.
가브리엘: 매일 당신에게 수표를 가져오는 것보다 더 나은 할 일이 있을거라고 생각하지 않아? 수표는 내가 집에서 사인을 해도 되잖아?

▶ **Desperate Housewives 3-15**

르넷의 피자가게에서 일하는 앤드류는 동생 다니엘이 엄마를 놔두고 친구들과 수다를 떨고 있는 모습을 보고는…

Andrew: What are you doing here?

Danielle: **I have better things to do than babysit** Mom. She's fine. Gloria's watching her.

앤드류: 너 여기서 뭐하는거야?
다니엘: 엄마를 돌보기엔 너무 바빠. 엄마는 괜찮아. 올슨의 어머니인 글로리아가 엄마를 지켜보고 있어.

066

What have you done?

무슨 일을 했냐고 단순히 물어보는 문장이라기 보다는 상대방이 사고친 것을 알지만 아직 정확히는 몰라 "도대체 무슨 짓을 한거야?"라고 짜증을 내면서 물어보거나, 아니면 아예 다 아는 상태에서 충격받고 "(도대체) 무슨 짓을 한거냐?"라고 탄식을 지르는 표현이다.

POINT

What have you done? 도대체 무슨 짓을 한거야?

What have you done with[to]~? …을 어떻게 한거야?

What have we done? 우리가 무슨 짓을 한거야?

Now you've done it 너 사고쳤구나

Look what you've done 너 무슨 짓을 한거야

▶ **Big Bang Theory 3-23**

쉘든이 소개팅을 하게 해서 에이미라는 괴짜를 만나는데…. 두 괴짜가 서로 잘 어울리자 하워드가 탄식하듯 내뱉는 말이…

Amy: If that was slang, I'm unfamiliar with it. If it was literal, I share your aversion to soiled hosiery. In any case, I'm here because my mother and I have agreed that I will date at least once a year.

Sheldon: Interesting. My mother and I have the same agreement about church.

Amy: I don't object to the concept of a deity, but I'm baffled by the notion of one that takes attendance.

Sheldon: Well, then you might want to avoid East Texas.

Amy: Noted. Now, before this goes any further, you should know that all forms of physical contact up to and including coitus are off the table.

Sheldon: May I buy you a beverage?

Amy: Tepid water, please.

Howard: Good God, **what have we done?**

에이미: 그게 슬랭이라면 난 처음 들어봐요. 그리고 그게 문자 그대로라면 더러운 양말은 나도 질색이예요. 어쨌건 내가 여기에 나온 이유는 엄마와 일년에 한번씩 데이트하기로 약속해서예요.

쉘든: 흥미롭군요. 저희 엄마와 저도 교회에 대해서 같은 약속을 했는데요.

에이미: 신이라는 개념에 반대하지는 않지만, 교회에 출석을 해야 된다는 생각에는 당황스럽네요.

쉘든: 그럼 동부 텍사스는 피하는게 좋겠어요.

에이미: 알았어요. 이제 우리가 더 진전되기 전에 성교를 포함한 모든 신체적 접촉은 없는거예요.

쉘든: 음료수 내가 사도 될까요?

에이미: 미지근한 물로 부탁해요.

하워드: 맙소사, 우리가 무슨 짓을 한거야?

난 걔를 너무 좋아해
I can't get enough of her

get enough 아는 「충분하다」, 「질리다」, 「싫증나다」인데, 여기에 I can't이 붙어서 I can't get enough of her하면 「질리지 않다」, 「싫증나지 않다」, 「무척 좋아하다」라는 뜻이 된다. 결국 위 문장은 "난 걔를 너무 좋아해"라는 문장이 된다.

POINT

I can't get enough of her 난 걔를 무척 좋아해

don't get enough of …가 충분하지 않다

▶ Sex and the City 3-18

별거중인 샬롯은 이제 남자는 질색이라며 남자를 끊었다고 선언했는데, 트레이가 찾아온다.

Trey: Ever since you left, I can't stop thinking about you.

Charlotte: Honey, we're separated.

Trey: I know.

Narration: Once Charlotte swore off men, **this man couldn't get enough of her.**

트레이: 당신이 떠난 이후로 당신 생각을 떨쳐버릴 수가 없어.

샬롯: 자기야, 우리는 지금 별거중이야.

트레이: 알아.

캐리(나레이션): 샬롯이 남자들을 끊겠다고 하자, 이 남자 트레이는 샬롯이 너무 좋아졌나 보다.

▶ Criminal Minds 3-9

한 경찰관이 컴퓨터 광인 가르시아를 공격하는 에피소드로 가르시아와 모건의 대화장면.

Garcia: I volunteer once a week to counsel family members of murder victims.

Morgan: Baby, **you don't get enough of** this stuff at work?

가르시아: 일주일에 한번 자원봉사로 피살자 가족원들을 카운셀링해주고 있어.

모건: 자기야, 직장에서 이 일을 하는 걸로 충분하지 않아?

068

그것으로 결정된거야, 그럼 됐네

That settles it

That settles it하게 되면 That(앞서 말한 내용)이 it을 결정했다라는 말로, 충분한 정보가 있어서 그만 논쟁하고 결정이 되다, 혹은 더 이상 짜증나고 불쾌한 상황이 계속되는 것을 원치 않아서 결정을 하다라는 뉘앙스가 깔려있다.

POINT

That settles it 그것으로 결정된거야, 그럼 됐네
That settles that 그것으로 결정된거야, 그럼 됐네

Desperate Housewives 2-5

가브리엘은 카를로스에게 면회를 와서 아기의 초음파 사진을 보여준다.

Carlos: Is that the baby's head?
Gabrielle: No, it's his foot.
Carlos: That looks like a head to me.
Gabrielle: **Well, that settles it.** When this baby's born, I'll be in charge of putting on the socks.

카를로스: 이게 아기의 머리인가?
가브리엘: 아니, 발이야.
카를로스: 내게는 머리처럼 보이네.
가브리엘: 좋아, 그럼 하나 해결됐네. 아기가 태어나면, 양말을 신기는 건 내가 할거야.

Modern Family 2-3

주일날 교회에 가지 않으려고 하는 제이와 이를 제지하려는 글로리아의 대화.

Gloria: Jay, what are you wearing? You can't go to church like that.
Jay: **Well, that settles it,** then. I'm going golfing.

글로리아: 제이, 뭘 입고 있는거야? 그렇게 입고 교회에 갈 수 없잖아.
제이: 그럼 해결됐네. 난 골프치러갈게.

너무 열받지마!

Don't get so worked up!

get worked up은 수동형으로 원래는 work sb up이란 표현이다. 의미는 「sb의 감정을 고조시키다」(excite sb's feelings), 「열받게하다」라는 의미로 위에서처럼 get (oneself) worked up(=work oneself up)이 되면 「흥분하다」 (get excited), 「푹 빠지다」, 「열받다」라는 뜻으로 쓰인다.

POINT

Don't get so worked up! 너무 열받지마!
get (oneself) worked up(=work oneself up)
흥분하다(get excited), 푹 빠지다, 열받다

get sb worked up sb를 화나게 하다

▶ Friends 5-9

센트럴 퍼크 카페에서 모니카와 로스의 대화장면. 모니카는 로스에게 분노조절장애가 있다는 사실, 그리고 휴직을 했다는 사실을 알게 된다.

Ross: Well, when the psychiatrist told me I had to take a leave of absence because I yelled at my boss, I started to **get worked up** again, so he offered me a tranquilizer. And I thought was a good idea so, I took it.

Monica: Wait a minute, they're making you take time off work?

로스: 내가 상사에게 소리를 질렀기 때문에 휴직을 해야 된다고 상담의가 내게 말했을 때. 내가 다시 흥분하기 시작했어. 그랬더니 의사가 내게 진정제를 권하더군. 좋은 생각인 것 같아서 받아 먹었지.

모니카: 잠깐, 오빠를 휴직시켰다고?

▶ Desperate Housewives 2-11

이디가 개비가 르넷의 남편 톰에게 장난으로 키스를 했다고 하자 브리가 중재하고 나선다.

Bree: Yeah, but to be fair to Lynette, you are an ex-model. And surely it must have dawned on you that some women might prefer it if you didn't kiss their husbands.

Lynette: That's all I'm saying.

Susan: Oh, you guys, we're all friends. This isn't something to **get worked up over**.

Gabrielle: I'm not worked up.

브리: 그래 하지만 르넷의 입장에서 보면 넌 전직 모델이잖아. 네가 자기 남편에게 키스하지 않기를 바라는 아내들이 있다는 것을 알아둘 필요가 있겠어.

르넷: 내가 하고 싶은 말이 그거야.

수잔: 야, 우리 다 친구잖아. 이런 일로 흥분할 필요는 없잖아.

가브리엘: 난 화나지 않았어.

070

끝났어, 얘기 끝났어
We're done here

직역하면 여기서의 일. 지금 하고 있는 일을 끝냈다고 말하는 것. 자기네가 할 수 있는 일을 다 했거나 일을 다 마쳐서 다른 일을 하거나 혹은 일어나 집에 가야겠다고 할 때 사용하는 표현. 또한 비유적인 의미로 협상을 하다가 토론이나 얘기를 하다 "We're done here"이라고 하는 경우를 많이 볼 수 있는데 이때는 상대방과 더 이상 얘기가 통하지 않으니 혹은 더 이상 할 말이 없으니 "대화는 더 이상 할 필요가 없다"라고 좀 험한 분위기 속에서 사용되는 것이다.

POINT

We're done here 끝났다. 얘기 끝났어
I'm not done here 얘기 아직 안 끝났어
I'm done talking 더 이상 할 얘기 없어

▶ Breaking Bad 4-6

월터의 목숨이 위험에 처해있다는 것을 알고 스카일러는 경찰에 가서 자수하자고 한다.

Skyler: A schoolteacher, cancer, desperate for money?

Walter: Okay, **we're done here.**

Skyler: Roped into working for-- Unable to even quit? You told me that yourself, Walt. Jesus, what was I thinking? Walt, please. Let's both of us stop trying to justify this whole thing and admit you're in danger.

Walter: Who are you talking to right now? Who is it you think you see? Do you know how much I make a year? I mean, even if I told you, you wouldn't believe it. Do you know what would happen if I suddenly decided to stop going in to work? A business big enough that it could be listed on the NASDAQ goes belly-up, disappears. It ceases to exist without me. No. You clearly don't know who you're talking to, so let me clue you in. I am not in danger, Skyler. I am the danger.

스카일러: 학교 교사가 암에 걸려서 돈이 절박해져서 그런거라고?

월터: 됐어. 얘기 그만하자고.

스카일러: 꾀임에 속아 일을 시작했는데 그만 둘 수 없었다? 그렇게 내게 말했잖아. 월트. 맙소사. 내가 무슨 생각이었지? 월트, 제발. 우리 둘 다 이 모든 일을 합리화하지 말고 네가 위험에 처해있다는 것을 인정하자.

월터: 지금 누구랑 얘기하는 줄이나 알아? 네가 보는 사람이 누구라고 생각해? 내가 일년에 얼마를 버는 줄 알아? 말해도 믿지 못할거야. 내가 일을 관두면 어떤 일이 생길 줄 알아? 나스닥에 상장될 정도의 큰 기업체가 망해서 없어질거야. 나 없으면 존재하지도 않아. 안되지. 당신이 지금 누구하고 얘기하는 줄 모르니 힌트를 줄게. 난 위험에 빠진게 아냐. 내 자신이 바로 위험이라고.

내게 말해봐

Try me

보안의 문제든지, 믿음이 안가서든지, 혹은 무시하는 마음에서든지, 하여간 상대방이 뭔가 말을 하려고 말다. 망설일 때 궁금해하며 "Try me"라고 말할 수 있다. 내가 알 수도 있으니, 혹은 나를 믿어도 되니 내게 말해보래(I'm ready to listen)는 표현이다.

POINT

Try me 내게 말해봐

Okay, try me 좋아 내게 말해봐

Try me. Just try me 내게 말해봐. 그냥 말해봐

▶ **Breaking Bad 5-6**

아이들을 동생 마리 집에 맡긴 스카일러가 불안증세를 보이자 마리가 무슨 일인지 말해보라고 하는 장면.

Skyler: Marie, there are things you just don't know. That if you knew, you'd never speak to me again.

Marie: **Try me.** Okay. If you're not gonna say it, I will. Skyler, you have to forgive yourself for Ted. You can't keep beating yourself up over some stupid little affair.

스카일러: 네가 모르는게 있어. 네가 알게 되면 다시는 내게 말하지 않을 그럴 일.

마리: 내게 말해봐. 얘기를 하지 않으면 내가 말하지. 언니, 테드 일은 스스로 용서를 해야 해. 바람 좀 폈다고 계속 자책하지마.

▶ **Shameless 1-10**

가출한 엄마 Loy가 애인을 데리고 와서 아버지 갤러거가 어땠는지 자식들에게 하소연한다.

Loy: You have no idea what it was like being married to him. You have no idea how bad it is!

Lip: Yeah? **Try me.**

로이: 넌 네 아버지와 결혼해 산다는게 어떤 건지 아무 것도 몰라. 그게 얼마나 힘든 건지 넌 모를거야!

립: 그래요? 내게 말해 봐요.

84 난 아는 표현인 줄 알았다!

그게 무슨 말이야?, 어째서 그런 말을 하는거야?

Where did that come from?

Where did that come from?처럼 과거형으로 쓰면 이때는 출신이나 원산지를 물어보는 것이 아니라 상대방이나 다른 사람의 말이나 행동에 놀라거나 혼란스러울 때 받아치는 문장으로 "그게 무슨 말이야?," "어째서 그런 말을 하는거야?"라는 뜻이 된다.

POINT

Where did that come from? 그게 무슨 말이야?, 그게 어디서 날아오는거야?
Why did you do[say] that? 왜 그런 말을 하는거야?

▶ Sex and the City 3-4

미란다와 사귀는 바텐더 스티브가 함께 동거하고 싶다고 말하는 장면.

Steve: I'd like to move in.

Narration: Most single women dream of this moment. Most single women but Miranda.

Miranda: Wow! OK. **Where did that come from?**

스티브: 나 들어와 함께 살고 싶어.
나레이션: 모든 독신녀들이 꿈꾸는 순간이다. 미란다를 제외한 모든 독신녀들 말이다.
미란다: 왜! 좋아. 근데 어째서 그런 말을 하는거야?

▶ Big Bang Theory 4-16

엄마를 버리고 버나뎃을 선택한 하워드는 버나뎃에게 치과에 데려가달라고 하는데…

Bernadette: Wait a minute. Are you telling me your mother usually takes you to the dentist?

Howard: It's not weird. There's lots of kids there with their moms.

Bernadette: I can't believe this.

Howard: What? It's fun. If I have no cavities, afterwards, we go out for a treat.

Bernadette: All right, Howard, let's get something straight right now. I'm not going to be your mother.

Howard: Whoa, whoa, whoa! **Where did that come from?**

버나뎃: 잠깐. 자기 엄마는 보통 자기를 치과에 데려다주셨다는거야?
하워드: 이상하지 않아. 엄마와 함께 온 아이들이 많아.
버나뎃: 말도 안돼.
하워드: 뭐라고? 재미있잖아. 충치도 없으면 끝나고 사탕받으러 갈 수도 있어.
버나뎃: 좋아, 하워드, 뭐하나 지금 분명히 해두자고. 난 자기의 엄마가 되지 않을거야.
하워드: 뭐라고! 도대체 무슨 얘기를 하는거야?

073

말할 때 조심해, 말이 되는 소리를 해라

Listen to you

명령문 형태로 상대방에게 Listen to you!하게 되면 "네가 하는 말을 잘 들으라"라는 뜻으로 의역하자면 상대방에게 말할 때 "신중히 생각하고 말해라," "말할 때 조심해라," "말이 되는 소리를 해라"라는 의미가 된다. 문맥에 따라서는 상대방을 혼내면서 상대방이 바람직하지 않은 방식으로 말을 하거나 행동을 하고 있다고 주의를 줄 때도 사용할 수 있다.

POINT

Listen to you 말할 때 조심해, 말되는 소리를 해

Listen to yourself 생각 좀 하고 말해

Listen to you crying 너 우는 것 좀 봐라

He's gonna listen to you 걘 네 말을 잘 들을거야

▶ **Big Bang Theory 2-23**

쉘든은 연구하러 북극에 가야 되는지 레너드의 의견을 묻고 있다.

Sheldon: How can you say that? The scientific opportunity of a lifetime presents itself and my best friend says don't go.

Leonard: All right, then go.

Sheldon: **Listen to you.** How can I possibly go?

쉘든: 어떻게 그렇게 말할 수 있어? 일생일대의 과학적 기회가 앞에 펼쳐지는데, 절친은 가지 말라고 하니.
레너드: 좋아. 그럼 가.
쉘든: 말되는 소리를 해. 내가 어떻게 갈 수 있겠어?

▶ **CSI: Miami 1-2**

폭파범을 찾고 있는 호라시오 반장이 메간과 얘기를 나누고 있다.

Megan: Horatio, stop. **Listen to yourself.**

Horatio: No, you listen to me. This woman is not going anywhere until I clear her.

메간: 호라시오. 잘 생각해보세요.
호라시오: 아니, 자네가 내 얘기를 들어봐. 혐의를 벗기기 전까지는 이 여자는 아무데도 못 가.

CSI:

074

그걸 어떻게 한거야?, 너 어떻게 그러는거야?

How do you do that?

먼저 상대방이 뭔가를 성공적으로 잘하는 것에 단순히 그걸 어떻게 하는 것인지 방법(be asking about the method)을 물어보거나, 혹은 상대방의 뛰어난 능력 등에 놀라면서 "그걸 어떻게 한거야?"라고 감탄하면서 하는 말이다.

 POINT

How do you do that? 그걸 어떻게 한거야?, 너 어떻게 그러는거야?
How did you do that? 어떻게 그렇게 한거야?

▶ **Friends 1-1**

같은 직장에 다니는 동료 프래니가 휴가갔다 와서 모니카의 얼굴을 보고 한 첫마디는…

Monica: Hey Frannie, welcome back! How was Florida?
Frannie: You had sex, didn't you?
Monica: **How do you do that?**

모니카: 프래니, 돌아왔구나! 플로리다는 어땠어?
프래니: 너 섹스했지, 그렇지 않아?
모니카: 그걸 어떻게 알았어?

▶ **Friends 1-5**

챈들러는 재니스와 헤어지자는 말을 못해 안절부절하고 있는데 피비가 가서 몇마디 하자…

Chandler: I'm not fine. Here she comes.
Phoebe: Wait here. Breathe.
Chandler: **How do you do that?**

챈들러: 난 안 괜찮아. 저기 오고 있다구.
피비: 여기서 기다려. 심호흡 좀 하구.
챈들러: 어떻게 한거야?

한 잔 더 줘요, 하나 더 줘

Hit me

카드게임에서 카드 한 장을 딜러에게 달라고 할 때 쓰는 표현이다. 이런 어원에서 발전하여 일반적인 상황에서는 「뭔가 하나를 더 달라」(ask for one more of something)고 할 때 혹은 특히 안 좋은 소식 등의 경우에서 돌리지 말고 직설적으로 말해달라고 할 때 주로 쓰이게 되었다.

POINT

Hit me 하나 더 줘, 한잔 더 줘

Hit me with another shot 한잔 더 줘요

Hit me with it 그거 줘 봐요

Hit me up anytime 언제든 연락해 * hit me up은 연락하다, 만나다

▶ **Big Bang Theory 3-11**

페니가 레너드의 엄마인 베버리와 바에서 술을 마시고 있는 장면.

Beverley: Oh, that is fascinating. I'm noticing an immediate lowering of my inhibitions. For example, I'm seriously considering asking that busboy to ravish me in the alleyway while I eat cheesecake. What do you think?

Penny: Well, we are known for our cheesecake. **Hit us again.**

베버리: 아, 끝내주네. 나의 억압들이 바로 풀리고 있는 걸 느끼겠어. 예를 들어, 저 접시닦이에게 내가 치즈케익을 먹는 동안 뒷골목에서 날 범하라고 하고 싶어져. 어떻게 생각해?

페니: 우리가 치즈케익으로 유명하죠. 우리 좀 다시 따라줘요.

▶ **Friends 5-23/24**

라스베가스에 놀러갔지만 로스가 레이첼에게 지워지지 않는 콧수염을 그려놓는다. 로스는 방에서 나갈 필요가 없다며 카드를 든다.

Ross: All right. Y'know what? We don't have to go downstairs! We can bring Vegas up to us! All right, come on, come on, we'll play some blackjack. Here we go. 13.

Rachel: **Hit me!**

로스: 좋아. 그거 알아? 우리는 아래층으로 내려갈 필요가 없어! 베거스를 우리 쪽으로 가져오면 돼지. 좋아, 자 어서, 우리 블랙잭하자. 자 간다. 13.

레이첼: 한 장 더!

076

그러게 말이야, 누가 아니래

Tell me about it

상대방의 말에 「동의하거나」(agree with) 상대방의 「말이 맞다」(correct)고 맞장구 치는 표현이다. 우리말로 하자면 "그러게 말이야." "누가 아니래." "네 말이 맞아"에 해당된다. 물론 글자 그대로 대화하면서 궁금해서 그것에 대해 더 말해줘라는 의미로도 쓰이는데, 구분은 억양이나 어디에 강약을 주는 것으로 파악하면 된다.

POINT

Tell me about it 그러게 말이야, 누가 아니래

You can't tell me that 그렇지 않아

You want to tell me about it? 내게 털어놓을테야?

▶ **Big Bang Theory 2-19**

윗층에 Alicia가 새로 이사오는데 쉘든을 뺀 나머지 세명은 이사를 도우며 집적대고 있다.

Leonard: Alicia is an actress, just like you.

Penny: That is so awesome.

Alicia: Well, trying to be, but it's so hard.

Penny: Yeah, I know, **tell me about it.**

레너드: 알리시아도 너처럼 배우야.

페니: 정말 멋지네요.

알리시아: 배우가 되려고 하지만 정말 어렵네요.

페니: 그래요, 알지요, 누가 아니래요.

▶ **Sex and the City 1-10**

한 때 신나게 놀던 레이니가 이젠 가정주부가 되어서 캐리를 만나 과거를 회상한다.

Laney: Seeing you made me remember how much fun we used to have.

Carrie: Yeah, we did. It's amazing how much time has gone by.

Laney: **Tell me about it.**

레이니: 너희들을 만나니까 옛날에 얼마나 재미있었나 생각이 간절해.

캐리: 그래, 우리 그랬지. 정말 놀랍게도 시간이 많이 지났어.

레이니: 누가 아니래.

한 때 그러는거야, 잠시 그러는거야, 지나가는 과정이야
It's a phase

phase는 어떤 발달과정에서의 여러 단계 중들 하나라는 의미로 It's a phase하게 되면 큰 그림의 여러 단계 중에서 하나의 단계이다. 즉 「지나가는 임시적인(temporary) 것이라는 것을 뜻하는 표현이다. 그래서 우리말로 하자면 "한 때 그러는거야." "잠시 그러는거야." "지나가는 과정이야"라는 뜻이 된다.

POINT
It's a phase 한때 그러는거야

It was a phase 잠시 그랬던거야

This is probably just a phase 이것은 아마도 지나가는 걸거야

 Sex and the City 1-9

게이인 스탠포드는 자신이 게이세계에서 인기남이 아닌 것을 한탄하는데…

Stanford: It's so brutal out there. Even guys like me don't want guys like me. I just don't have that gay look.

Carrie: I don't know. You look pretty gay to me. Come on, maybe **it's just a phase.**

Stanford: Puberty is a phase. Fifteen years of rejection is a lifestyle. I mean, sometimes I think, I should just marry a woman and get all the money.

스탠포드: 정말 잔인한 세계야. 나처럼 대머리인 게이들도 나같은 남자를 싫어한다니까. 난 게이처럼 보이지 않나봐.

캐리: 몰라. 내 눈에 분명 게이인데. 그러지마, 일시적인거겠지.

스탠포드: 사춘기가 지나가는 과정이지. 15년간 거절당한 것은 생활방식이지. 내 말은, 가끔은 생각을 하는데, 그냥 여자와 결혼해서 돈을 많이 (유산) 받을까봐.

 Desperate Housewives 1-19

앤드류가 있는 캠프에 와서 브리와 렉스가 대화를 나누는 장면.

Bree: Our son just told us that he might be gay. There are two hundred other boys in this camp. Now, I could explain to you what might happen if we left him here, but I'm a lady, and I don't use that kind of language.

Rex: You know, I bet we're worrying ourselves sick over nothing. **This is probably just a phase.**

브리: 우리 아들이 방금 자신이 게이일 수도 있다고 말했어. 이 캠프에는 200명의 소년들이 있고, 아들을 여기에 두고 간다면 어떤 일이 벌어질지 설명해줄 수 있지만 난 숙녀라서 그런 걸 입에 담지 못하겠어.

렉스: 저 말야, 별일도 아닌데 우리들이 너무 신경쓰는게 확실해. 이건 아마 지나가는 과정일거야.

나도 그런 적이 있어

I've been there

현재완료 중 경험을 나타내는 대표적인 표현. 먼저 글자 그대로 "거기에 가본 적이 있다"로 쓰이기도 하고, 비유적으로 나도 과거에 그런 경험을 해본 적이 있다라는 뜻으로도 쓰인다. 상대방이 뭔가 안좋은 경험을 하였거나 현재 하고 있을 때 상대방의 사정이나 맘을 이해한다는 맘씨 좋은 표현이다.

POINT

I've been there 그런 적 있어

I've been there too 나 역시 그런 적 있어

We have all been there 우리도 모두 그런 적 있잖아

Been there, done that 뻔하다

 Desperate Housewives 3-17

이디와 가브리엘이 차 트렁크에서 쇼핑한 것들을 꺼내고 있다.

Edie: I should never shop for lingerie when I'm horny. It's like buying groceries when you're hungry.

Gabrielle: In a slump, huh? How long's it been?

Edie: About three weeks, and I am dying. You know, I'm this close to seducing my gardener.

Gabrielle: **Been there, done that.**

이디: 내가 하고 싶을 때는 란제리를 사지 말아야겠어. 배고플 때 식료품을 사는 것과 같아.

가브리엘: 섹스못하고 있구나? 얼마나 오래됐어?

이디: 3주 가량 됐는데 죽겠어. 정원사를 꼬시기 직전까지 갔다니까.

가브리엘: 나도 그런 적 있어.

 Desperate Housewives 7-14

잭과 그를 찾아온 마이크와의 대화장면.

Mike: That's the problem with being high. You do things without thinking.

Zach: What? I'm not using drugs.

Mike: Zach. **I've been there.** You need help. Now we got to get you into rehab.

마이크: 그게 마약에 취했을 때의 문제야. 아무런 생각없이 이런저런 일들을 하지.

잭: 뭐라고요? 난 마약 안해요.

마이크: 잭, 나도 그런 적 있어. 넌 도움이 필요해. 우리가 너를 재활원에 보내야겠다.

079

무슨 말을 하려는지 알겠어, 어떻게 돌아가는지 알겠어

I see where this is going

'this is'는 상대방이 이야기하는 것이나 아니면 돌아가는 상황을 말하는 것으로 전체적으로 "무슨 말을 하려는지 알겠어." "어떻게 돌아가는지 알겠어"라는 의미. 충분히 그리고 명확하게 이해를 해서 그 요지(main point)를 이해했기 때문에 더 이상의 정보는 필요없다는 뉘앙스가 배어있다

POINT

I see where this is going 무슨 말하려는지 알겠어, 어떻게 돌아가는지 알겠어
I don't see where this is going 어떻게 돌아가는지 모르겠어
I see where you are going 네가 어디 가는지 알겠어
I think I see where this is going 안봐도 비디오다
see where this is going 이 상황이 어떻게 돌아가는지 알다. 얘기 안해도 알다

Sex and the City 4-3

사만다의 레즈비언 상대인 마리아가 하는 말.

Maria: You are magnificent. How do you say that? You kick ass! **I see where this is going.** You don't do relationships and it would be very bad for me.

마리아: 자기는 대단해. 어떻게 말하지? 아주 끝내줘! 이게 어떻게 돌아갈지 알아. 자기는 관계를 맺지를 않는건 나에게는 아주 나쁜 일일거야.

Big Bang Theory 4-4

하워드와 페니의 대화.

Howard: Okay. Well, you know World of Warcraft?
Penny: Um, the online game? Sure.
Howard: Well, did you know that the characters in the game can have sex with each other?
Penny: Oh, God. **I think I see where this is going.**

하워드: 좋아. 저기 워크래프트 알아?
페니: 온라인 게임? 알지.
하워드: 게임 속 캐릭터들이 서로 섹스를 할 수 있다는거 알고 있었어?
페니: 맙소사. 무슨 말 하려는지 알겠다.

080

시도는 좋았어!

Nice try!

Nice try!라는 단어들만 보고 이를 Good job!(잘했어!)와 같은 표현으로 생각하면 오산이다. nice하기는 하지만 try란 단어에 이 표현의 핵심이 숨겨져 있다. "시도는 좋았다" 하지만 "결과는 실패다"라는 의미를 내포하고 있는 표현이다. 근사한 목표이든 간계한 술수이든 원래의 목적으로 달성하지 못했지만 그래도 노력이 가상하다고 격려하거나 비꼬는 것이다.

POINT

Nice try! 시도는 좋았어!

Nice going! 잘했어!, 잘한다!(비꼼)

Good job! 잘했어!

▶ **Modern Family 3-5**

헤일리가 사고를 친 후 해결되자 벌을 안받으려고 하자 아버지 필이…

Haley: Well, I will tell you one thing. I have learned my lesson.
Disappointing my family and friends is punishment enough.

Phil: **Nice try.** You're grounded for two weeks.

헤일리: 한가지 말씀드릴게요. 제가 교훈을 얻었어요. 가족과 친구들을 실망시킨 건 그 자체로 충분한 벌이예요.

팔: 시도는 좋았어. 넌 2주간 외출금지야.

▶ **Big Bang Theory 6-5**

에이미와 버나뎃 그리고 페니의 대화장면.

Penny: I do, it's just he wants to go to that party at the comic book store.
A lot of the guys that hang out there are kind of creepy.

Bernadette: Like my husband?

Amy: And my boyfriend?

Penny: I'm, I'm sorry, Amy. You were saying something about Howard's foreskin?

Bernadette: **Nice try,** but you have to go to that party because we're going.

페니: 좋아하지. 이건 만화방에서 하는 파티에 가고 싶다는거잖아. 거기 들락거리는 많은 사람들은 좀 기이해.

버나뎃: 내 남편처럼?

에이미: 내 남친처럼?

페니: 미안해, 에이미. 너 하워드 음경의 포피에 대해서 말하고 있었지?

버나뎃: 시도는 좋았어 하지만 우리도 파티에 가기 때문에 너도 그 파티에 가야 돼.

081

그 얘기 하지마, 그 얘긴 꺼내지마

Don't go there

go라는 단어는 물리적으로 '가다' 외에 추상적으로 '가다'라는 의미로도 많이 쓰여, 「선택하다」 등 다양하게 쓰이는 동사이다. 여기서 말하는 Don't go there는 사람들과 대화를 하다가 혹은 토론을 하다가 대화나 토론의 내용이 자기가 말하고 싶지 않은 방향으로 갈 때 사용하는 문장이다.

POINT

Don't go there 그 얘기 하지마, 그 얘긴 꺼내지마
Okay, let's not go there 알았어, 그 얘기는 하지말자고

▶ **Big Bang Theory 2-15**

레너드의 어머니인 호프스태더 박사와 친구들이 구내식당에서 식사를 하고 있다.

Howard: So, Dr. Hofstadter, Leonard rarely talks about his incredibly successful brother and sister.

Leonard: Please, **don't go there,** Howard.

Howard: I understand that unlike Leonard, they're at the top of their respective fields.

하워드: 저기, 호프스태더 박사님, 레너드는 뛰어나고 성공한 자기 형제에 대해 거의 얘기를 하지 않아요.
레너드: 제발, 하워드 그 얘긴 꺼내지마.
하워드: 레너드와 달리, 형제들은 각자 자신의 분야에서 최고의 위치에 있다고 알고 있는데요.

▶ **Sex and the City 1-1**

클럽에서 미란다의 생일파티를 해주면서 친구들은 남자와의 섹스에 대해 이야기하고 있다.

Miranda: It's like that guy, Jeremiah, the poet. The sex was incredible, but then he wanted to read me his poetry and go out to dinner and chat, and I'm like, **"Let's not even go there."**

Charlotte: What are you saying? Are you saying you're just gonna give up on love?

미란다: 그 친구, 시인인 제레미야가 떠올라. 섹스는 끝내줬는데 그리고 나서 그는 자기 시를 내게 읽어주고 싶어했고 나가서 저녁먹으면서 얘기를 하자고 했어. 난 저기, 그런 얘기는 꺼내지도 말자였고.
샬롯: 무슨 말이야? 사랑을 포기하겠다는 말이야?

082

어네들은 사람들 믿는데 문제가 있어

They have trust issues

issue는 「어떤 걱정되는 문제」라는 뜻으로, have issues하게 되면 더 악화될 수도 있는 어떤 문제가 발생하고 있다는 것을 나타내는 표현이다. 보통 과거에 일어난 일들로 해서 문제가 발생한다는 것을 뜻해서 have trust issues하게 되면 과거에 배신 등을 당했거나 혹은 의심이 너무 많아 사람들을 쉽게 믿는데 어려움을 겪고 있다는 말이다

POINT

They have trust issues 어네들은 사람들 믿는데 문제가 있어

have an issue with sth[~ing] …하는데 어려움을 겪다

There are no issues here 전혀 문제가 없다

Big Bang Theory 3-11

레너드의 엄마를 공항에서 픽업해서 오는 차 안. 쉘든이 아들인 레너드보다 엄마 일을 속속들이 알고 있다.

Leonard: I just don't understand why he knows more about your life than I do.

Beverley: Well, I would assume it's because Sheldon and I stay in touch due to mutual interest and respect, while you avoid me, **due to unresolved childhood issues.**

레너드: 왜 쉘든이 엄마 생활에 대해 나보다 더 많이 알고 있는지 이해가 안되네요.

베버리: 쉘든과 나는 상호관심과 존경 때문에 계속 연락을 취하고 지내기 때문이지. 넌 풀리지 않는 유아기적 문제들로 날 피하잖아.

Desperate Housewives 1-2

르넷은 차안에서 아이들이 난리법석을 피우자 차에서 잠깐 내려놓고 가버리는데…

Lady: Listen, it seems to me like you have some anger management issues.

Lynette: I have four kids under the age of six. **I absolutely have anger management issues.**

부인: 내가 보기에 당신에게 분노조절장애가 좀 있는 것 같아요.

르넷: 여섯살 미만인 아이가 넷이예요. 당연히 분노조절장애가 있죠.

083

누가 생각이나 했겠어?, 정말 놀랬어

Who would have thought?

반어법적인 문장으로 형태는 의문문이지만 상대방으로 대답을 원하는 것은 아니다. 뭔가 놀랍고 전혀 예상 못한 일들이 벌어졌을 때 내뱉는 말로 "누가 생각이나 했겠어?," "정말 놀랬어"라는 뜻이 된다. would 대신에 could를 써도 되고, 또한 뒤에 명사나 문장을 붙여 What would have thought+N[that S+V]?의 형태로 쓸 수도 있다.

POINT

Who would have thought? 누가 생각이나 했겠어?, 정말 놀랬어

Who would have thought that would happen?
그러리라고 누가 생각이나 했겠어?

Who would have thought+N[S+V]? 누가 …하리라고 생각이나 했겠어?

▶ **Desperate Housewives 2-19**

수잔과 전 남편, 칼이 침대에서 주고 받는 말.

Susan: Now I wish I hadn't torched our wedding photos. **Who would've thought after everything that's happened that we would've ended up back here again?**

Karl: It's been one hell of a ride, huh?

수잔: 우리 결혼사진을 태우지 말 걸 그랬어. 그 모든 일이 있은 후에 결국 다시 이렇게 합쳐질 줄 누가 생각이나 했겠어?

칼: 파란만장했어, 그지?

▶ **Big Bang Theory 4-11**

레너드와 페니의 새로운 친구인 잭과 나누는 대화.

Leonard: If it makes you feel any better, when I was dating Penny, she used to flip out on me all the time.

Zack: Whoa. You dated Penny?

Leonard: She didn't tell you?

Zack: She told me she dated a guy named Leonard. **Who would have thought it was you?**

레너드: 이게 네 기분을 좋게 만들지 모르겠지만, 내가 페니와 데이트할 때는 걘 항상 내게 자주 화냈었어.

잭: 와, 네가 페니와 데이트를 했어?

레너드: 페니가 말하지 않았어?

잭: 레너드라는 남자와 데이트했다고 했는데 그게 너일 줄 생각이나 했겠어?

시원한 맥주 마시고 싶어

I could do with a cold beer

could do with sth은 뭔가 정말 필요로 하고 그게 있으면 정말 기분 좋겠다라는 뉘앙스를 갖는 표현이다. 주로 배가 고프거나 목이 마를 때, 허기와 갈증이 해결되면 정말 좋겠다라고 하고 싶을 때 사용하면 된다. 간단히 말해서 뭔가 필요하거나 달라고 할 때 쓰면 되는 구어체 표현이다.

POINT

I could do with a cold beer 시원한 맥주 마시고 싶어

I could use a hand 누가 도와줬으면 좋겠어

I could do with~ = I'd like …을 원해

What I could do with sth~ …가 있으면 정말 좋겠다

▶ **Modern Family 2-18**

제이는 게이인 아들 친구들과 술을 먹다 술김에 한 친구인 페퍼와 쇼핑을 하기로 한다. 담날 아침 이를 안 제이는 글로리아에게 응급상황이 발생한 것처럼 해달라고 부탁하는데…

Gloria:	Ay, Jay! I… I think you'll have to take me now to the hospital. My head is in pain. Do you mean like that?
Jay:	Yes, thank you. Okay, it's showtime. And with this guy, I mean that literally.
Pepper:	I'm here! Oh, my God. **What I could do with** this house. Hello, Jay. Mwah. Mwah. Chop, chop… it's a two-hour drive, not counting our stop at the outlet mall.
Jay:	Oh, okay. Um, Gloria, we're leaving!
Gloria:	Hello. You must be Pepper. Ay, ay, ay. My head.
Jay:	What's the matter, Gloria?
Gloria:	Oh, nothing. I just had a little ice cream. He hasn't stopped talking about you all day long.

글로리아:	아, 제이! 나 병원에 데려가야 될 것 같아. 머리가 아파요. 이렇게 말야?
제이:	어, 고마워. 자 이제 쇼우타임이야. 그리고 이 친구와는 말그대로야.
페퍼:	저 왔어요! 맙소사. 이런 집이 있었으면 좋겠다. 안녕하세요, 제이. 차로 2시간예요. 우리가 아울렛 매장에 들르는 걸 뺀 시간예요.
제이:	좋아, 글로리아, 우리 간다!
글로리아:	안녕하세요. 페퍼 씨군요. 아, 머리가.
제이:	글로리아, 무슨 문제야?
글로리아:	아무 것도 아냐. 아이스크림을 좀 먹었어. 하루종일 당신 얘기를 끊이지 않고 했어요.

085

그냥 참고 지내, 무시해

Just go with it

go with sth는 「선택하다」「받아들이다」라는 의미. 위 문장은 Just go with it의 명령형으로, 상대방에게 긴장을 풀고 현재의 상황에 거부감을 느끼지 말고 그냥 받아들이라는 말이다. 이사를 했거나, 다른 지역으로 전출갔거나 등의 이유로 새롭고 낯설고 스트레스를 발생하는 상황에 처해진 사람에게 쓰면 된다.

POINT

Just go with it 참고 지내
Just go with it for now 지금 당장은 참고 지내
Just go with it until~ …할 때까지 그냥 지내
I'm going with~ 난 …로 할래

 Friends 4-20

로스가 에밀리와 한달 후에 결혼식을 올린다고 하자 레이첼은 네번 밖에 만나지 않은 조슈아에게 정서불안인 상태에서 결혼하자고 하는데…

Rachel: 'Cause I am really happy about us. I think we are, I think we are so on the right track! Y'know? I mean, I think we are working, I think we are clicking. Y'know?

Joshua: Yeah, sure-sure, yeah, we're-we're-we're-we're-we're clicking.

Rachel: Yeah-yeah, y'know if-if there was just like one little area where I think we would need to work on; I-I would think it was we're just not crazy enough!

Joshua: I gotta say, I'm not too sure I agree with that.

Rachel: Well, yeah, right, y'know what? Yeah, you're right, I mean, we have our fun. Yeah! But if I mean, I mean like crazy! Y'know? Okay, all right. This is gonna, this is gonna sound y'know, a little hasty, but uh, **just go with it**. What if we got married?

레이첼: 난 정말 우리 만남이 기쁘기 때문이야. 난 우리가 제대로 가고 있다고 생각해! 내 말은 우리가 잘 돌아가고 마음이 서로 통한다고 생각해.

조슈아: 어, 물론, 그래. 우리는 서로 마음이 통하지.

레이첼: 근데 우리 사이에 아쉬운 부분이 있다면 우리가 그렇게 열정적이지는 않다는거야.

조슈아: 근데 말야, 난 동의하기 힘든데.

레이첼: 저기, 그래 저말야? 네 말이 맞아. 우리 나름대로 재미있게 지내고 있어. 하지만 내 말은, 내 말은 좀 열정적으로란 말야! 좋아, 이건 좀 성급하게 들릴지 모르겠지만 그냥 말할게. 우리 결혼하면 어때?

086

일치하는게 나왔어!

We got a hit!

인터넷이나 유전자 정보은행인 CODIS, DMV나 지문자동식별시스템인 AFIS에 검색어를 넣고 엔터를 쳤을 때 일치하는 결과를 a hit이라고 한다. CSI, NCIS 등에서 많이 볼 수 있는 장면들이다. 그래서 get a hit하게 되면 「일치하는 지문이나, 정보 등을 얻다」라는 뜻이 된다.

POINT

We get a hit 일치하는게 나왔어

get a hit on[off] (…에서) 일치하는 지문이나, 정보 등을 얻다

get a hit on the DNA DNA 일치하는 사람이 나오다

run it through AFIS 지문프로그램에 돌리다

▶ **CSI: Las Vegas 4-20**

새라와 프랑코 연구원 간의 대화

Sara:	That's it? Are you sure? I'm sorry. It just doesn't make any sense. The sex kits came back negative, and now this. I mean, that room reeked of musk.
Jacqui Franco:	Well, maybe he swapped fluids with someone else. There was a third set of prints. I ran it through AFIS. **Got a hit on** a cop. Another one.
새라:	그게 다예요? 확실해요? 미안해요. 전혀 말이 안돼서요. 성관계 검사는 음성으로 나왔는데 이제는 이렇게 나오니. 내 말은 방에는 사향냄새가 가득했었거든요.
쟈키 프랑코:	그럼 그가 다른 사람과 성관계를 가진 거겠죠. 세번째 사람의 지문이 발견됐어요. 지문검색기를 돌려봤는데 일치하는 사람이 경찰이네요. 또 다른 사람요.

▶ **CSI: Miami 1-21**

호라시오 반장과 형사 프랭크 간의 대화장면.

Frank:	CODIS **got a hit on** the semen from our beach victim.
Horatio:	You get a donor?
Frank:	Carson Mackie, 28. Owns a video company. New Jersey address. Convicted of statutory rape in '93. He was 19, she was 17.
프랭크:	해변 피살자의 몸에서 채취한 정액의 주인을 CODIS에서 찾았어.
호라시오:	일치하는 사람이 있다고?
프랭크:	28세의 카슨 맥키이고 비디오 회사의 사장이야. 주소는 뉴저지이고 93년도에 미성년자 강간으로 유죄판결을 받았어. 그 당시 그는 19세였고 피해자는 17살이었어.

087

정말 그래, 딱 맞는 말이야

You can say that again

상대방이 딱 맞는 말을 했을 때, 내가 하고 싶은 말을 골라 했을 때, 정말 그렇다고 좀 강하게 그리고 입체적으로 동의하고 싶을 때 쓰는 표현으로 "정말 그렇다니까," "딱 맞는 말이야"라는 뜻.

POINT

You can say that again 정말 그래, 딱 맞는 말이야

You said it 바로 그거야

Well said 말한번 잘했어

You're telling me 정말 그래

CSI: Las Vegas 5-1

캐서린이 범죄현장에서 형사 바탄과 나누는 대화.

Catherine: I'm going to guess stripper. She's got a locker room key. We'll trace it back to the club.

Vartan: Quite a party last night.

Catherine: **You can say that again.**

캐서린: 스트리퍼인 것 같군요. 라커룸 열쇠를 가지고 있는 걸 보니. 클럽에 가서 조사해볼게요.

바탄: 지난밤에 끝내주는 파티였나봐요.

캐서린: 그러게나 말예요.

Desperate Housewives 7-22

부부간에 대화를 하기 위해 간 한적한 곳에서 르넷과 톰이 다른 젊은 부부와 나누는 대화.

Lisa: It's our third time. We love it here. And it's so quiet and intimate. What could be better, right? Tom : Right.

Lynette: **You said it.**

리사: 우린 세번째 오는 건데요 여기가 너무 좋아요. 아주 조용하고 아늑하죠. 이보다 더 어떻게 좋겠어요. 그죠?

톰: 맞아요.

르넷: 정말 그래요.

창의적으로 생각해봐

Think outside the box

정해진 틀안에서 생각하기 보다는 새롭게 창의적으로 생각을 해보라는 표현이다. think outside the box는 창의적으로 생각하다, outside the box thinking은 창의적인 생각이다.

POINT

Think outside the box 창의적으로 생각해봐
outside the box thinking 창의적인 생각

▶ **Breaking Bad 1-6**

양질의 마약제조를 하는 위험을 감수하는데 비해 제시 핑크맨의 판매량이 월터는 마음에 안든다며…

Walter: I am breaking the law here. This return is too little for the risk. I thought you'd be ready for another pound today.

Pinkman: You may know a lot about chemistry, but you don't know jack about slinging dope.

Walter: Well, I'll tell you, I know a lack of motivation when I see it. You've got to be more imaginative, you know? **Just think outside the box here.** We have to move our product in bulk, wholesale, now.

월터: 불법을 저지르는데 대가가 위험에 비해 너무 적어. 난 네가 오늘 1파운드 양의 마약을 팔 수 있을거라고 생각했어.

핑크맨: 선생님은 화학에 대해서는 잘 알겠지만 마약판매에 대해서는 아무것도 모르잖아요.

월터: 내가 보기에는 넌 의욕이 부족해보여. 머리를 굴려봐야 해. 창의적으로 생각을 해보라고. 이제 우린 대량으로 생산을 해서 도매로 팔아야 해.

▶ **Sex and the City 6-4**

사만다는 젊은 배우 스미스와 롤플레잉 섹스를 즐기는데…

Samantha: And then he pretended to tie my hands behind my back and the whole time he kept screaming 'shut the fuck up. I tell you, it is so refreshing to be with someone who likes to **fuck outside the box.**

사만다: 그리고는 걔는 내 손을 뒤로 묶는 척했고, 그 동안 계속 "닥쳐"라고 소리질렀어. 정말이지 창의적으로 섹스하는 걸 좋아하는 사람과 함께 할 수 있어 정말 좋아.

089

그렇게 해, 그렇게 하세요

Be my guest

손님에게 편안하게 하라고 하는 것처럼 상대방에게 「편하게 알아서 해라」 혹은 「뭔가 해도 된다고 허락」하는 뜻이 된다. 매우 예의바른 표현으로 보통 뭔가 통제를 하고 있는 사람이 상대방에게 편안하게 느끼게끔 할 때 사용된다.

POINT

Be my guest 그렇게 해

All right, be my guest 좋아. 그렇게 해

Help yourself 알아서 하다

▶ Friends 3-11

모니카의 아파트. 위층에서 소음이 들리자 피비가 못참고 올라가서 얘기를 하려 한다.

Phoebe: Why don't you go up there and ask him to 'step lightly, please?'

Monica: I have like five times, but the guy is so charming, that I go up there to yell and then I end up apologizing to him.

Phoebe: Ooh, that is silly. I'll go up there, I'll tell him to keep it down.

Monica: All right, **be my guest.**

피비: 올라가서 좀 조용히 걸으라고 말하지 그래.

모니카: 내가 한 다섯번인가 올라갔는데 남자가 너무 매력적이어서 소리치러 올라갔다가 결국 사과하고 돌아왔어.

피비: 말도 안돼. 내가 올라가볼게. 조용히 하라고 할게.

모니카: 좋아, 그렇게 해봐.

▶ Desperate Housewives 1-4

르넷의 쌍둥이는 학교에서 꼭 붙어만 다니려고 해서 선생님이 르넷을 호출한다.

Lynette: They refuse? They're six years old. Make them.

Ms. Butters: Well, school regulations are pretty strict about me wrestling with the boys. But if you want to give it a shot, **be my guest.**

르넷: 걔네들이 거부한다고요? 겨우 여섯살이잖아. 그렇게 하도록 하세요.

버터스 부인: 학교 규정이 까다로와서 억지로 그렇게 할 수가 없어요. 하지만 어머님께서 해보시겠다면 그렇게 해보세요.

090

그만뒤!, 집어 치워!

Spare me!

명령형으로 Spare me!하게 되면 상대방의 얘기가 너무 뻔하거나, 나를 짜증나게 하거나 혹은 시간낭비일 경우에, "그만뒤!" "집어 치워!"라고 상대방의 말을 끊게 하는 표현이다. 또한 말 뿐만이 아니라 상대방의 행동에 짜증나서 그만하라고 할 때도 사용한다.

POINT

Spare me! 그만뒤!, 집어 치워!
Spare me the details! 요점만 말해!
Spare me the excuses! 구차한 변명은 집어쳐!

 Desperate Housewives 1-14

전직 모델인 가브리엘은 곤궁해진 삶에서 벗어나기 위해 모델 일을 다시 하려고 하는데…

Gabrielle: No Mikki, you're wrong. I wasn't acting like a diva. I left the boat show because that coordinator was making passes at me. It's not my fault. Yao Lin? You missed a spot. No, **spare me the lecture** and just book me another job quick. Carlos and I are up to our asses in bills and we can't pay them.

가브리엘: 아냐, 미키, 네가 잘못안거야. 난 공주처럼 굴지 않았어. 보트쇼 진행자가 자꾸 추파를 던져서 내가 그만둔거야. 내 잘못이 아냐. 야오린? 저기 얼룩이 있네요. 아냐, 그런 설교는 그만두고 다른 일 좀 빨리 알아봐줘. 카를로스와 내게 청구서가 턱밑까지 밀려왔는데 낼 돈이 없다고.

Game of Thrones 1-4

난쟁이 티리온은 윈터펠에 들러서 브랜에게 말을 탈 수 있는 장치의 도면을 건네준다.

Robb: Is this some kind of trick? Why do you want to help him?

Tyrion: I have a tender spot in my heart for cripples, bastards and broken things.

Robb: You've done my brother a kindness. The hospitality of Winterfell is yours.

Tyrion: **Spare me your false courtesies, Lord Stark.** There's a brothel outside your walls. There I'll find a bed and both of us can sleep easier.

롭: 이게 무슨 속임수인가요? 왜 브랜을 돕는 것이오?
티리온: 난 장애인, 서자 그리고 망가진 것들에 대해 마음이 약하오.
롭: 내 동생에게 친절을 베풀었으니 윈터펠에서 편안히 지내십시오.
티리온: 마음에 없는 친절은 거두시지요. 스타크 경. 성밖에 창녀촌이 있으니 거기서 잠자리를 청할겁니다. 그래야 우리 둘 다 편히 잘 수 있으니까요.

생각해봐, 뻔한거 아냐

You do the math

명령문 Do the math를 강조하기 위해 You를 붙인 것으로, "네가 계산을 해봐라"라는 의미. 물론 실제적으로 계산을 해보라는 뜻도 되지만, 미드영어에서는 두 가지 맥락에서 생각해볼 수 있는데 첫째는 상대방에게 스스로 알아서 어떻게 해야 되는지 생각해보라고 할 때, 그리고 좀 더 강하게 뻔한거 아냐라고 할 때 사용한다.

POINT

You do the math 생각해봐, 뻔한거 아냐
Do the math 생각해봐
Let me do the math for you 널 위해 계산을 해줄게

▶ Sex and the City 2-17

햄튼으로 휴가를 가기 위해서 버스를 타려고 하는데 샬롯이 그렉을 소개한다.

Charlotte: Everyone, this is Greg. This is Samantha, Carrie and Miranda. Greg's been going to the Hamptons every summer for 20 years.

Greg: Since I was six.

Miranda: **You do the math.**

샬롯: 여러분, 여기 그렉이야. 여기는 사만다, 캐리 그리고 미란다. 그렉은 20년간 매년 여름에 햄튼에 가고 있대.
그렉: 6살 때부터요.
미란다: 계산해봐.

▶ CSI: Las Vegas 4-9

호텔 살인사건조사를 위해 룸서비스를 한 웨이터에게 질문을 던지는 워릭.

Warrick: We just want to know what happened the other night. Did you open the bottle for her?

Waiter: Hey, Amelia requested me. I was up there every night. I hooked her up. And she wasn't drinking no Italian Rotgut either. She was ordering '93 pinot from Russian River Valley. That's three-fifty a bottle, twenty percent delivery charge. **You do the math.**

Sara: Was anyone there with her?

워릭: 우리는 단지 그날 밤 무슨 일이 있었는지 알고 싶을 뿐입니다. 그녀에게 술병을 따줬나요?
웨이터: 아멜리아가 부탁한거예요. 전 매일 저녁 거기에 갑니다. 그녀를 단골로 만들었죠. 그리고 그녀는 이탈리아산 싸구려 술을 마시지도 않았어요. 그녀는 93년산 러시아 리버밸리의 피노를 주문했어요. 그건 병당 350불 정도 하고요 20%는 배달료로 받아요. 계산해보세요.
새라: 그녀와 함께 있었던 사람이 있나요?

092

꼭 갈게, 어떤 일이 있어도 반드시 참석할게
I wouldn't miss it

어떤 모임에 참석하는데 열정적인 것을 말하는 표현이 바로 I wouldn't miss it이다. "꼭 갈게," "어떤 일이 있어도 반드시 참석할게"가 그 의미이다. 쉽게 얘기하면 아주 강도 높은 I'll be there나 Of course I'll come이라고 생각하면 된다.

POINT

I wouldn't miss it 꼭 갈게

I wouldn't miss it for the world 반드시 갈게

I wouldn't miss sb ~ing …가 …하는 것을 놓치지 않을거야

Never miss it 꼭 갈게, 놓치지마

▶ **Law & Order: SVU 3-4**

노박 검사가 엘리엇 형사에게 판사에게 같이 가자고 하는 장면.

Cabot: It would be a big help if you could be there in case the judge has questions about Tate's past.

Elliot: **I wouldn't miss it for the world.**

노박: 판사 테이트의 과거에 대해 물어볼 수도 있으니 같이 가면 큰 도움이 될거예요.

엘리엇: 무슨 일이 있어도 꼭 가겠습니다.

▶ **Sex and the City 1-7**

빅과 파티에 간 캐리는 빅의 여행친구인 멜리사와 인사를 나누게 된다.

Big: Melissa. This is Carrie Bradshaw.

Melissa: Hi, love your column, **never miss it.**

Carrie: Oh, wow, thanks.

Melissa: I've been trying to call you. You still have my passport.

Big: She's a friend I once traveled with.

빅: 멜리사. 여기는 캐리 브래드쇼야.

멜리사: 안녕하세요. 당신이 쓴 칼럼 좋아해요. 절대 놓치지 않죠.

캐리: 와우, 고마워요.

멜리사: 안그래도 전화하려고 했어. 아직 내 여권을 갖고 있잖아.

빅: 예전에 한번 함께 여행을 한 친구야.

sex and the city

당당하게 나서봐, 자신있게 시도해봐
Put yourself out there

out there는 여기, 내부가 아닌 세상 사람들이 부딪히며 살고 있는 현실의 세계를 말한다고 볼 수 있다. 그래서 Put yourself out there하게 되면 집에만 박혀있지 말고 나가서 사람들도 만나는 노력을 하라고 충고하는 문장이다.

POINT

Put yourself out there 당당하게 나서봐, 자신있게 시도해봐
You've got to put yourself out there 넌 자신있게 나서야 돼
I really put myself out there 정말 자신있게 나섰어

▶ **Desperate Housewives 8-8**

별거중인 르넷이 결혼기념일 날 톰을 만나러 가려고 머리를 새로 하고 나타나는 장면.

Perry: Is it permanent?

Lynette: No.

Perry: Then I love it! Especially if it means **you're finally ready to put yourself out there again.**

Lynette: Not so much out there as back there with Tom.

페리: 파마한거야?

르넷: 아니.

페리: 그럼 맘에 든다! 특히 네가 다시 당당하게 나설 준비가 되었다는 것을 의미한다면 말야.

르넷: 톰과 함께 한 시절 이상으로 나가지 않을거야.

▶ **Friends 8-17**

챈들러와 모니카는 레이첼을 좋아하게 된 조이에게 한번 시도는 해보라고 하는데…

Monica: Honey, you gotta talk to her.

Joey: I can't! Y'know? You guys don't know what it's like to **put yourself out there like that** and just get shot down.

Chandler: I don't know what that's like?! Up until I was 25 I thought the only response to, "I love you," was, "Oh crap!"

모니카: 자기야, 레이첼에게 얘기해봐.

조이: 난 못해! 저 말이야? 너희들은 그렇게 자신있게 나섰다가 거절당하는게 어떤건지 몰라서 그래.

챈들러: 내가 그게 어떤 건지 모른다고? 25살까지 "널 사랑해"에 대한 답은 "오, 젠장"이라는 것 뿐였어.

094

정신차려!, 받아들여!

Deal with it!

어떤 상황을 피할 길이 없으니 힘들더라도 그 상황을 받아들이고 감정을 잘 다스려서 다시 정상적인 삶을 살라는 것으로 주로 Deal with it!처럼 명령조로 쓰인다. 우리말로는 "정신차려!," "받아들여!"라 생각하면 된다.

 POINT

Deal with it! 정신차려!, 받아들여!
I can deal with it 가능하다
I can't deal with~ 난 …은 못해, 난 …을 못먹어

▶ **Desperate Housewives 3-7**

식료품점에서의 인질극 장면. 노라가 죽자 르넷은 분노해서 캐롤린을 쳐다본다.

Carolyn: Oh, don't look at me that way. You know you wanted her dead.
Lynette: How can you say that?
Carolyn: Well, you told me about her and your husband after I made it pretty clear where I stand on whores.
Lynette: I did not want this. Don't you dare say that I wanted this.
Carolyn: Shut up!
Lynette: No, I will not shut up! What's the matter with you?!
Carolyn: Have you not been paying attention? My husband cheated on me!
Lynette: Who cares?! Who cares? We all have pain! Everyone in here has pain, but we **deal with it!** We swallow it and get going with our lives! What we don't do is go around shooting strangers!

캐롤린: 그런 식으로 날 쳐다보지마. 쟤가 죽기를 바란걸 알아.
르넷: 어떻게 그렇게 말할 수 있어?
캐롤린: 내가 창녀들을 어떻게 생각하는지 분명히 말한 후에 넌 쟤와 남편에 대해서 말했어.
르넷: 난 이걸 원하지 않았어. 어떻게 감히 내가 이걸 원했다고 말하는거야?
캐롤린: 닥쳐!
르넷: 아니, 난 입다물지 않을거야. 넌 도대체 뭐가 문제야?
캐롤린: 지금까지 내 말 못들었어? 내 남편이 바람을 폈다고!
르넷: 누가 신경이나 쓴대? 우리 모두 아픔을 갖고 있어. 여기 있는 모든 사람은 아픔이 있지만 헤쳐나가고 있다고. 우리는 맘속으로 삼키고 삶을 살아가고 있다고. 우리가 하지 않는 일은 돌아다니면서 총을 쏘는 일이라고!

기대하지마, 미리 겁먹지마
Don't hold your breath

hold your breath는 비유적으로는 「뭔가 기대하다」, 「애를 태우다」라는 뜻으로 쓰인다. 반대로 Don't hold your breath라고 하면 「숨을 참지마라」, 「숨죽이지마」라는 의미이다. 왜일까? 기대하던 일이든 예상했던 일이든 바로 일어날 가능성이 없으니 숨죽이고 있지 말라는 의미이다.

POINT
Don't hold your breath 숨죽이지마, 기대하지마, 미리 겁먹지마
hold your breath 숨을 참다, 기대하다, 애를 태우다

▶ **Sex and the City 6-16**

캐리의 집에서 러시아 예술가인 알렉산더와 커피를 마시려는 장면이다.

Alexander: Now we'll have espresso?

Carrie: Great. Where? I don't have an espresso machine.

Alexander: And you call yourself a writer, yeah?

Carrie: Well. I may have an old Mr. Coffee One Cup but, **don't hold your breath.**

알렉산더: 이제 에스프레소를 먹을까?
캐리: 좋지. 어디서? 에스프레소 기계가 없는데.
알렉산더: 그러고도 스스로 작가라고 할 수 있는거야. 응?
캐리: 저기. 오래된 커피믹스가 있는데 기대는 하지마.

▶ **Modern Family 3-7**

제이와 글로리아가 숏티 부부와 함께 식사를 하고 있다.

Darlene: Last week, Shorty took me to see the Cirque du soleil... It's like a circus, but classy. So if you like elephants, **don't hold your breath.**

Shorty: She's so cute.

달린(부인): 지난주에 쇼티가 태양의 서커스를 데려가서 보여줬어요. 서커스이긴 하지만 기품이 있어요. 그러니 코끼리를 좋아한다면 너무 기대는 하지 마세요.
숏티: 달린은 귀엽다니까.

네가 초래한 것이야

You had it coming

주로 못된 짓을 한 다음에 그 결과로 불행한 일이 발생했다라는 뉘앙스가 담겨져 있다. 내 잘못이 아니라 네 잘못이라는 말. You had it coming하면 상대방을 비난하는 것으로 "네가 초래한 것이다." "자업자득"이다라는 문장이다.

POINT

You had it coming 네가 초래한 것이다

He had it coming 걔가 자초한 것이다

You asked for it 네가 자초했어

You deserve it 자업자득이야

▶ CSI: Las Vegas 2-5

그리섬과 브래스 경감이 용의자 심문을 하고 있다.

Grissom:	We just came from your old apartment. We found some disturbing evidence there. Would you care to explain that?
Clifford Renteria:	Hey, he had it coming. I'll tell you that right now. Apartment stank, there were flies everywhere, no water. So I trashed the place.
Brass:	**Who had it coming?**
그리섬:	우리는 당신이 살던 옛 아파트에서 오는 길인데 그곳에서 좀 혼란케하는 증거를 발견했습니다. 설명해주시겠습니까?
클리포드 렌테리아 :	그가 초래한거예요. 지금 바로 말할게요. 아파트는 냄새가 지독했고, 어디가도 파리가 있었고 물도 안나왔어요. 그래서 내가 그 아파트를 엉망으로 만들었어요.
브래스:	누가 자초한거라구요?

▶ Breaking Bad 4-10

상처투성이의 아버지를 찾아온 아들이 무슨 일인지 묻는다.

Walter:	If you tell your mother, God, I just would-- I would never, never hear the end of it, so please can we just keep this between us? Would you do that for me? Just keep it to yourself.
Walter Jr.:	I don't understand. How'd you get into a fight? And with who?
Walter:	I made a mistake. And it's my own fault. **I had it coming.**
월터:	네가 엄마에게 얘기를 하면, 난 끊임없이 잔소리를 듣게 될거야. 그러니 제발 이건 우리 사이 비밀로 하자. 날 위해서 그래 줄 수 있겠니? 비밀로 간직해.
월터 주니어:	이해가 안돼요. 어떻게 하다 싸우게 된거예요? 누구하고요?
월터:	내가 실수를 했어. 그리고 내 잘못이야. 내가 자초한거야.

그런게 아냐, 네가 생각하는 것과 달라

It's not what you think

그것은 네가 생각하는 것이 아니다. 즉 "그런게 아니야." "네가 생각하는 것과 달라"라는 의미. 상대방이 오해할 만한 상황에서 말하는 사람은 변명이든 사실이든 상대방이 오해하는 것을 풀고 싶은 맘에서 하는 문장이다.

POINT

It's not what you think 그런게 아냐. 네가 생각하는 것과 달라

Is that what you think? 너 정말 그렇게 생각하는거야?

▶ **Desperate Housewives 2-10**

식료품점에서 수잔이 장을 보고 있는데 수잔 아버지의 부인인 캐롤이 물건을 마구 던지기 시작한다.

Susan: No, wait! **It's not what you think.**

Carol: He hasn't touched me for three years because of, of sluts like you!

Susan: Carol, if you would just stop throwing things at me, I'll explain!

Carol: How, how can you explain? You're screwing my husband!

Susan: No, I'm not screwing him! He's my father!

수잔: 생각하시는게 그런게 아녜요.

캐롤: 너같은 년들 때문에 그이가 3년간 내게 손도 대지 않았어!

수잔: 캐롤, 그만 던지시면 제가 설명할게요.

캐롤: 어떻게 설명한다는거야? 내 남편과 바람폈잖아!

수잔: 아녜요, 난 바람끼게 아녜요! 아버지예요!

▶ **Prison Break 1-2**

씨노트와 마이클의 대화장면.

C-Note: Do you think I'm a fool?

Michael: What are you talking about?

C-Note: I see you out there with the Hitler Youth. You know, I gotta good mind to slash you open right now.

Michael: **It's not what you think.** He's got something I need.

씨노트: 내가 바보로 보여?

마이클: 무슨 말하는거야?

씨노트: 네가 나치청년단과 함께 있는 것을 봤어. 당장 베고 싶은 마음이 꿀떡같아.

마이클: 네가 생각하는 그런게 아냐. 그는 내가 필요로 하는 것을 갖고 있어서.

너 몸조심해!, 네 앞가림해!

Cover your ass!

앞으로 다가올 조사, 비난, 문제 등에 대비하여 자기 자신을 보호하라는 의미의 표현이다. 즉, 뒷일을 대비하여 책임을 피할 변명이나 구실을 확보하여 스스로를 보호하라는 말. 많이 쓰이는 슬랭으로 cover one's ass는 ass 대신에 butt 나 back을 써도 된다.

POINT

Cover your ass! 너 몸조심해!, 너를 보호하라고!, 네 앞가림해!

kick one's ass 혼내다

move your ass 서두르다

My ass! 웃기는 소리매

She's got her bases covered 걘 만반의 준비를 다했어

▶ CSI: Las Vegas 1-2

브래스 경감과 그리섬의 위치가 바뀌는 장면. 그리섬이 팀의 책임자가 된다.

Grissom: Cop versus scientist. Interesting, huh?

Brass: Yeah.

Grissom: You got any advice for me?

Brass: Yeah, **cover your ass ... and hide.**

그리섬: 경찰 대 과학자라. 흥미롭네요, 그죠?
브래스: 그래요.
그리섬: 내게 줄 무슨 조언있어요?
브래스: 몸을 사려요, 나서지 말고.

▶ Law & Order: SVU 1-14

증언을 하지 않으려는 강간피해자가 감방에 들어가자 경찰서장 모리스가 반장을 찾아온다.

Cragen: She's our only witness and she won't talk. Our back is against the wall.

Morris: I just wanted to ensure that we proceed in a way that allows the victim to retain her dignity.

Cragen: You want to **cover your ass** in case we don't bust this guy, which is increasingly likely seeing as we have almost no time left.

크레이건: 그녀는 유일한 증인인데 말을 안하려고 해요. 우린 궁지에 몰려있다고요.
모리스: 내가 원하는 건 그녀의 존엄성을 지켜주는 범위내에서 수사를 진행해달라는거네.
크레이건: 우리가 범인을 못잡을 경우를 대비하고 싶은거군요. 남은 시간이 얼마 없으니 그럴 가능성이 점점 더 높아지고 있고요.

099

개하고 섹스했어

He nailed me

You nailed it, She nailed it의 형태로는 뭔가 일을 성공적으로 했을 때 사용되며, nail sb하면 범죄자를 「체포하는」 것을 말한다. 또한 위 문장 He nailed me에서 nail은 나사못(screw)이 그러하듯 나무에 들어가는 모습이 마치 남녀의 섹스모습을 연상되듯, 「섹스하다」라는 동사로 쓰인다.

POINT

He nailed me 개하고 섹스했어

You nailed it 네가 해냈구나

be[get] nailed for …로 체포되다, 잡히다

▶ **Friends 4-4**

조이는 건물 관리인인 트리거에게 무도회에 가서 출 춤을 가르쳐주는데…

Joey:	We did it!!
Mr. Treeger:	I know, we did it!! Hey, that was incredible, huh?!
Joey:	I know, it was amazing! I mean, **we totally nailed it,** it was beautiful.
조이:	우리가 해냈어!
트리거:	그래, 우리가 해냈어! 굉장하다, 그지?
조이:	그래, 대단했어. 내 말은 우리가 완전히 해냈다고, 아름다웠어.

▶ **Desperate Housewives 3-17**

이디는 카를로스와 잠자리를 하려고 들이대지만 거절당하고 만다.

Carlos:	Look, Edie, um…what I said about you the other day was…
Edie:	Dead-on. **You nailed me, Carlos.** Maybe not the way that I wanted you to, but still…
Carlos:	But I had no right to judge you. Besides, the guys, the clothes, the partying. That's you. I mean, that's the Edie that we love.
Edie:	Well, I'm glad you love her, because I'm getting pretty tired of her.
카를로스:	저기, 이디. 음, 요전날 내가 말한 것은…
이디:	아주 정확했어요. 내가 한방 먹였지요. 카를로스. 내가 당신한테 바라던대로는 아닐지 몰라도 하지만 그래도…
카를로스:	하지만 난 당신을 비난할 권리가 없었어요. 게다가, 남자들, 의상들, 그리고 파티들, 바로 그게 당신예요. 내 말은 우리가 사랑하는건 바로 그런 이디라고요.

당연한 대가야, 다시는 안그러겠지

That'll teach him

직역을 해보면, 그것(나쁜 짓을 저지르고 받은 벌)이 걔를 가르칠거다. 그걸로 인해 걔가 깨달았을 것이다. 우리말이 되게 하면, "당연한 대가야." "다시는 안 그러겠지" 정도로 이해하면 된다. That'll teach sb to+동사 형태의 문장들이 있는데 이는 "to 이하를 하게 되면 어떻게 되는지 알겠군"이라는 뜻이 된다.

POINT

That'll teach him 당연한 대가야, 다시는 안 그러겠지

That'll teach sb to+동사 …을 하면 어떻게 되는지 알겠군, 다시는 …하지 않겠군

▶ **Shameless 2-8**

프랭크가 한 노숙자에 얘기하는 장면.

Frank: Walked in on my mother and my sixth-grade teacher having sex once. **That'll teach you not to** play hooky. My mother's nipples were the size of sand dollars. She was on top, riding him. He's underneath, bucking like a horse who knows it's headed for the glue factory. She didn't even tell me to leave the room.

프랭크: 우연히 방에 들어가서 엄마랑 6학년 선생님이랑 섹스하는 것을 봤지. 다시는 학교를 빼먹지 않겠더라고. 엄마의 젖꼭지는 성게처럼 컸었어. 엄마는 위에 올라탔지. 그는 밑에서 자신이 도살장에 끌려가는 말인 것처럼 날뛰고 있었어. 엄마는 나보고 나가라는 말조차 하지 않았어.

무슨 일이야?, 어떻게 나왔어?, 뭐 갖고 있어?

What have you got?

CSI나 Law & Order 등의 범죄수사물에 무척 많이 듣는 표현이다. Grissom이나 Horatio 반장이 현장에 도착에서 요원들에게 어떤 사건인지, 어떤 증거들이 있는지라고 물어볼 때 혹은 연구실에서 결과가 어떻게 나왔는지 물어볼 때 쓰는 표현이다.

POINT

What have you got? 무슨 일이야?, 결과가 어떻게 나왔어?, 뭐 갖고 있어?

What (do) you got? 무슨 일이야?

What do we have here? 무슨 일이야?, 뭐야?

What have you got to lose? 밑져야 본전이지

▶ **Sex and the City 6-1**

미란다가 아기를 데리고 캐리 집을 방문하는 장면.

Miranda: Hey. I'm in love with Steve. Hold this.

Carrie: Oh my god I can't believe it.

Miranda: Come on, are you seriously telling me you didn't know?

Carrie: Oh I knew. I just can't believe you admitted it.

Miranda: I need a drink. **What have you got?**

미란다: 나 스티브를 사랑하고 있나봐. 애 좀 들어줘.

캐리: 맙소사, 놀랄 일이네.

미란다: 그러지마, 정말 너 몰랐다고 말하는거야?

캐리: 알고 있었지. 네가 인정하는게 놀랍다는거지.

미란다: 뭐 좀 마셔야겠어. 뭐 있어?

▶ **CSI: Las Vegas 1-9**

닉이 그렉에게 조사결과가 나왔는지 물어보는 장면.

Nick: **What have you got?**

Greg: Well, what you got here is a nice bordeaux and a starbucks blend. No blood. No saliva.

닉: 알아낸 거 있어?

그렉: 저기, 알아낸 건 고급 와인과 스타벅스 커피가 묻어있네요. 피나 침도 없어요.

내가 말했잖아, 들었잖아

You heard me

내가 이미 말을 했기 때문에 너는 이해했을거고 그렇기 때문에 나는 반복해서 말하지 않겠더라는 뜻. 일반적으로 상대 방이 화자가 말한 내용에 놀라 "What?"이라고 말할 때 "You heard me(내가 말했잖아)"라고 말한다.

POINT

You heard me 들었잖아. 내가 말했잖아

I know you heard me 내 말 알아들었을텐데

▶ **Sex and the City 1-6**

미란다는 만나는 남자의 성적취향이 스팽킹이라는 것을 알고 나서는…

Miranda:	And I thought all you really wanted was a good spanking.
Ted:	Excuse me?
Miranda:	**You heard me.**

미란다:　난 네가 정말 원했던 건 엉덩이가 맞는거라고 생각했는데.
테드:　뭐라고?
미란다:　들었잖아.

▶ **Sex and the City 3-9**

사만다는 남친의 정액냄새가 고약하다고 블로잡을 피하는데…

Adam Ball:	Come on, baby, you give the greatest head. Please.
Samantha:	It's not gonna happen.
Adam Ball:	Why? What's the problem?
Samantha:	Well, Adam... You've got some funky tasting spunk.
Adam Ball:	What?
Samantha:	**You heard me.** Your spunk is funky.

아담 볼:　그러지 말고, 자기야. 최고의 블로잡을 해줘. 제발.
사만다:　안돼.
아담 볼:　왜, 뭐가 문제인데?
사만다:　저기, 아담. 너 정액 맛이 고약해.
아담 볼:　뭐라고?
사만다:　들었잖아. 네 정액 고약한 맛이 난다고.

103

너 왜 이러는거야?

What's your deal?

상대방이 평소와 다르게 이상하게 행동하는 경우에 "너 무슨 일이야?," "너 왜 이러는거야?"라고 설명을 요구하는 문장이 된다. 잘 알려진 What's the matter with you?나 What's wrong with you?와 같은 표현으로 생각하면 된다.

POINT

What's your deal? 너 왜 이러는거야?

What the deal? 무슨 일이야?, 어떻게 된거야?

What's the deal with~? …가 어떻게 된거야?

What's the big deal? 별일도 아니네, 그게 무슨 상관이야

▶ Gossip Girl 3-2

척을 골탕먹이기 위해서 카터를 이용하려던 세레나.

Carter: You knew I'd help you screw over Chuck.

Serena: Chuck had screwed me over, or at least I thought he had. I wanted to get him back.

Carter: Listen to you. **What's your deal?** You're acting out 'cause Daddy doesn't love you?

카터: 넌 내가 척을 골탕먹이는데 도와줄거라는 것을 알고 있었어.

세레나: 척은 나를 골탕먹였어. 적어도 난 그렇게 생각해서 복수하고 싶었어.

카터: 정신차려. 너 문제가 뭐야? 아버지가 널 사랑하지 않아서 말썽피우는거야?

▶ Desperate Housewives 2-11

이디는 조깅을 하다 계속 서있는 차를 수상히 여기고 다가간다.

Edie: Hey, you!

Monroe: Yeah?

Edie: **What's the deal?** You've been parked on our street for two hours.

Monroe: Oh, I'm doing a property appraisal. Some neighbors of yours are thinking about moving.

이디: 이보세요!

먼로: 예?

이디: 무슨 일예요? 두시간동안 우리 동네에 주차해 있잖아요.

먼로: 어, 부동산 감정을 하고 있어요. 선생님 이웃께서 이사갈 생각이세요.

어디 그렇게 되는지 두고보자, 어디 그런가 보자

We'll see about that

이는 경쟁관계 등의 문맥에서 "어디 그렇게 되는지 두고보자," 더 나아가면 "상대방이 그렇게 하도록 놔두지 않을거야"라는 결연한 의지를 표현하는 문장이 된다. 어떤 사람이 하는 행동이나 일이 맘에 안들어, 그대로 있지 못하고 나름대로 자기도 계획을 세워 상대방이 그렇게 하지 못하게 하겠다는 뜻이다.

POINT

We'll see about that 어디 그렇게 되나 보자, 어디 그런가 보자

We'll see about it later 나중에 (결정)하자, 그렇게 되도록 하지 않겠다

▶ Desperate Housewives 3-20

이디는 자기 전화를 씹는 르넷이 차에서 내리는 것을 보고 다시 전화를 해보는데…

Carlos: Hey, who you spying on?

Edie: Lynette. She hasn't returned my last two phone calls. I think something's up.

Carlos: She's probably just busy.

Edie: Yeah, **we'll see about that.** I am calling her right...now.

카를로스: 누굴 엿보고 있는거야?

이디: 르넷. 두번이나 전화했는데 씹더라고. 무슨 일이 있는 것 같아.

카를로스: 아마도 바쁘겠지.

이디: 그래, 어디 그런가 보자고. 지금 당장 전화해봐야지….

▶ Sex and the City 6-20

캐리를 찾아 파리에 온 빅은 어느 호텔 로비에서 그녀를 만나게 된다.

Carrie: What? No. It's not like that. You've got it completely wrong.

Big: **We'll see about that.**

Carrie: I don't need you to do this. Stop. This is totally unnecessary. What do you think you're doing?

캐리: 뭐라고? 아냐. 그런게 아냐. 네가 잘못 알고 있는거야.

빅: 어디 그런가 보자고.

캐리: 네가 그렇게 할 필요는 없어. 멈춰. 그럴 필요가 없어. 뭐하는 짓이야?

중요한 것은 말이야, 있잖아, 문제는 이거야

Here's the thing

지금 상황에서 가장 중요한 것을 말하려고 하니 상대방이 귀기울여 들어라하고 자기가 할 말의 중요성을 강조한다. 즉 자기가 말하려는 특정 화제에 대해 주의를 끄는 표현으로 우리말로는 "있잖아," "중요한 것은 말이야" 정도에 해당된다고 생각하면 된다.

POINT

Here's the thing 실은 말야, 문제는 말야
The thing is~ 중요한 것은 …야
Here's the deal 자 이렇게 된거야

▶ **Desperate Housewives 1-19**

앤드류는 일전에 집에 초대된 사익스 목사님을 교회로 찾아간다.

Reverend Sikes: I swear before Almighty God I won't reveal a word that's said here today. Now, what's on your mind?

Andrew: Well, **here's the thing.** I lied to my parents. I'm not gay.

사이크 목사님: 전지전능하신 신 앞에 맹세코 오늘 이야기는 누구에게도 말하지 않으마. 무슨 생각을 하고 있니?

앤드류: 저, 중요한 것은 제가 부모님께 거짓말을 했다는거예요. 전 게이가 아녜요.

▶ **Friends 5-21**

피비와 경찰 남친인 게리와의 대화장면.

Gary: You look very pretty today.

Phoebe: Thanks! Okay.

Gary: **Here's the thing.** Y'know I really want to move this relationship forward.

게리: 오늘 무척 예쁘네.

피비: 고마워! 그래.

게리: 실은 말야. 난 정말 우리의 관계를 좀 더 발전시켰으면 해.

물론이지, 당연하지, 두말하면 잔소리지

Can't argue with that

난 그것과 다투거나 반대할 수 없다. 즉 상대방의 제안이나 의견에 동의하는 것으로 우리말로는 "물론이지," "당연하지," "두말하면 잔소리지"라는 문장이 된다. 「강한 긍정」 「동의」를 뜻한다.

POINT

I can't argue with that 물론이지, 당연하지, 두말하면 잔소리지
I don't believe it 믿을 수 없어

▶ **Big Bang Theory 5-9**
레너드와 페니가 영화관에서 표를 사고 있다.

Penny: Oh, hey, if we hurry, we can make the new Jennifer Aniston movie.

Leonard: Oh, yeah, sure. There's also an amazing documentary about building a dam on river in South America.

Penny: Okay, but the Jennifer Aniston movie has Jennifer Aniston, and she's not building a dam.

Leonard: **Can't argue with that.** I'll get the tickets.

Penny: Okay.

Leonard: Actually, you know what? I think it's about time I pick a movie we see.

Penny: You pick plenty of movies.

페니: 서두르면 제니퍼 애니스톤의 신작 영화를 볼 수 있어.
레너드: 그래 물론. 남아메리카 강에 댐 건설에 관한 멋진 다큐멘터리도 있는데.
페니: 그래, 하지만 제니퍼 애니스톤의 영화에는 제니퍼 애니스톤이 있어. 그리고 그녀는 댐을 건설하지는 않아.
레너드: 두말하면 잔소리지. 내가 표를 사올게.
페니: 좋아.
레너드: 실은, 저기 말야? 내가 볼 영화를 고를 차례인 것 같은데.
페니: 네가 지금까지 많은 영화 골랐잖아.

107

네 말이 맞아, 그 말이 맞아
I'll give you that

그냥 글자 그대로 내가 너한테 그것을 줄게라는 의미도 되나, 그렇지 않은 경우에는 상대방과 얘기나 토론을 하다가,
상대방이 「방금 전에 한 말이 맞다」고 동의할 때 사용하면 된다. I admit it이라고 생각하면 된다.

 POINT

I'll give you that 네 말이 맞아, 그 말이 맞아
I'll give him[her] that 걔 말이 맞아, 걔 그 점은 인정해

▶ **Game of Thrones 2-1**

모르몬트 사령관 일행이 나이트워치와 협력관계인 크래스터의 움막에서 정보를 수집하고 있다.

Craster: I haven't seen Benjen Stark in three years. Haven't missed him. Always treated me like scum. Haven't had any good wine for a long time. You Southerners make good wine, **I'll give you that.**

Mormont: We're not Southerners.

크래스터: 난 3년동안 벤젠 스타크를 보지 못했네. 보고 싶지도 않았고, 항상 날 쓰레기로 취급했거든. 오랫동안 좋은 와인을 먹지 못했네. 너희 남부인들은 와인을 잘만들어. 당신들 그점은 인정해.

모르몬트: 우리는 남부인이 아닐세.

▶ **Game of Thrones 2-2**

네드 스타크가 참수당하자 아들 롭은 군사를 일으키고 서신을 보내는데 세르세이가 이를 읽는다.

Cersei: From this time until the end of time, we are not part of your realm, but a free and independent Kingdom of the North. He has more spirit than his father, **I'll give him that.**

세르세이: 이 순간부터 영원히, 우리는 너희 왕국의 일부가 아니라, 자유를 가진 독립된 왕국이다. 아버지보다는 용기가 더 있군. 그건 인정하지.

나 무시하지마, 날 제쳐놓지마
Don't blow me off

blow sth off는 뭔가 예정되어 있거나 약속되어 있는 것을 하지 않다 그리고 blow sb off는 「무시하다」, 「바람맞히다」라는 의미. 그래서 Don't blow me off하게 되면 무슨 일을 하는데 있어 자기를 빼지 말라는 말로 자기를 무시하고 따돌리는거에 대해 화가 난 상태에서 하는 문장이다. "나 무시하지마"가 가장 적합한 의미이다.

POINT

Don't blow me off 나 무시하지마, 날 제쳐놓치마
Don't blow it 기회를 날리지마
It blows my mind! 정신을 못차리겠어!, 마음이 설레네!
blow sb off …을 무시하다, …을 바람맞히다

▶ **Desperate Housewives 1-21**
임신한 가브리엘을 찾아온 정원사 존은 자기의 아들일 수도 있다고 하면서…

Gabrielle: John, what are you doing here?

John: I've been doing some serious thinking about the baby.

Gabrielle: Really? Why?

John: Because, there's a good chance that it's mine. And if it is, I want to do the right thing.

Gabrielle: No, no, no. Nobody expects you to do the right thing.

John: Yeah, I kinda figured you'd try to **blow me off.** That's why I'm going directly to Mr. Solis.

가브리엘: 존. 여기서 뭐하는거야?
존: 아기에 대해 진지하게 생각 좀 해봤어요.
가브리엘: 정말? 왜?
존: 왜냐면 내 아이일 가능성이 많잖아요. 그리고 만약 그렇다면 올바른 일을 하고 싶어요.
가브리엘: 아냐, 아무도 네가 올바른 일을 하기를 기대하지 않아.
존: 날 제쳐놓으려고 할 줄 알았어요. 바로 그래서 솔리스 씨에게 직접 이야기하려구요.

▶ **Big Bang Theory 4-9**
페니의 아버지는 페니와 식사하러 가는데 레너드에게 같이 가고 한다.

Penny: Oh, dad, that's nice, but Leonard has to work. Right, Leonard?

Leonard: Uh, I do, I have to work. But I'm gonna **blow that off to** spend the evening with my sweetie and her father.

페니: 어, 아빠, 좋죠 하지만 레너드는 일해야 돼요. 맞죠, 레너드?
레너드: 그래, 일해야 돼. 하지만 일을 제끼고 여친과 그 아버지와 함께 저녁을 보내겠어.

이게 더 낫군, 더 좋은데, 그래 그거야

That's more like it

That은 앞서 언급된 어떤 상황 등을 말하는 것으로 That's more like it하게 되면 "이게 더 낫군," "더 좋은데," "그래 그거야" 정도로 이해하면 된다. 이는 상대방이나 제 3자가 지금까지 보다 제대로 된 방향으로 가고 있다고 생각하거나 동의하거나, 혹은 뭔가가 잘 되고 있어서 만족하고 있다는 것을 나타내는 문장이다.

POINT

That's more like it 이게 더 낫군, 그래 그거야
Now that's more like it 이제 더 낫군
Okay that's more like it 좋아, 이게 더 나아
There's more to it than that 다른 뭔가가 있어, 그것보다는 더 깊은 뜻이 있어

Desperate Housewives 2-13

가브리엘은 자신과 카를로스 사이를 멀어지게 하는 수녀를 찾아온다.

Sister Mary: What are you doing here?
Gabrielle: I heard you were being transferred so I came to say good-bye.
Sister Mary: **Come to gloat is more like it.**
메리 수녀: 여기 어쩐 일이세요?
가브리엘: 다른 곳으로 가신다고 해서 인사드리러 왔어요.
메리 수녀: 조롱하러 왔다고 하는 것이 더 맞겠네요.

NCIS 7-20

토니와 맥기가 탐문수사를 하는 도중 나누는 이야기.

Tony: She's a nice girl.
McGee: That's very adult of you.
Tony: Hmm. It's not me. It's her. Something about her. I can't put my finger on it, but I think she's got a really nice butt underneath those long blouses.
McGee: **That is more like it.**
토니: 그녀는 멋진 여자야.
맥기: 상당히 어른스러운 말이네요.
토니: 음, 내가 아니고 그녀가 그렇지. 그녀에 대해서 뭔가 꼬집어 말할 수 없지만, 그 긴 블라우스 밑에 멋진 엉덩이가 있을 것 같아.
맥기: 그러니 더 토니 답네요.

네가 뭔데 비난해?

Who are you to judge?

Who are you to+V?는 상대방의 말이나 행동에 화가 날 때 쓰는 구문으로 "네가 뭔데 …라고 하는거야?"라는 표현. 여기서는 비난하다라는 뜻의 judge가 이어져 Who are you to judge?하게 되면 "네가 뭔데 비난하는거야?"라는 문장이 된다.

POINT

Who are you to judge? 네가 뭔데 비난해?
Who are you tell me that S+V? 네가 뭔데 내게 …하고 말하는거야?

▶ **Friends 9-13**

로스가 레이첼에게 온 남자의 전화 메시지를 전해주지 않은게 밝혀지자…

Ross:	I never gave it to you.
Rachel:	Why?
Ross:	I don't know.
Rachel:	Oh God. You know what? Who do you think you are? **Who are you to decide** what messages I should or should not get?

로스: 내가 네게 전해주지 않았어.
레이첼: 왜?
로스: 몰라.
레이첼: 맙소사. 저 말이야? 네가 누구라고 생각하는거야? 네가 뭔데 내 메시지를 선별해서 주고 말고 하는거야?

▶ **Big Bang Theory 3-4**

쉘든과 라지의 대화장면.

Sheldon:	Of course I understand. And **who are you to tell** me about outer space?
Raj:	I'm the astrophysicist. Astro means space.

쉘든: 물론 난 이해하지. 그리고 네가 뭔데 우주 밖에 대해 이야기하는거야?
라지: 난 천체 물리학자야. 아스트로는 우주를 뜻해.

111

좀 도움을 받았으면 좋겠어

I could use a little more help

could use 혹은 can use로 쓰이는 이 표현은 「…가 필요하다」 「…가 있으면 좋겠다」 「…을 얻을 수 있으면 좋겠다」 라는 의미이다. 한 단어로 하자면 need라고 할 수도 있는 이 표현은 use 이하에 나오는 '명사'가 필요한데 특히 다른 사람이 도와주기를 바랄 때 사용한다.

POINT

I could use a little more help 좀 도움을 받았으면 좋겠어
I could use a break 좀 쉬었으면 좋겠어
I could use a hand 누가 도와줬으면 좋겠어

 Friends 3-21

갈비뼈를 다친 레이첼에게 병원에 가보라고 하는 로스…

Rachel: Well, I will go to the hospital tomorrow, it'll still be broken then. But y'know, **I could use a hand** getting ready. Look, either help me or go.

Ross: Fine. I'll go.

레이첼: 어차피 부러진 거라면 내일 병원에 가도 돼. 하지만, 저기, 준비하는거 도와주면 좋겠어. 이봐, 날 도와주던지 가던지.

로스: 좋아. 나 갈게.

Big Bang Theory 2-14

레너드는 페니가 옛친구 커트로부터 받을 돈이 있다고 하자 친구들에게 같이 가서 받아내자고 하는데…

Leonard: Do you guys remember Penny's ex-boyfriend Kurt? Yeah, that's him. It turns out he owes Penny a lot of money, and I'm gonna go get it from him. Who's with me? Really? You're just gonna let me go by myself? **I could use some help.**

레너드: 페니의 옛친구 커트 기억나? 어, 그 친구야. 그 친구가 페니에게 돈을 많이 빌려갔더라고. 내가 가서 받아오려고 하는데, 나와 같이 갈 사람? 정말? 너희들 나 혼자 가게 둘거야? 좀 도움을 받았으면 좋겠는데.

내 주말이 날라갔네!

There goes my weekend!

There goes sb하면 「저기 …가 가네」라는 단순한 표현이지만 There goes sth하게 되면 전혀 의미가 달라진다. 그래서 There goes my weekend!하게 되면 뭔가 안 좋은 일이 생겨서, 그 때문에 자기가 즐겨야 할 주말이 망칠거라는 이야기이다.

POINT

There goes my weekend! 내 주말이 날라갔네!

There goes my marriage 내 결혼은 틀렸어

There goes that 어쩔 수가 없네

There goes sb 저기 …가 가네

▶ Sex and the City 6-3

사만다가 웨이터 출신의 스미스와 롤플레잉을 하고 있다.

Samantha: Oh, is that right Jamie. Jerry?

Smith: You're right. Yeah. I'm an actor.

Samantha: Oh god. **There goes my hard-on.**

사만다: 그래, 제이미, 제리?
스미스: 맞아. 난 배우야.
사만다: 이런. 흥분이 가시네.

▶ CSI: Las Vegas 2-5

사인을 알아내기 위해 시신 앞에서 로빈스 박사와 닉, 캐서린이 대화를 나누고 있다.

Nick: Oh, he was dumped, all right ... out of a chopper. Right, doctor?

Robbins: Victim's injuries are inconsistent with a fall of that magnitude. No fracture of the pelvis no compression of the lumbar vertebrae no shortening of the body.

Catherine: **There goes your theory,** Nick. Good try, though. So what was the cause of death?

닉: 그가 버려진 것은 맞죠, 헬리콥터에서요. 맞죠, 박사님?
로빈스: 피살자의 상처는 그 정도의 높이에서 떨어질 때의 상처와 일치하지 않아. 골반의 골절도 없고, 요추에 압박도 없고, 몸이 줄어들지도 않았어.
캐서린: 닉, 네 생각이 틀렸네. 그래도 시도는 좋았어. 그럼 사인은 뭐예요?

그건 알아, 그 부분은 나도 이해했어

I got that part

I got that part의 의미는 대화 중 방금 얘기 나온 것은 정확히 알고 있다. 그러니 더 이상의 설명은 필요하지 않다고 말하는 표현이다. 우리말로는 "그건 알아." "그 부분은 나도 이해했어" 정도로 생각하면 된다.

POINT

I got that part 그건 알아, 그 부분은 나도 이해했어(I understand it)

I think I got that part 이해한 거 같아

I've got that part for the sink 싱크대에 들어갈 부품을 가져왔어

▶ **NCIS 4-2**

깁스가 애비와 사건에 관한 이야기를 나누고 있다.

Gibbs: What do you got for me, Abby?

Abby: Paulson's fingerprints on the gun case and on Mickey's computer.

Female?: And he's also visited over a dozen People Search sites. I think he was looking for someone.

Gibbs: Yeah, **I got that part.**

깁스: 애비, 뭐 나온거 있어?

애비: 총지갑과 미키의 컴퓨터에서 폴슨의 지문이 나왔어요.

여자: 그리고 인명검색사이트들을 여러번 들렀어요. 누군가를 찾는 것 같아요.

깁스: 그래, 그건 나도 알겠네.

▶ **Shameless 4-1**

술집을 운영하는 케빈의 아내인 베로니카는 임신을 하게 돼 병원을 찾는다.

Vernoica: How is that possible?

Doctor: Well, when a man's penis goes into a woman's...

Veronica: Yeah, **I got that part.** I mean, how is it possible now, after everything we've tried for the last two years?

베로니카: 어떻게 이럴 수 있죠?

여의사: 남자의 성기가 여자의…

베로니카: 그 부분은 나도 알아요. 내 말은 지난 2년간 임신하려고 별 짓을 다했는데, 어떻게 이제 가능한거냐는거죠?

114

어서 말해봐, 그거 쥐봐
Let's have it

상대방에게 사건의 전모를 전부 얘기하라는 표현. "어서 말해봐." "어서 얘기해줘"라는 의미이다. 달리 표현하자면 Just tell me the facts, Tell me about it now라 할 수 있다. 이 문장을 말하는 사람은 비록 듣기 싫은 것일지라도 진실을 듣고 싶은 심정에서 말한다.

 POINT

Let's have it 어서 말해봐, 어서 얘기해줘, 그거 줘봐

Let me have it 그거 줘봐, 어서 얘기해봐

NCIS 7-13

밴스 국장이 홀리 스노우를 심문하고 있다.

Vance: The account clients use to send you the money-- **let's have it.**

Holy Snow: W-what, no foreplay, No seduction? My deal came through, then.

Vance: Just needs a judge's signature.

Holy Snow: Hmm, well, why don't you come back when you have it?

밴스: 고객이 당신에게 돈을 보낼 때 사용하는 계좌, 이제 말해봐요.
홀리 스노우: 뭐예요, 전희도 없고 유혹도 없는거예요? 그럼 내 제안이 통과되었나 보네요.
밴스: 판사의 사인만 남았어요.
홀리 스노우: 그럼 사인을 받고 다시 오시죠.

NCIS

115

이해 못했어, 다시 분명히 말해줘

You lost me

주로 대화를 하는 도중, 한 명이 설명을 하는데 듣는 사람이 이해못했으니 다시 분명히 얘기해달라고 할 때 사용되는 표현. 즉 대화에서 네가 나를 놓쳤다, 즉 네가 하는 말을 내가 이해하지 못했더라는 의미이다.

POINT

You lost me 이해못했어, 다시 분명히 말해줘
You lost me at~ …부분부터 이해못했어
You lost me there 그 부분 못 알아 들었어

Friends 5-18
조이는 오디션에 떨어지는데…

Ross: Yeah y'know what? Maybe-maybe you didn't mess up your audition because you suck, maybe you messed up because you care more about uh, your godson.

Joey: What you do mean?

Ross: I think, sub-consciously…

Joey: Wait-whoa-whoa, **you lost me.**

로스: 저기 말야. 아마도 네가 실력이 없어서 오디션에 떨어진게 아니라 벤의 대부로서 벤을 더 사랑한다는 뜻일 수도 있겠어.
조이: 그게 무슨 말이야?
로스: 내 생각에 무의식적으로…
조이: 잠깐, 난 이해 못했어.

House 7-2
하우스와 커디가 침대에 누워있는데 포맨의 전화가 온다.

House: Cuddy and I are naked. So I'm having trouble focusing. Use small words.

Foreman: Kidney biopsy was clean, so we rechecked the piece of her lung from the O.R.

House: **You lost me.** Sorry, who is this calling again?

하우스: 커디와 난 다 벗고 있어. 그러니 나 집중하기가 힘들어. 쉽게 말해.
포맨: 신장 생검은 깨끗하게 나와서 수술할 때 나온 폐조각을 다시 검사했어요.
하우스: 이해 못했어. 미안, 전화거는 사람이 누구야?

116

정원이 있으면 괜찮잖아요
You can't go wrong with a garden

go wrong with는 「…가 잘못되다」, 「그릇되다」라는 뜻으로 You can't go wrong with~하게 되면 「…가 잘못될 수가 없다」, 「잘못되는 법이 없다」, 확 바꿔서 의역해보면 「…는 항상 괜찮다」, 「만족스럽다」, 「…는 전혀 문제가 없다」라는 뜻으로 이해할 수 있다.

POINT

You can't go wrong with~ …는 항상 괜찮다, 만족스럽다, …는 전혀 문제가 없다

go wrong with 고장나다, 잘못되다

▶ **Gossip Girl 1-5**

댄과 세레나가 데이트하는 장면. 댄이 식당에서 주문하고 있다.

Dan: Okay, what is that again?

Waiter: Rabbit, sir.

Dan: Oh, well, I won't be having that. Um, how about chicken? **You can't go wrong with chicken.**

Waiter: Yes, sir.

댄: 좋아요, 그게 뭐라고 했죠?
웨이터: 토끼입니다, 손님.
댄: 그건 안먹을거구요. 치킨은 어때요? 치킨은 다 맛있죠.
웨이터: 예, 알겠습니다, 손님.

▶ **Sex and the City 6-1**

캐리가 윌리와 데이트하는 장면으로 정원이 있는 카페에서 만나고 있다.

Carrie: It's a cute place.

Willie: Yeah, I hope it's okay. I didn't know. You know, **can't go wrong with a garden, right?**

Carrie: Yeah, it's great.

Willie: I hope it's okay. I didn't know. I just said that.

캐리: 멋진 곳이네요.
윌리: 괜찮기를 바래요. 난 몰랐어요. 저기, 정원이 있으면 괜찮잖아요, 맞죠?
캐리: 그래요, 아주 멋져요.
윌리: 괜찮기를 바래요. 난 몰랐어요. 내가 방금 말했죠.

이제 말이 통하네

Now you're talking

이 표현은 "이제 말이 통하네," "이제 서로 생각이 통하는구나." 즉 상대방이 앞서 한 말에 동의를 하는 표현이다. 간단히 말하면 "That's right"이라고 말하는 것과 같다고 생각하면 된다.

POINT

Now you're talking 이제 말이 통하네, 이제 서로 생각이 통하는구나

Now you're talking about ~ 이제서야 네가 …얘기를 하는구나

▶ Law & Order: SVU 3-4

핀치 형사는 정보원을 통해 용의자 King의 정보를 캐내고 있다.

Pinch: So far you're boring me.

Benny: How about he buys his coke and dope from one of my corner boys?

Pinch: **Now you're talking.** Where's he get his cash?

핀치: 지금까지는 네 얘기가 지루한데.

베니: 킹이 내 부하들 중 한명에게 코카인과 마약을 좀 산다는 이야기요?

핀치: 이제 말이 통하네. 현금을 어떻게 구한대?

▶ House 6-21

하우스는 재활센터에 들어가고 정신과 상담도 받는다.

House: Chase had the toxin idea. Maybe he's obsessed with my past.

Nolan: And–and **now you're talking about** a seizure disorder?

하우스: 체이스가 독에 대해 얘기했죠. 아마 그는 내 과거에 집착하고 있을지도 몰라요.

놀란: 그리고 지금은 발작 장애를 말하고 있는 거예요?

어떻게 돌아가는지 지켜보자
We'll see how it goes

see how it goes하게 되면 (앞으로) 상황이 어떻게 되어가는지를 (지켜)보다라는 문구가 된다. 상황이 어떻게 될런지 모를 때 사용되는 표현. 주로 뭔가 결정을 하기에 앞서 일단 일을 해보고 그 결과 어떤지 지켜보자고 할 때 쓰는 문장 이다.

POINT

We'll see how it goes 어떻게 돌아가는지 지켜보자

see how it goes[things go] 앞으로 상황이 어떻게 되나 지켜보다

Big Bang Theory 2-10

스테파니와 동거중인 레너드는 페니에게 동거를 취소할 수 있는 방법을 물어본다.

Leonard: Okay, here's the thing, I'm afraid that if I ask her to move out, she'll just dump me.

Penny: Well, it's a chance you have to take. I mean, look, if it's meant to be, it'll be.

Leonard: Very comforting. Okay, so what do I say to her?

Penny: I don't know. I mean, what have women said to you when they wanted to slow a relationship down?

Leonard: I really like you, but I want to **see how things go with** Mark?

Penny: Yeah, that'll slow it down.

레너드: 그래. 문제는 이거야. 집에서 나가라고 한다면 걔가 날 차버릴 것 같아.
페니: 그 정도 위험은 감수해야지. 어차피 그렇게 될거라면 언제가는 그렇게 될 일이야.
레너드: 참 위로가 된다. 그래. 그럼 내가 그녀에게 뭐라고 해야 돼?
페니: 몰라. 내 말은 여자들이 너와 관계를 천천히 하자고 할 때 뭐라고 네게 말했어?
레너드: 정말 네가 좋지만, 마크와도 잘 맞을지 알고 싶어?
페니: 그러면 되겠네.

뭐라고 쓰여 있어?, 뭐라고 하는데?

What does it say?

병이나, 표지판 등의 사물명사가 say~라고 할 때는 「…에 …라고 쓰여 있다」, 「적혀져 있다」라는 뜻이 된다. 여기서 나온 표현으로 What does it say?라 하면 "뭐라고 쓰여 있어?." "뭐라고 하는데?." "어떻게 되어 있어?"라는 표현으로 미드에서 자주 등장하는 문장이다.

POINT

What does it say? 뭐라고 쓰여 있어?, 뭐라고 하는데?, 어떻게 되어 있어?

Where does it say that? 무슨 근거로 그런 말을 하는 거야?

Desperate Housewives 3-19

침대에 누워있는 톰에게 딸 케일라가 신문을 들고 뛰어 들어온다.

Kayla: Daddy! The paper has a story about your restaurant.

Tom: You're kidding! Well, come--come here. **What does it say?**

케일라: 아빠! 신문에 우리 레스토랑 얘기가 나왔어요.

톰: 정말이야! 이리와라. 뭐라고 쓰여 있니?

Desperate Housewives 3-22

이디는 화장실에서 임신테스트를 해보고 있고 카를로스는 밖에서 왔다갔다하고 있다.

Carlos: So? **What does it say?**

Edie: It's gonna take a couple more minutes.

카를로스: 그래? 어떻게 됐어?

이디: 몇분 더 걸릴거야.

120

말도 마, 말도 꺼내지마
Don't get me started on that

이 문장의 의미는 "말도 마," "말도 꺼내지마"라는 것으로 그 얘기 꺼내거나 시작하면 열받고, 짜증나고, 감정적으로 격해지니 그 이야기는 시작하게 하지 말라는 뜻이다.

POINT

Don't get me started on that 그거 말도 꺼내지마
Let's get started 자 시작하자

▶ **Friends 2-3**

피비는 로스의 진화론에 대해서 회의적인데…

Phoebe: Yeah, I just don't buy it.

Ross: Uh, excuse me. Evolution is not for you to buy, Phoebe. Evolution is scientific fact, like, like, like the air we breathe, like gravity.

Phoebe: OK, **don't get me started on gravity.**

피비: 어, 난 받아들일 수 없어.

로스: 이봐. 진화는 네가 믿고 안믿고의 문제가 아냐, 피비. 진화는 과학적인 사실이야. 우리 숨쉬는 공기나 중력처럼 말야.

피비: 그래. 중력얘기는 꺼내지도마.

▶ **Modern Family 3-4**

학교에 가는 길에 헤일리와 알렉스가 칼리라는 학생의 뒷담화를 하자 엄마 클레어가 가세하는데…

Claire: Girls, let's cool it on the gossip. Okay? It's not right and Carly's got enough problems.

Haley: What do you mean?

Claire: Well ... her mom can't get through soccer practice without a thermos of Chardonnay... And **don't get me started on the dad.** That guy is...

클레어: 얘들아, 뒷담화는 그만하자. 옳지도 않고 칼리에게 문제가 많잖니.

헤일리: 그게 무슨 말이에요?

클레어: 저기, 걔 엄마는 올 때 꼭 보온병에 와인을 넣어오고…. 그리고 그 집 아버지 얘기는 말도 꺼내지도 마라. 그 남자는…

121

그렇게는 안돼

I won't hear of it

not hear of it으로 이는 뭔가 「제안이나 제의를 받아들이지 않다」라는 의미이다. 따라서 I won't hear of it하면 뭔가 강하게 거부하거나 반대하거나 혹은 「…하지 말 것을 금지한다」는 뉘앙스를 내포하고 있다.

 POINT

I won't hear of it 그렇게는 안돼
He wouldn't hear of it 걔는 들으려 하지 않아

▶ **The Good Wife 6-6**

알리시아 플로릭과 다이앤이 텅빈 사무실로 들어오면서 새롭게 방을 꾸미자고 한다.

Diane: Well, Cary says he's fine with David Lee's office, so I guess this is you and me. No, take mine.

Alicia: No, Diane.

Diane: I could use a fresh start. You take my office.

Alicia: **I won't hear of it.**

다이앤: 캐리는 데이비드의 사물이 좋다고 하니 여기는 우리가 쓰면 돼. 아니, 내 사무실을 써.
알리샤: 아뇨, 다이앤.
다이앤: 난 새로운 출발이 필요하니까 내 사무실을 써.
알리샤: 그렇게는 안돼요.

▶ **Desperate Housewives 3-10**

올슨의 사무실에서 브리는 올슨의 전부인 앨마에 대해서 물어본다.

Orson: Alma miscarried a month after the wedding. I was trapped.

Bree: Well, you could've left her.

Orson: **Mother wouldn't hear of it.** Divorce is a sin.

올슨: 앨마는 결혼 한달 후에 유산했어. 난 덫에 걸린 셈이지.
브리: 앨마를 떠날 수도 있었잖아.
올슨: 엄마가 들으려 하지 않았어. 이혼은 죄라고.

134 난 아는 표현인 줄 알았다!

이게 무슨 말이겠어?

What does that tell us?

that이 우리에게 무엇을 말하는 것이겠는가라는 말로 that이 시사하는 바가 무엇인지, 무슨 의미인지 물어볼 때 사용하는 표현이다. What does that tell you?의 형태도 많이 쓰이는데 이는 이걸 어떻게 생각해?, 그게 네게 무슨 의미가 있어?라는 문장이다.

POINT

What does that tell us? 이게 무슨 말이겠어?

What does that tell us about~? …에 대해 뭘 말해주는거겠어?

What does that tell you? 이걸 어떻게 생각해?, 그게 네게 무슨 의미가 있어?

CSI: Las Vegas 1-18

그리섬과 닉이 얘기를 나누고 있는데 브래스 경감이 들어온다.

Grissom:	I think Shepherd planned the murder of his wife.
Nick:	I'm with you. Why'd he end up dead?
Brass:	Bad karma. Jessica and this Shepherd guy had been phoning each other day and night for the past two years. **What does that tell you?**

그리섬: 쉐퍼드가 자기 아내의 살인을 계획한 것 같아.
닉: 저도 그런데요 왜 그도 죽었죠?
브래스: 악연이네. 제시카와 이 쉐퍼드란 작자는 지난 2년간 밤낮으로 서로 통화를 하고 있었네. 이거 어떻게 생각해?

CSI: Las Vegas 3-7

캐서린이 연구실에서 한 연구원과 대화를 주고 받고 있다.

Catherine:	Three guns found at the scene. None match the bullets recovered from the victim. **What does that tell us?**
Bobby Dawson:	The shooter kept his weapon.

캐서린: 범죄현장에서 3개의 총이 발견됐는데 파살자에서 나온 총알과 매치되는 총이 없는거야. 이게 무슨 말이겠어?
바비 도슨: 범인이 총을 가지고 있다는거죠.

123

내가 시작할게
I'll get the ball rolling

get the ball rolling은 「공을 굴러가게 하다」 즉 「공을 굴리다」라는 것으로 비유적으로 「뭔가 시작하다」라는 뜻으로 쓰인다.

POINT
I'll get the ball rolling 일을 시작할거야
Let's roll 시작하다, 출발하다
Let's roll out of here 여기서 나가자

▶ **Desperate Housewives 3-4**
카를로스는 경찰폭행으로 경찰서에 한 시간 있다가 나온 가브리엘을 차로 데려오면서 말을 시킨다.

Carlos: I mean, why can't we just say what we really feel for a change? Fine, **I'll get the ball rolling.** I still love you.
Gabrielle: That's too bad, because I don't love you.
카를로스: 내 말은 이번에는 우리의 진짜 감정이 어떤지 말해보는게 어때? 좋아, 내가 먼저 시작할게. 난 아직도 당신을 사랑해.
가브리엘: 안됐네. 난 당신을 사랑하지 않으니까.

▶ **Desperate Housewives 3-10**
앨마의 살해범이 올슨인지 마이크인지 모르는 상황에서 수잔과 브리의 다툼이 시작되려고 하자 르넷과 개비가 화제를 돌린다.

Susan: What are you saying? You think Mike is guilty?
Lynette: Hey, why don't we start that girl talk?
Gabrielle: **I'll get the ball rolling.** Anybody have a yeast infection?
수잔: 무슨 말이야? 마이크가 범인이라고 생각하는거야?
르넷: 여자들 수다나 떨자.
가브리엘: 내가 시작할게. 누구 질염에 걸린 사람있어?

124

그렇지는 않을 걸

I wouldn't say that

나는 그렇게 말하지 않는다가 아니라. (나라면) 나는 그렇게 말하지 않을거라는 말로, 상대방이 앞서 말한 내용에 동의하지 않는다는 것으로 "그렇지는 않을 걸"이라고 조심스럽게 자기 생각은 다르다고 표현할 때 사용하면 된다.

POINT

I wouldn't say that 그렇지는 않을 걸
I won't say that 그렇게 말하지 않을게
I wouldn't say that to her 나라면 걔한테 그렇게 말하지 않을거야

Sex and the City 6-19

캐리는 파리로 떠났고 뒤늦게 자신의 실수를 깨달은 빅이 남은 친구들을 찾아와 조언을 구한다.

Big: Well, I know I haven't been your favorite over the few years.

Charlotte: **I wouldn't say that.**

Samantha: I would.

Big: Well, god knows I've made a lot of mistakes with Carrie. I fucked it up. Many times. I know that. Look, I need your advice.

빅: 지난 몇 년간 날 좋게 보지 않은 걸 알고 있어요.
샬롯: 그렇지 않은 걸요.
사만다: 난 그렇게 생각해요.
빅: 정말이지 캐리에게 많은 실수를 했어요. 내가 망쳐버렸죠. 여러번요. 알고 있어요. 저기, 여러분의 조언이 필요해요.

무슨 나쁜 일이 있겠어?, 별일 없을거야

What's the worst that could happen?

이는 반어법이 사용된 표현으로 「무슨 나쁜 일이 생기겠냐」, 즉 「만사가 다 잘될 것이다」라고 상대방에게 충고하고 격려할 때 사용하는 문장이다. 즉 상대방이 뭔가 할까 말까 망설이고 고민 중일 때, 언능하라고, 결과가 좋을거라고 용기를 북돋아주는 표현이다.

POINT

What's the worst that could happen?
무슨 나쁜 일이 있겠어?, 별 일 없을거야

What's the worst that can happen? 별 일 없을거야

▶ **Desperate Housewives 1-19**

브리는 앤드류가 자기가 게이일 수도 있다고 하자 캠프에서 당장 빼내려고 하고…

Rex: I don't know. I think we may be making a huge mistake.

Bree: We made our decision. Let's just stick to it.

Rex: Let's say we leave him here three more weeks. **What's the worst that could happen?**

렉스: 모르겠어. 우리가 큰 실수를 하는 것 같아.

브리: 우린 결정을 했잖아. 고수하자고.

렉스: 앤드류를 여기에 3주 더 둔다고 해보자. 무슨 나쁜 일이 있겠어?

▶ **Sex and the City 6-8**

샬롯의 결혼식. 유대의식에 따라 의자에 앉힌 채 신랑 신부를 들어올리고 춤을 추는데…

Charlotte: I don't like this. I'm afraid of...

Harry: Of what? **What's the worst that can happen?** We'll live happily ever after?

샬롯: 나 이런거 싫은데. 무서워…

해리: 뭐가 무서워? 무슨 일 있겠어? 그 후로 행복하게 잘 살았다?

다 잘 될거야, 잘 되려고 그러는거야
It's all for the best

"(모두) 다 잘 될거야"라는 말. 어떤 안좋은 일이 일어났지만 겉으로 보이는 것보다는 더 낫다. 그래서 결국에는 "(오히려) 잘 된 일이다." "잘되려고 그러는거야"라는 표현. 고통을 겪고 있는 사람을 격려하고 기운나게 할 때 사용하는 표현.

POINT

It's all for the best 다 잘 될거야, 잘 되려고 그러는거야

It's all the best 최고의 품질이야

Maybe it's just all for the best 잘되려고 그러는 걸지도 몰라

hope for the best 잘 되기를 바라다

work out for the best 다 잘 될거다

▶ Desperate Housewives 7-1

폴 영은 석방되어 위스테리아 가로 다시 돌아오고, 펠리시아 틸먼은 감방에 들어가 같은 방을 쓰는 재소자와 이야기를 나누고 있다.

A woman:	That the guy you were talkin' about? The one that killed your sister?
Felicia Tillman:	It certainly is.
A woman:	He looks like a killer. It's a shame they let him out.
Felicia Tillman:	As it turns out, **it's all for the best.** Paul can now receive the punishment he's entitled to.
A woman:	What do you mean?
Felicia Tillman:	Just between us girls, Paul Young will be dead within six months.
A woman:	How you gonna make that happen? You're in here at least two years.

재소자:	저 사람이 네가 말하던 사람이야? 네 동생을 죽인 놈?
펠리시아 틸먼:	확실하지.
재소자:	범죄자처럼 생겼네. 석방돼서 안됐네.
펠리시아 틸먼:	알고보면 일이 더 잘되려고 그러는거야. 폴은 이제 자신이 받아야 할 벌을 받게 될거야.
재소자:	그게 무슨 말이야?
펠리시아 틸먼:	우리끼리 얘기인데, 폴 영은 6개월안에 죽게 될거야.
재소자:	어떻게 그렇게 만들 수 있어. 넌 적어도 2년 여기서 살아야 하는데.

넌 혼내줄거야
I will take you down

take down하면 「받아적다」(write down), 「옷을 내리다」, 「사람을 쓰러트리다」라는 의미. take sb down하면 이렇게 사람을 잡아 바닥으로 내팽기치다에서 연상되듯 「sb를 때려잡다」, 「혼내주다」라는 뜻으로 쓰이는 표현이다.

POINT

I will take you down 넌 혼내줄거야
I'm going to take her down 걜 가만두지 않을거야
take sb down to~ sb를 …로 데려가다

▶ **Desperate Housewives 2-9**

카톨릭 단체의 도움으로 석방된 카를로스가 성당에 몸과 마음이 기울자 이를 제지하기 위해서 수녀에게 도움을 처하지만 단칼에 거절당하자…

Gabrielle: What the hell kind of nun are you? Look, if you try to come between me and my husband, **I will take you down.**

Sister Mary: I grew up on the south side of Chicago. If you wanna threaten me, you're gonna have to do a lot better than that.

Gabrielle: You listen to me, you little bitch. You do not want to start a war with me.

Sister Mary: Well, I have God on my side. Bring it on.

가브리엘: 무슨 수녀가 이래요? 이봐요. 나와 내 남편 사이에 끼려고 하면 가만두지 않을거예요.
메리수녀: 난 시카고 남부에서 자랐어요. 날 협박하려면 그거 갖고는 부족하죠.
가브리엘: 내 말들어. 이 못된 녀야. 나와 싸움을 시작하지 않는게 좋을거야.
메리수녀: 하나님이 내 편인 걸요. 어디 한번 해봐요.

▶ **NCIS 4-2**

탈옥수 데릭은 포넬 요원을 찾아가 사건을 재수사해달라고 협박한다.

Derrick: You're not going to use that in front of your daughter.

Agent Fornell: I don't need a gun to **take you down.**

Derrick: You wouldn't hurt an innocent man.

데릭: 딸 앞에서 그것을 사용하지 않겠죠.
포넬요원: 널 잡는데 총은 필요없어.
데릭: 무고한 사람을 해치지는 않을텐데요.

그렇지도 않아요, 과찬예요
I'm flattered

be flattered가 되면, 그렇지 않은데 실제 이상으로 칭찬을 받았다라는 말로 조금 부끄러워하면서 그리고 조금 기뻐하면서 "그렇지도 않아요," "과찬예요"라고 하는 겸손의 표현이 된다.

POINT

I'm fattered 그렇지도 않아, 과찬예요
Don't flatter yourself 잘난 척 좀 그만해
You should be flattered 기분 좋아해야 돼, 자랑스러워해

▶ Sex and the City 1-8

친구들끼리 모여서 쓰리썸에 대해서 얘기를 나누고 있다.

Samantha: Make sure the other woman isn't a friend. Use somebody you meet in a bar or something.

Miranda: That's romantic.

Charlotte: No, I think I'd feel safer with a friend. Someone I could trust, like Carrie.

Carrie: Oh, gee, **I'm flattered.** But I'd go with someone who has a little more experience, like Sam.

사만다: 다른 여자는 친구가 아니도록 해. 바 등에서 만난 사람을 이용하라고.
미란다: 낭만적이네.
샬롯: 아니, 난 친구하고 하는게 더 안전한 마음이 들 것 같아. 캐리처럼 내가 신뢰할 수 있는 사람.
캐리: 이런, 그렇지도 않아. 나라면 사만다처럼 경험이 좀 더 많은 사람을 선택하겠어.

▶ Desperate Housewives 1-15

존의 친구 저스틴은 가브리엘을 찾아와 자기를 존처럼 많은(?) 일을 하는 정원사로 써달라고 하는데…

Justin: Well, this is a very beautiful yard. I'm sure it could use a little extra attention.

Gabrielle: **I'm flattered** but no thank you.

저스틴: 여기 앞마당은 정말 아름답네요. 좀 더 관리가 필요할거라 생각되는데요.
가브리엘: 칭찬은 고맙지만 사양하겠어.

129

흔히 있는 일이야, 이런 일 다반사야
It's just one of those things

one of those things에서 those things는 어떤 특정한 것들을 뜻하는 것이 아니라 「그런 일들 중의 하나」라는 말로 전혀 특별하지 않은 흔한 일이라는 의미로 썼다. 그래서 미리 예방이나 피할 수도 없는 그런 성질의 일이라는 말이다. 이를 우리말로 하자면 "흔히 있는 일이야." "이런 일 다반사야" 정도에 해당한다.

 POINT

It's just one of those things 흔히 있는 일이야. 이런 일 다반사야
It is one of those things (that)~ …하는 것은 흔한 일이야
It is one of those things where~ 그게 …하는 예야, …하는 때야

▶ Modern Family 3-6

매니는 여자들이 좋아하게끔 키를 키우려고 꺼꾸로 매달리는 기구를 사고 이를 본 제이는 매니에게…

Jay: **It's just one of those things.** You get taller when you get taller. Why don't you get ready for bed? Ah, jeez. You know, when I was your age, I started working out to get the girls.

Manny: You think that would help?

Jay: Yeah. So tomorrow, we start working out.

제이: 흔히 있는 일이야. 키는 네가 커지면 커지는거야. 잠깐 준비해라. 이런. 저기. 내가 네 나이일 때는 여자들한테 인기를 얻으려고 운동을 했었어.

매니: 그게 도움이 될거라 생각해요?

제이: 그럼. 내일부터 우리 운동하는거다.

▶ Friends 2-1

로스를 좋아하게 된 레이첼. 그러나 로스는 애인이 생긴 상황에서 둘이 대화를 나눈다.

Ross: Ok. Well, before I say anything, I just need to know, **is this one of those things where** you break up with a guy, and then I tell you what I think, and then the next day you get back together with the guy, and I look like a complete idiot?

로스: 내가 말하기 전에 먼저 알아야 될게 있어. 네가 남친과 헤어져서 나는 내 생각을 말했는데 다음날 넌 다시 그 남자하고 합쳐지고 난 바보처럼 보이는게 흔한 일이야?

그런 얘기 많이 들어

I get that a lot

구어체 표현으로 종횡무진 활약하는 get의 역량을 확인할 수 있는 표현. 상대방의 말에 '나 그런 얘기 많이 들어'라고 맞장구 치는 말이다.

POINT

I get that a lot 그런 얘기 많이 들어

* get that a lot은 많이들 그렇게 말하다, 그런 얘기 많이 듣다

▶ Friends 9-6

로스와 레이첼이 아이의 유모를 뽑는데 Sandy라는 이름의 남자를 인터뷰하게 된다.

Ross: Are you gay?

Rachel: Ross!

Sandy: It's okay. **I get that a lot** doing what I do. But I am straight. I-I'm engaged actually.

로스: 게이예요?

레이첼: 로스!

샌디: 괜찮아요. 내가 하는 일로 그런 얘기 많이 들어요. 하지만 이성애자이구요. 현재 약혼한 상태예요.

▶ Big Bang Theory 4-1

하워드는 로봇 손으로 자위하다 풀리지 않자 병원에 친구들과 가게 된다.

Leonard: Excuse me, could you help us out?

Nurse: My, my, my. What do we have here?

Howard: I slipped and fell.

Nurse: Yeah, **we get that a lot.** What is this?

레너드: 저기요, 좀 도와주실래요?

간호사: 이런. 이게 무슨 일인가요?

하워드: 미끄러져 넘어졌어요.

간호사: 그런 말 많이 듣지요. 이게 뭐예요?

131

내가 어떻게든 해볼게, 무슨 방법이 있나 알아볼게

I'll see what I can do

상대방이 어떤 요청(request)을 하거나 직면한 문제를 듣고서 그 요청을 들어주거나 문제를 풀도록 노력을 하겠다고 대답할 때 쓰는 표현이다. 다시 말해서 상대방이 어떤 요청을 했지만 100% 자신이 없을 때 하지만 최대한 노력을 해보겠다고 말할 때 사용하면 된다.

 POINT

I'll see what I can do 내가 어떻게든 해볼게
Let me see what I can do 내가 무슨 방법이 있나 알아볼게
I'll see what I can do to help 내가 도울 수 있는지 알아볼게

Friends 8-3

챈들러와 모니카가 신혼여행을 가기 위해 공항에서 수속을 밟고 있다.

Ticket Agent: Oh, let me see what I can do. There are some first class seats available.

Monica: Did you hear that?! They bumped them up to first class because they are on their honeymoon! Come on! Let's act like we're on our honeymoon.

Chandler: We are on our honeymoon.

수속직원: 무슨 방법이 있나 알아볼게요. 일등석이 좀 남아있네요.
모니카: 들었어?! 저 사람들 신혼여행이라고 추가요금없이 좌석을 업그레이드 해줬어! 자! 우리도 신혼여행인 것처럼 하자.
챈들러: 우리 신혼여행이거든.

Desperate Housewives 2-3

파커가 학교가는 첫날, 출근하는 엄마 르넷에게 데려가달라고 떼를 쓴다.

Parker: But I thought mommy was taking me.

Lynette: Yeah, well, honey, I have to work. Mommy's boss is a mean, mean lady and if I miss work, I'll lose my job and then we won't have any money to buy food. Honey, you gotta believe me, if I could be there, you know that I would. All right. I didn't know it was that important to you. I will talk to my boss and **I will see what I can do.**

파커: 하지만 난 엄마가 데려다주는 줄 알았어요.
르넷: 얘야, 난 출근해야 돼. 엄마의 상사가 아주 비열한 여자여서 내가 결근하면 내가 직장을 잃게 될거야. 그럼 우리는 음식을 살 돈이 없을거야. 얘야, 내 말을 믿어야 돼. 내가 갈 수만 있다면 내가 갈거라는 걸. 좋아. 이게 네게 그렇게 중요한지 몰랐어. 상사에게 얘기해서 내가 어떻게든 해볼게.

아직 멀었어
I'm nowhere near it

「…와는 거리가 멀다」 혹은 「전혀 …하지 않다」라고 이해하면 된다. 좀 더 쉽게 설명하자면, 어디 있는지 모를 정도로 멀리 있다거나, 혹은 뭔가를 끝마치는데 시간이 많이 걸린다는 의미이다.

POINT

I'm nowhere near it 아직 멀었어

I'm nowhere near sth[~ing] …하려면 아직 멀었다, 결코 …가 아니다

I'm nowhere near ready to[for] …할 준비가 거의 안되어있다

▶ **Gossip Girl 1-2**

호텔 정문에서 부딪힌 댄과 네이트가 대화를 나누고 있다.

Dan: So, ah, what do you need to talk to Serena about?

Nate: Nothing, just in the neighborhood. You?

Dan: I... **I'm nowhere near** the neighborhood but I'm working on a better excuse.

댄: 그럼.. 세레나를 왜 만나러 온거야?

네이트: 아냐. 근처에 있다가. 넌?

댄: 난… 이 근처엔 살지도 않지만 더 나은 변명거리를 찾고 있어.

▶ **Desperate Housewives 1-3**

수잔은 집밖에서 나체인 상태로 마이크와 마주쳤고 이후 함께 브리 집에 가는 길에 마이크가 조크를 한다.

Mike: Pants wouldn't hurt.

Susan: Okay. I know what just happened is funny, in theory. But **I'm nowhere near ready to** laugh about it, so please, no jokes.

마이크: (방충망을 달 때) 바지를 입으면 다치지 않을거예요.

수잔: 그래요. 좀 전에 일어난 일이 재미있다는 것을 나도 알아요. 하지만 난 그 일에 관해 아직 웃을 상태가 아니니 제발 놀리지 마요.

이게 무슨 일인가?, 무슨 상황이야?, 어떻게 돼가?

What do we have here?

한마디로 해서 무슨 일이냐고 묻는 것으로 어떤 상황에 이르렀는데 그 상황이 잘 이해가 안되어서 다른 사람에게 설명을 요구하는 내용의 문장이다. 주로 이 문장을 사용하는 경우는 일반적인 상황보다는 윗사람이 아랫사람에게 정보를 보고하라고 할 때 사용된다.

POINT

What do we have here? 무슨 상황이야?, 어떻게 돼가?

Do you know what we have here? 어떻게 돌아가는지 알아?, 무슨 일인지 알아?

That's what we have here 사건의 진상이 바로 그렇다

▶ CSI: Las Vegas 4-3

한 경관이 사건현장으로 캐서린을 안내하고 있다.

Catherine: So, **what do we have here?**

Officer: Well, boy was out playing, found the weapon, fired one shot, dropped the weapon. No one's touched it since.

캐서린: 그래. 무슨 사건예요?

경관: 저기, 아이가 밖에서 놀다가 총을 발견했고, 한 발을 쏜 후 총을 떨어트렸어요. 그 이후로는 아무도 손대지 않았구요.

▶ Criminal Minds 5-13

JJ가 하치에게 의뢰가 들어온 사건에 대해 말해주고 있다.

JJ: **I'm not sure what we have here,** but I just got a call and some case files from a sheriff Samuel in Uinta county, Wyoming. Six nights ago, two different teens were found hanging in their bedrooms.

제이제이: 무슨 상황인지 잘 모르겠지만 전화 한통 받았고, 와이오밍 유인타 카운티의 사무엘 보안관이 보낸 사건 파일도 몇 개 있어요. 6일 전에, 두 명의 십대가 각각 자신의 침실에서 목매단 채 발견됐어요.

말되는 얘기를 해라, 거짓말 마

Tell me another (one)

상대방이 너무 뻔한 거짓말을 할 때 핀잔을 주는 표현으로 우리말로는 "말되는 얘기를 해라." "거짓말 마"라는 뜻으로 많이 쓰여 우리를 당황케한다. 즉 상대방이 너무 뻔한 거짓말을 하고 있어 전혀 믿겨지지 않는다라고 깔아뭉개는 문장이다.

POINT

Tell me another 말되는 얘기를 해라, 거짓말 마
Tell me another one 말되는 얘기를 해

▶ Revenge 1-1

술집을 운영하는 칼 포터의 두 아들, 칼 포터와 데클란 포터가 배에 짐을 싣고 있다.

Declan: Our dad owns a bar, dumbass. I can get as much beer as I want.

Jack: All right. Well, in that case, I'll just have to make sure dad double-checks the inventory while I'm gone.

Declan: **Why don't you tell me another hundred times, huh?**

Jack: **Did you already wash those garbage bins out back?**

데클란: 우리 아버지가 술집을 운영하시잖아, 바보야. 내가 원하는 만큼 맥주를 마실 수 있다고.

잭: 알았어. 그렇다면, 내가 없는 사이에 재고정리를 확실히 하라고 아버지에게 말해야겠구나.

데클란: 말이 되는 소리를 하시지, 응?

잭: 쓰레기통 비우는 건 다 끝냈어?

문제가 발생했어

We got a situation

We have a situation. 또는 We got a situation하게 되면 어떤 문제가 발생하고 이 문제가 점점 악화되는 상황에 처해 있다는 것을 나타내고, 그래서 빨리 이 문제를 바로 잡기 위한 어떤 조치가 취해져야 한다는 내용을 포함한다. 그래서 "문제가 발생했다"라는 의미로 생각하면 된다.

POINT
We got a situation 문제가 발생했어
We have a situation here 여기 문제가 발생했어

▶ **The Good Wife 5-16**

월의 사망소식을 직원들에게 전하는 다이앤.

Diane: **We had a situation.** At the courthouse.

Man: What, what, what'd I miss?

Diane: Will was shot.

David: What? He he was what?

Diane: I've just come from the hospital.

다이앤: 문제가 발생했어요. 법정에서요.
남자: 뭐라구요. 무슨 일인데요?
다이앤: 윌이 총격당했어요.
데이빗: 뭐라고요? 그가 어떻게 됐다고요?
다이앤: 방금 병원에서 오는 길입니다.

▶ **Homeland 1-12**

부통령 저격시도 후 현장에 있던 캐리가 사울에게 전화한다.

Saul : It's me, Saul. Uh, I-I got to call you back. Carrie, **we've got a situation.**

Carrie: I-I-I know, I'm here. Saul, you have to listen to me.

사울: 사울입니다. 어, 나중에 전화할게. 캐리, 문제가 발생했어.
캐리: 알아요, 나도 여기 있어요. 사울, 내 말 들어야 돼요.

그래 어쩔래, 맘대로 생각해, 배째라

Bite me

"나를 물어뜯어라"라는 명령형 문장으로 이는 주로 어린이들 사이에서 사용되는 슬랭이다. 놀림을 받는 아이가 놀리지 말라고 상대방 아이에게 받아치는 말이다. 네가 무슨 말을 하던 난 상관없고, 네가 어떻게 생각하든 난 상관하지 않는 다라는 의미이다

POINT

Bite me! 그래 어쩔래!, 맘대로 생각해!

I'll bite 모르겠어, 어디 들어보자

▶ **Desperate Housewives 2-22**

수잔은 녹음기를 가슴에 차고 이디로부터 방화사실을 녹음하려고 하다 들키고 달아나기 시작한다.

Edie:	Ahhhhh! You can't outrun me, Mayer. I'll in the best shape of my life!
Susan:	Oh good. Then you'll be prime meat picking when you go to jail!!
Edie:	You bitch!
Susan:	**Bite me!**
이디:	아, 넌 도망가지 못해. 수잔. 요즘 내 컨디션이 최고거든!
수잔:	잘됐네. 그럼 감방에 가면 최상급 고기가 될 수 있겠네!!
이디:	이 나쁜년!
수잔:	맘대로 해!

▶ **Big Bang Theory 6-16**

레너드와 페니 그리고 하워드 부부가 함께 식당에서 식사를 하려 한다.

Leonard:	Mmm, would you like some wine?
Bernadette:	Yeah, fill her up. I'll tell you when to stop.
Penny:	Is everything okay?
Howard:	Terrific. Couldn't be better.
Bernadette:	**Oh, bite me.**
레너드:	와인 좀 마실래?
버나뎃:	그래, 따라줘. 그만하라고 할 때까지 따라.
페니:	뭔 일 있어?
하워드:	아주 좋아. 더 없이 좋아.
버나뎃:	맘대로 생각해.

튕기고 있는 중이야, 일부러 빼고 있어

I'm trying to play hard to get

play hard to get은 이성이 '잡기 힘든척하다,' 즉 특히 남녀사이에서 '튕기다,' '비싸게 굴다'라는 말로 위 문장은 튕기고 있는 중이야, 일부러 빼고 있어 정도로 이해하면 된다.

 POINT

I'm trying to play hard to get 튕기고 있는 중이야, 일부러 빼고 있어

 Friends 4-16

파티장면. 레이첼이 애인 조슈아와 멀리 떨어져 있자 챈들러가 다가온다.

Chandler: Why are you in here if Joshua is all the way over there?
Rachel: Uhh, because **I'm trying to play hard to get.** Oh, quick! He's looking over here, say something funny.
Chandler: Like what?

챈들러: 조슈아는 저쪽에 있는데 왜 여기에 있는거야?
레이첼: 지금 튕기는 중이야. 어 빨리! 여기 쳐다본다. 뭔가 웃기는 얘기해봐.
챈들러: 예를 들면?

Desperate Housewives 1-4

설거지하면서 넋을 잃고 건너편 배관공 톰을 쳐다보고 있는 수잔에게 딸 줄리가…

Julie: Mom, the dish is clean.
Susan: Huh? Oh.
Julie: I still don't understand why you don't just ask him out on an official date!
Susan: Oh, I'm trying a new strategy. **I'm playing hard to get.**

줄리: 엄마, 그릇 깨끗하거든.
수잔: 어, 그래.
줄리: 공식적으로 데이트 신청을 하지 않는 이유를 모르겠어.
수잔: 어, 새로운 전략을 시도하고 있어. 일부러 빼고 있는거야.

138

우린 더 중요한 일이 있어, 더 큰 문제가 있어

We've got bigger fish to fry

문장의 핵심부분인 have got bigger fish to fry는 직역하면 튀길 더 큰 생선이 있다. 비유적으로 하자면 (이거보다) 더 중요한 일이 있다라는 의미이다.

 POINT

We've got bigger fish to fry 우린 더 중요한 일이 있어

have got bigger fish to fry 더 중요한 일이 있다

▶ Breaking Bad 5-1

거스가 죽었다는 소식을 듣고 차를 몰고 가는 마이크와 역시 마이크를 찾아 차를 모는 월터와 제시가 중간에 만난다.

Mike: What is it with you guys? Honest to God.

Walter: May I? Look. Whatever differences you and I have, they'll keep. Right now **we've got bigger fish to fry.**

Mike: Bigger fish.

Jesse: The video cameras.

Walter: Gus kept cameras on us at the lab, at the laundry, God only knows where else. And, of course, when I say "us," including you.

마이크: 도대체 너희 둘은 왜 그러는거야?

월터: 내가 말해도 될까? 자, 우리 서로 다른 점은 무엇이든 접어두고 현재는 더 큰 문제가 있어.

마이크: 더 큰 문제라.

제시: 비디오 카메라.

월터: 거스는 실험실, 세탁소 그리고 어딘지 모를 곳에서 우리들을 카메라에 담았고, 물론 내가 '우리'라고 할 때는 당신도 포함해.

139

늦지마라

You don't want to be late

You don't want to~하면 "너는 …하는 것을 원치 않는다"라는 의미. 다시 말해서, 너는 …하기를 바라지 않잖아라는 뜻으로 의역하자면 "너 …하면 안돼"라는 표현이 된다. 상대방에게 충고나 주의를 줄 때 사용하는 구문이다.

POINT

You don't want to be late 너 늦지마라
You may[might] not want to~ …하지마라

▶ Breaking Bad 1-7

한증막에 갔다 온다고 하면서 마약제조를 하고 온 월터가 스카일러와 얘기하는 장면.

Walter: What would you do if it were me?

Skyler: What do you mean if it were you?

Walter: If it were me, what would you do? Would you divorce me? Would you turn me in to the police?

Skyler: **You don't want to find out.**

월터: 나라면 당신은 어떻게 하겠어?
스카일러: 그게 당신이라면 이라는게 무슨 뜻이야?
월터: 그게 나라면 어떻게 하겠어? 나랑 이혼하려고 했을까? 경찰에 신고했을까?
스카일러: 모르는게 나아.

▶ Desperate Housewives 2-6

감방에서 풀려난 폴 영이 수잔에게 통에 든 파이필링을 돌려주려고 한다.

Susan: I don't want my pie filling.

Paul: Oh, come on. Just take it.

Susan: No, stop! Put that pie filling down. Slowly. I'm calling nine-one-one.

Paul: **You don't want to do that.**

수잔: 파이 속 원치 않아요.
폴: 그러지 마요. 이거 받아요.
수잔: 아뇨, 멈춰요! 파이 속 내려놔요. 천천히. 911에 전화할거예요.
폴: 그러지 마요.

140

아직 고려중이야
It's still on the table

be on the table하고 주어자리에 주로 어떤 제안 등이 오면, 그 제안이 현재 「검토 중인」, 「논의 중인」, 「고려 중인」이라는 말이 된다. 반대로 be[come] off the table하면 「논의대상이 아니다」, 「무효다」, 「물건너가다」. 또한 take sth off the table하면 「…을 논의대상에서 제외시키다」, 「배제하다」라는 뜻이고 bring sth to the table하면 뭔가 제안하는 것을 말한다.

POINT

It's still on the table 아직 고려중이다. 검토중이다

be off the table 논의대상이 아니다

take sth off the table 논의대상에서 제외하다. 배제하다

Big Bang Theory 5-9
친구처럼 지내자며 레너드와 페니는 영화를 함께 보게 되는데, 결국 서로 싸우게 되고 레너드가 사과하게 된다.

Leonard: I know, I, I, I crossed a line. And I'm sorry. No, no, no, hang on. I really mean it. And it's not like when we were going out, I'd just apologize for everything so we could end up in bed. **This is a 100% sex-is-off-the-table I'm sorry.**

Penny: All right. Thank you. I'm sorry, too.

Leonard: Just to be clear, **sex is off the table, right?**

레너드: 알아, 내가 심했어. 미안해. 잠깐. 진심이야. 데이트할 때 섹스하기 위해서 무조건 사과하는 것과는 달라. 이건 100% 섹스를 배제한 사과야.

페니: 좋아. 고마워. 나도 미안해.

레너드: 분명히 해두기 위한건데. 섹스는 고려 대상이 아니지, 맞아?

Desperate Housewives 3-13
막대한 유산을 물려받은 잭은 마이크의 변호사비를 대는 조건으로 가브리엘과의 하루를 원한다.

Zach: Here's how it's gonna work. It's gonna be three meals with dessert, activities of my choosing and, uh...a good night kiss. Now do we...do we have a deal?

Gabrielle: Not quite. The day starts with lunch, and **that kiss, off the table.**

잭: 이렇게 할거예요. 3번 식사와 디저트, 그리고 제가 고르는 세가지 활동 그리고 굿나잇 키스. 이제 거래하실거예요?

가브리엘: 그렇게는 안되고, 하루는 점심하면서 시작되고 키스는 논의대상에서 제외하자.

141

너 때문에 다시 생각하게 됐어

You got me thinking

너 때문에 내가 생각을 다시 다르게 해봐야겠다라는 의미이다. 다시 말해 기존의 생각을 놔두고 상대방과 얘기한 것을 토대로 해서 뭔가 생각을 다시 한다는 뜻이다. 우리말로는 "너 때문에 다시 생각하게 됐어"가 된다.

POINT

You got me thinking 너 때문에 다시 생각하게 됐어

You got me thinking about~ 너 때문에 …에 대해 다시 생각하게 됐어.

It got me thinking~ 그 때문에 다시 생각하게 됐어

 Desperate Housewives 3-6

톰은 피자가게를 하겠다고 하고 르넷은 반대하고…

Tom: Listen, something happened tonight and **it got me thinking** and you mean more to me than any restaurant ever could.

Lynette: Oh, stop right there. I am the one who should apologize. I have been a bad wife.

톰: 저기, 오늘 밤에 무슨 일이 있었는데, 그 때문에 생각하게 된게 있어. 그 어떤 식당보다도 당신이 더 소중해.

르넷: 어, 그만해. 사과해야 할 사람은 나야. 내가 나쁜 아내였어.

CSI: Las Vegas 6-1

시즌 5에서 닉이 죽을 고비를 넘긴 것을 본 워릭은 약혼 반지를 끼고 캐서린에게 말을 건다.

Warrick: You know, what happened to Nick ... **it just got me thinking.** Life is so short, you know? It's almost ... it's almost shorter than we want to ever believe.

Catherine: Live for the day.

워릭: 저기, 닉에게 일어난 일 알잖아요. 그 때문에 생각하게 되었는데. 인생은 너무 짧아요. 우리가 믿고 싶어하는 시간보다도 짧죠.

캐서린: 하루 하루 살아야죠.

야, 정말 잘 생겼네!

Wow, talk about handsome!

Talk about~!의 형태로 쓰이면 about 이하의 것이 중요하고 주목할 만하다고 강조하는 표현으로 달리 쓰면 That's really~!에 해당한다. Talk about 다음에는 형용사, 명사나 ~ing가 올 수 있다. 우리말로는 "정말 …하네." "…에는 따라올 사람이 없어!"에 해당된다.

POINT

Wow, talk about handsome! 야, 정말 잘생겼네!

Talk about selfish! 정말 이기적이네!

Talk about snow! 정말 눈 많이 내리네!

 Friends 5-4

피비와 조이가 다투는 장면.

Joey: I'm sorry Pheebs, I just, y'know, I just wanted to do a good deed. Like-like you did with the babies.

Phoebe: This isn't a good deed, you just wanted to get on TV! This is totally selfish.

Joey: Whoa! Whoa! Whoa! What about you, having those babies for your brother? **Talk about selfish!**

조이: 미안해, 피비. 난 단지 좋은 일을 하고 싶었어. 네가 아기를 낳아준 것처럼.

피비: 이건 좋은 일이 아냐, 네가 TV에 나가고 싶어한거잖아. 이건 완전히 이기적인거야.

조이: 뭐라고? 네 동생을 위해서 아이를 낳은 너는 어떻고? 정말 이기적이야!

Sex and the City 6-16

브루클린으로 이사가서 가정을 꾸리는 미란다가 초대하자…

Carrie: It was clear that Miranda's life as we knew it, was over.

Miranda: Brooklyn. I can't even say it, let alone live in it. You'll all come visit, right?

Carrie: **Talk about denial.**

캐리: 우리가 알고 있는 미란다의 삶은 끝나버렸어.

미란다: 브루클린. 그 안에서 사는 것은 말할 것도 없이 말조차 꺼낼 수가 없지만, 다들 놀러 올거지?

캐리: 정말 가기 싫은데.

143

그러니까 기억이 나네

That rings a bell

「뭔가 낯이 익다」, 「뭔지 확실히는 모르지만 들어본 적이 있는 것 같다」라는 의미로 쓰인다. 그래서 상대방이 뭔가 얘기했을 때, 상대방이 한 말이 종처럼 울려서 자기 기억 저편에 있는 것들이 기억나는 것 같다는 말이다. 우리말로 하자면, "그러니까 기억이 나네" 정도로 생각하면 된다.

POINT

That rings a bell 그러니까 기억이 나네
That doesn't ring a bell 들어봐도 기억이 나지 않아
It does not ring a bell with me 난 기억이 나지 않아
Does that ring a bell? 뭐 기억나는거 없어?

▶ **Desperate Housewives 3-16**

교통사고로 기억상실증에 걸린 마이크가 병원에 와서 자신의 물건들을 챙긴다.

Mike: I got hit by a car. I don't remember anything about that night.

Nurse: Well, it looks like you were gonna propose to someone. "Susan, be mine forever. Mike." **Does that ring a bell?**

마이크: 차에 치여서. 그날 일을 전혀 기억하지 못해요.

간호사: 누군가에게 청혼하려는 것 같은데요. "수잔, 영원히 나의 사람이 되어줘, 마이크." 뭐 기억나는 것 없어요?

▶ **Desperate Housewives 3-21**

당선된 시장과 약혼한 가브리엘이 주차단속요원에게 갑질을 하는 장면.

Meter Man: You know, I could give you another ticket for littering.

Gabrielle: You could try, but you might not want to. See, I'm engaged to Victor Lang. **Ring a bell?** The mayor? Your new boss?

Meter Man: I don't follow politics.

주차요원: 쓰레기 무단투기로 딱지 한장 더 끊을 수도 있어요.

가브리엘: 그럴 수는 있겠지만, 안그러는게 좋을거요. 봐요, 난 빅터 랭과 약혼했어. 기억나는 것 없어요? 시장? 당신의 새로운 보스?

주차요원: 난 정치에 관심없어요.

내가 뭘 놓쳤어?, 무슨 일이 있었던거야?

What did I miss?

What did I miss?는 우리말로 옮기자면 "내가 뭘 놓쳤어?"가 되고 좀 더 의역을 하자면 "무슨 얘기였어?," "무슨 일이 있었던거야?," "내가 모르는게 뭐야?" 정도로 그때그때 상황에 맞춰 이해하면 된다.

POINT

What did I miss? 무슨 얘기였어?, 무슨 일이었어?

Am I missing something here? 무슨 일이야?

Did I miss it? 뭐였는데?

Did I missing anything? 내가 뭐 놓친거야?

▶ **Desperate Housewives 6-1**

캐서린과 사귀던 마이크는 극적으로 수잔과 결혼식을 올린다. 이때 캐서린이 등장하는데…

Katherine: Sorry, I'm late. **Did I miss anything?**

Mike: What the hell? What are you doing here?

Katherine: Susan knows.

캐서린: 미안, 늦었네. 무슨 일 있었어?
마이크: 이게 무슨? 여기서 뭐하는거야?
캐서린: 수잔은 알고 있어.

▶ **Sex and the City 1-10**

술집에서 친구 네명이 술을 마시고 있는데 샬롯은 화장실에 가고 없다.

Miranda: I was once ten days late.

Carrie: Really? Were you having sex?

Miranda: No. What are you gonna do? Are you gonna tell Mr. Big?

Carrie: No, I'm not going to tell him until I know what I... Until I know how I...No, I'm not going to tell him until I know how to finish this sentence.

Charlotte: **What did I miss?**

미란다: 한번은 열흘 늦은 적도 있어.
캐리: 정말? 섹스를 하고도?
미란다: 아니. 어떻게 할거야? 빅에게 얘기할거야?
캐리: 내가 알기 전까지는 말하지 않을거야. 어떻게 내가… 아니. 이 문장을 어떻게 마무리할 때까지 말하지 않을거야.
샬롯: 무슨 얘기하고 있었어?

괜찮아, 참을 만해

I can live with that

「그 상황이나 제안(that)을 견딜 수 있다」 즉, 「나는 괜찮다」라는 의미의 표현이다. 하지만 좋아서 그런 게 아니고, 자기는 불쾌하거나 만족하지 못해서 받아들이기 싫지만 어쩔 수가 없어 그냥 「참다」, 「견디다」라는 뉘앙스를 지닌다. 주로 뭔가 토론을 하다가 상대방의 제안을 수용할 때 많이 쓰인다.

POINT

I can live with that 괜찮아, 참을 만해
I think I can live with that 참을 수 있을 것 같아
I could live without it 없어도 돼, 필요없어

▶ **Sex and the City 1-11**

샬롯은 새로 생긴 남친 케빈을 캐리에게 소개시켜주는데…. 케빈과 캐리는 예전에 서로 사귀었던 사이이다.

Charlotte:	Okay, when?
Carrie:	Um, 3 years ago.
Charlotte:	3 years. **I can live with that.** Serious?
Carrie:	No.

샬롯: 좋아, 언제?
캐리: 한 3년 전에.
샬롯: 3년 이라. 그정도 괜찮아. 진지했어?
캐리: 아니.

▶ **Big Bang Theory 3-7**

페니의 옛친구인 한 남자가 페니집에서 잔다는 말에 레너드는 안절부절 못하는데…

Penny:	I hear you don't like my stuffed animals, my driving or my punctuality.
Leonard:	What? Who would tell you something like that? Why would you tell her something like that?
Penny:	It doesn't matter why he told me. It's true, isn't it?
Leonard:	Okay, yeah, it's true, but **I can live with that stuff.** What I can't live with is you casually informing me that some guy's going to be staying in your apartment without even asking me first!

페니: 네가 동물인형, 운전습관 혹은 약속시간 안지키는거 싫어한다고 들었어.
레너드: 뭐라고? 누가 그런 것을 네게 얘기하겠어? 왜 그런 얘기를 하는거야?
페니: 내게 말한 이유는 중요하지 않아. 그게 사실이지, 그렇지 않아?
레너드: 그래, 사실이야. 하지만 난 그런 것은 참을 만해. 내가 참을 수 없는 것은 네가 아무렇지도 않게 내게 먼저 물어보지도 않고 어떤 남자 친구를 네 아파트에 머물게 할거라고 알려주는거야.

146

넌 자질이 없어
You don't have what it takes

have what it takes하면 「…가 되기에 필요한 타고난 재능(natural talent), 소질, 자질이 있다」라는 뜻이다. 반대로 타고난 소질이 없다고 할 때는 don't have what it takes라 하면 된다. 무엇이 되기 위한 재능인지 함께 말하려면 have what it take to+V의 형태로 써주면 된다.

POINT

You don't have what it takes (to~) 넌 (…할) 자질이 없어

have what it takes 재능, 소질, 자질

if that's what it takes (to~) (…하는데) 그게 내가 치루어야 할 대가라면

do what it takes to~ …하는데 필요한 것을 하다

▶ **Friends 3-2**

로스의 박물관 연설날 로스는 레이첼에게 옷을 빨리 입으라고 재촉하고 이에 화난 레이첼이 안가겠다고 하는데…

Rachel: I think you should drink the fat.

Ross: Okay, okay. **If that is what it takes to show you how much** you mean to me, and how much I want you there. Then that's what I'll do.

레이첼: 네가 기름을 마셔야 된다고 생각해.

로스: 그래. 그게 네가 내게 얼마나 큰 의미가 있는지 그리고 얼마나 네가 함께 가기를 보여주는거라면. 그럼 내가 그렇게 할게.

▶ **Desperate Housewives 2-17**

가브리엘과 카를로스는 아이를 입양하려고 하는데, 산모 디앤나를 보고서는 가브리엘은…

Deanna: Mostly, I just want to feel like I'm giving my baby to people who **have what it takes to** be really great parents.

Carlos: Well, you won't find another couple with more love for a child. Isn't that right, honey? Honey?

Gabrielle: What? Right, lots of love. Honey, can I talk to you for a second?

디앤나: 대체로, 저는 훌륭한 부모가 될 자질이 있는 사람들에게 아이를 줄 생각예요.

카를로스: 우리보다 더 아기를 사랑하는 부부를 찾기 힘들겁니다. 그렇지 않아, 자기야? 자기야?

가브리엘: 뭐라고? 맞아요, 많은 사랑. 자기야, 잠깐 얘기 좀 할까?

내가 그렇게 할 수는 없지

I couldn't ask you to do that

상대방이 도와주겠다고 호의를 베풀지만 그렇게까지 도와준다면 내가 경우가 아니라는 생각이 깔려있는 표현이다. 즉 「상대방의 호의를 거절하는」 것이지만 다른 뜻이 있어서가 아니라 그런 호의를 냉큼 받아들인다면 예의도 아닐 뿐더러 상대방에게 너무 폐를 끼친다고 생각해서 거절하는 것이다. 주로 친구 사이나 가족끼리처럼 친한 사이에 쓰인다.

POINT

I couldn't ask you to do that 내가 그렇게까지 할 수는 없지
I couldn't ask you to+V 내가 그렇게까지 …해달라고 할 수는 없지

▶ Big Bang Theory 6-20

Kripke가 한 노교수의 사망소식과 함께 정년보장 교수직자리가 하나 생겼다고 말해주는데…. 크립키는 Janine Davis에게 아이를 봐주겠다고 아부를 떤다. 여기서 wove는 love를 웃기기 위해서 일부러 쓴 단어이다.

Sheldon: What do you think I should do?

Amy: Well, you'll always be an academic success, but I seriously question whether you'll make any more friends.

Sheldon: I don't want any more, but let's go.

Barry: Are you kidding? I would wove to baby-sit for you.

Janine: **I could not ask you to do that.**

쉘든: 내가 어떻게 해야 된다고 생각해?

에이미: 넌 항상 학문적으로는 성공하겠지만 네가 더 많은 친구를 사귈지는 의문이야.

쉘든: 난 더 이상 필요없어. 가자.

배리(크립키): 그걸 말이라고 해요? 제가 아이들을 봐줄게요.

재닌: 그렇게 할 수는 없죠.

새삼스러운 일도 아냐, 흔히 있는 일이야

It's not unheard of

못들어(unheard) 본 것이 아니다(not)로 내용상 이중부정이 되어 강한 긍정으로 이해하면 된다. It's not uncommon~ 과 같은 맥락의 표현이다.

POINT

It's not unheard of 새삼스러운 일도 아냐, 흔히 있는 일야

It's not unheard of (for sb) to+V …가 …하는 일도 드문 일도 아니잖아

▶ Desperate Housewives 2-7

톰과 르넷은 이웃의 아이를 봐주다가 집에 딸려온 이웃부부의 섹스비디오를 보게 된다. 톰과 르넷은 그 일로 인연이 끊기지 않기를 바라는 맘에서 이웃의 집으로 찾아간다.

Tom: I can't believe we're doing this. If Leonard and Norma want to cut ties with us, who are we to stop them?

Lynette: They need to know we don't judge them for what they do in the privacy of their own home. And, well, **it's not unheard of** to tape yourself while you're having sex.

톰: 우리가 이렇게까지 하다니. 레너드와 노마가 관계를 끊겠다고 하면 우리가 어떻게 막아?

르넷: 그들이 자기 집에서 은밀하게 한 일을 우리가 비난하지 않는다는 것을 알려줘야 해. 그리고, 자신들 섹스하는 것을 녹화하는 것도 드문 일은 아니잖아.

▶ Desperate Housewives 1-15

빨래통에서 콘돔을 발견한 브리는 남편 렉스를 다그치다 앤드류의 것이라고 생각이 된다.

Rex: He's sixteen. **It's not unheard of.**

Bree: Honey, you have to talk to him.

Rex: And tell him what?

Bree: Tell him that we found his condom and that he is forbidden from - y'know.

렉스: 걔 16살이야. 드문 일도 아니잖아.

브리: 여보, 걔하고 얘기해봐.

렉스: 뭐라고 얘기해?

브리: 네 콘돔을 발견했는데 그런 건 하면 안된다고.

모르겠어, 내가 졌어, 맞아

You('ve) got me there

가장 많이 쓰이는 의미로는 상대방이 던진 질문에 「답을 모른다」이고 또 다른 의미는 논쟁이나 이야기를 하다 상대방의 「주장이나 의견이 논리적으로 맞다」고 인정할 때이다. 그래서 우리말로는 "모르겠어," "내가 졌어"라 생각하면 된다.

POINT

You've got me there 모르겠어
You have me there 나도 모르겠어
Now there you have me 모르겠어, 내가 졌어

▶ **Sex and the City 6-9**

미란다는 주민들과 함께 새로 이사오는 로버트를 면접하는데 그만 첫눈에 반해버려서…

Miranda: So, Robert, you're a doctor for the Knicks?
Robert: Yeah. Guilty as charged.
Miranda: Hey, you've had a great season.
Robert: I take it you're not a basketball fan.
Miranda: Well, **you've got me there.** I'm a baseball person.
미란다: 그래요, 로버트, 닉스 팀 주치의라고요?
로버트: 예, 맞습니다.
미란다: 이번 시즌에 잘했잖아요.
로버트: 농구팬은 아니시군요.
미란다: 맞아요, 난 야구를 좋아해요.

▶ **Breaking Bad 1-7**

월터는 행크가 시가를 피려고 하자 한대 달라고 한다.

Walter: You mind if I have one?
Hank: You think it's a good idea?
Walter: Hank, I've already got lung cancer.
Hank: Okay. **You got me there.**
월터: 나도 하나 주게나.
행크: 그래도 괜찮겠어?
월터: 행크, 난 이미 폐암에 걸렸잖아.
행크: 좋아, 내가 졌네.

바로 그 말이야
I couldn't have said it better

could have pp는 실제로는 그렇게 되지 않았지만 「과거에 그럴 수도 있었다」라는 뜻. 따라서 couldn't have said it better는 could have said에 부정(couldn't)과 비교(better)의 최상급 용법이 결합된 것이다. could have said 것은 그것을 말할 수도 있었다. couldn't have said it better는 그것을 더 이상 잘 말할 수 없었을 것이다. 즉 우리말이 되도록 바꾸면 "그 이상 더 좋게 말할 수가 없을거야." "더 이상 어떻게 말을 하겠어." "바로 그 말이야"가 된다. .

  POINT

I couldn't have said it better 더 이상 어떻게 말을 하겠어, 바로 그 말이야
Couldn't have said it better myself 내가 더 이상 어떻게 말을 할 수 없을 정도였어

▶ Gossip Girl 1-17

세레나와 싸운 댄에게 아버지 루퍼스가 충고한다.

Rufus: Yeah, but did you really mean it? Most times, when people don't offer the truth, it's because they're afraid of what someone might think. And I don't know if you know this, but you can be a pretty judgmental guy.

Dan: So you're saying that I should learn to be someone else around her so she can be herself around me?

Rufus: **Couldn't have said it better myself.**

Dan: Thank you, Dad. I'm gonna go find her right now.

루퍼스: 진심을 담아서 물어봤어? 대개 사람들은 상대방이 자신을 어떻게 생각할지 걱정돼서 거짓말하는 경우도 많아. 그리고 네가 아는지 모르겠지만 넌 꽤 비판적이거든.
댄: 그럼 세레나는 내 주위에서 평소대로 행동하게 하고 나보고는 다른 사람이 되는 것을 배우라는거야?
루퍼스: 바로 그거지.
댄: 고마워, 아빠. 지금 만나러 가볼게.

SECTION

3

아는 척하고 싶은데 도저히 모르겠다!

151-231

마음대로 해, 어서 해봐, 해보려면 해봐

Knock yourself out

상대방이 뭔가 부탁하거나 해본다고 제안할 때 "어서 해보라." "마음대로 해"라는 뜻이다. 문맥에 따라 단순히 그렇게 해봐라라는 뜻으로도 쓰이지만 또는 "그게 어려울 텐데 혹은 해도 안될 걸"이라는 부정적 의미가 함축된 표현으로 난 상관없으니 "해보려면 해봐라"라는 뜻으로도 쓰인다.

POINT

Knock yourself out 어서 해봐, 해보려면 해봐

Go ahead, knock yourself out. 어서 해보려면 해봐

knock sb out 때려서 못일어나게 하다

▶ **Sex and the City 6-15**

신혼여행을 간 미란다와 스티브와의 대화장면.

Miranda: So do you think we should get dressed?

Steve: I plan on being naked for the next four days.

Miranda: I'm gonna unpack.

Steve: **Knock yourself out.**

미란다: 옷을 입어야 할까?

스티브: 앞으로 4일간 옷을 벗고 있을거야.

미란다: 난 짐을 풀게.

스티브: 그렇게 하세요.

▶ **Desperate Housewives 2-11**

존과 바람핀 걸 들킨 가브리엘이 카를로스에게 맞바람을 피라고 하는 장면.

Gabrielle: Carlos, go have an affair.

Carlos: What?

Gabrielle: I had my little indiscretion. So you go have yours. Get it out of your system. I know you want to.

Carlos: I do not.

Gabrielle: Sure you do. **Knock yourself out.**

가브리엘: 카를로스, 가서 바람을 펴.

카를로스: 뭐라고?

가브리엘: 내가 작은 실수를 했으니 당신도 가서 그렇게 해. 쌓인게 있으면 다 털어놔. 그러길 원하잖아.

카를로스: 안그래.

가브리엘: 아냐 당신은 그래. 마음대로 해봐.

신중하게 소원을 빌어

Be careful what you wish for

상대방의 바람이 좀 지나치거나 과해서, 막상 그 바라는 것을 얻었을 때 그 실현된 꿈 때문에 상대방에게 부작용이나 더 큰 상처를 받을 수도 있으니 「뭔가 소원을 하기 전에 신중하게 생각하라」는 의미이다. 주로 연장자이거나 경험이 많은 사람이 상대적으로 어린 친구에게 할 수 있는 표현.

POINT

Be careful what you wish for 신중하게 소원을 빌어라

Be careful what you wish for. You might get it

조심해서 소원빌어 그렇게 될 수도 있으니

▶ Revenge 2-16

Danny Grayson에게 한 남자가 시비를 걸고 싸움이 붙자 매티스가 대니를 말리는 장면이다.

Mathis: I heard what he's saying. He's the one that's trying to make money the easy way.

Danny: What the hell is it with you anyway? First you come after my job, then my fiancee. Now you want to be my guardian angel?

Mathis: I was protecting your best interests.

Danny: Yeah, well, maybe you should start protecting your own. You think you want my life? **Be careful what you wish for.**

매티스: 저 친구가 말하는 것을 들었어. 돈을 쉬운 방법으로 벌려고 하는 사람이야.

대니: 그게 당신하고 무슨 상관이야? 처음에는 내 일을 뒤따르고 그 다음엔 내 약혼녀. 이제는 나의 수호천사라도 되려는거야?

매티스: 너에게 최선이 되도록 도와준거야.

대니: 그럼 당신 앞가림이나 잘 하시지. 내 삶을 원하는건가? 신중하게 소원을 빌어야지.

그렇게 처리할게

Consider it done

"그게 된 걸로 생각해라"라는 의미로 상대방이 뭔가 부탁이나 지시를 내렸을 때, 「그렇게 하겠다」, 「그렇게 처리하겠다」라고 대답하는 것으로 적극적으로 바로 부탁이나 지시를 처리하겠다는 표현이다. 주로 윗사람이 뭔가 시켰을 때 자주 사용되는 표현이다.

POINT
Consider it done 그렇게 처리할게
I want it done 그걸 처리해줘

CSI:

▶ **CSI: Las Vegas 1-20**

캐서린이 그리섬에게 학회참석서류에 결재를 해달라고 하는 장면이다.

Catherine: Hey, remember about three months ago I applied to the American Academy meeting in Chicago? Well, the deadline for your approval is end of shift today.

Grissom: It's not a problem.

Catherine: There's important papers to be presented…

Grissom: You don't have to explain -- **Consider it done.**

캐서린: 3개월전 쯤에 시카고에서 열리는 전국학회에 참가 신청했던거 기억나요? 오늘 교대 마감전까지 반장님이 결재해주셔야 해요.

그리섬: 물론이지.

캐서린: 제출할 중요한 서류가 있는데…

그리섬: 설명할 필요없어. 그렇게 처리할게.

▶ **Desperate Housewives 8-16**

카렌 맥클러스키 할머니가 브리를 찾아와 자신이 죽는 걸 도와달라고 한다.

Bree: Well, I definitely meant what I said. Whatever you need, **consider it done.**

Karen: Good. I want you to help kill me.

브리: 내 말은 진심이예요. 뭐가 필요하던지 그렇게 할게요.

카렌: 좋아. 내가 죽는 걸 도와줘.

154

너도 마찬가지야, 나도 그래

Right back at ya

이 표현의 의미는 「너도 마찬가지이다.(The same to you)」라는 말로, 상대방이 자기한테 한 내용을 받아서 "너도 마찬가지이다." "나도 그래(나도 너에 대해서 같은 생각이야)." "나도 네가 그렇다고 생각해"라고 말하는 것이다. 동일한 내용의 문장을 반복하지 않기 위한 간결한 표현방식이다.

POINT

Right back at you 너도 마찬가지야, 나도 그래
Hey, right back at ya 야, 나도 그래

▶ Desperate Housewives 5-22

톰은 대학 1학년 때의 룸메이트를 만난다.

Tom:	God, you look fantastic. You haven't aged a day.
Bill Brown:	Hey, **right back at ya.**
Tom:	Liar. You didn't even recognize me.
톰:	맙소사, 너 멋져 보인다. 하나도 안늙었네.
빌 브라운:	너도 마찬가지야.
톰:	거짓말. 날 알아보지도 못했으면서.

▶ Friends 8-2

똑같은 붉은 스웨터 입은 로스와 태그가 거리에서 우연히 마주친다.

Ross:	Hey! How you doing?
Tag:	Good! Good, long time no see. Like your sweater.
Ross:	**Right back at ya.**
Tag:	It's crazy about Rachel huh?
Ross:	Yeah. Well, she's one crazy lady.
로스:	안녕, 잘 지내?
태그:	좋아! 오랜만이네. 스웨터 맘에 드네.
로스:	너도 마찬가지야.
태그:	레이첼 소식은 충격적이야.
로스:	그래, 걔가 원래 좀 그렇잖아.

다들 그렇게 말하지

That's what they all say

위 문장은 사람들이 다들 그렇게 말한다. 즉 "다들 그렇게 말해"라는 의미이다. 즉 이 문장을 말하는 사람은 대다수 많은 사람들이 어떤 문제에 대해 비슷한 생각을 갖고 있다는 것을 나타내고 싶을 때 사용한다. 또는 문맥상 개인적으로 그 생각이 맞다라고 말할 때 쓰기도 한다.

POINT

That's what they all say 다들 그렇게 말하지
That's probably what they'll say 모두들 그러겠지
Just see what they all say 사람들이 뭐라고 하는지 봐봐

▶ **Friends 1-8**

로스의 아버지 겔러는 모니카에게 죽으면 수장을 하고 싶다고 한다.

Mr. Geller: Everyone thinks they know me. Everyone says 'Jack Geller, so predictable'. Maybe after I'm gone, they'll say 'Buried at sea! Huh!'.
Monica: **That's probably what they'll say.**
겔러: 다들 날 안다고 생각하겠지. 다들, 잭 겔러, 너무 평범한 사람이라고 말할거야. 내가 죽고 나면, "수장했다고! 헤!"이라고 말할거야.
모니카: 다들 그렇게들 말하겠죠.

▶ **Law & Order: SVU 5-3**

재판정에서 Hwang 박사가 Amador 검사의 질문에 답을 하고 있다.

Hwang: Well, that's where it gets complicated. Robert is devastated that Dr. Heints was injured, but he maintains that she controlled every sexual aspect of the relationship.
Amador: "The victim was asking for it." **Isn't that what they all say?**
황박사: 그 부분이 복잡해지는 곳이구요. 로버트는 하인츠 박사가 다쳐서 상심했지만 그녀가 관계의 모든 성적인 부분을 통제했다고 주장하고 있습니다.
아마도어: "피해자가 초래했다" 다들 그렇게 말하는 것 아닙니까?

걘 나를 못살게 굴어, 내게 앙심을 품고 있어
He has it in for me

have it in for sb는 주어가 「sb에 대한 it을 맘속에 품고 있다」는 말로, 우리말로 하자면 "앙심을 품다"라고 생각하면 된다. 즉 주어는 sb를 무척 싫어하고 sb의 삶이 고통스럽기를 바란다는 뜻이다. 여기서는 for 다음 'me'가 나왔으니 'He'가 내게 앙심을 품고 나를 힘들게 하고 있다고 짜증내면서 하는 말이다.

POINT

He has it in for me 걘 내게 앙심을 품고 있어

That guy's had it in for me my entire life
걘 평생동안 내게 앙심을 품고 있어

▶ **CSI: Miami 1-2**

델코가 용의자 탐문수사를 하고 있다.

Delko: Is this, uh, is this a restricted area?

Charlie Berenger: Sure. Doesn't mean there's no access though. Security guards, dock workers, plus any number of federal inspectors through here on a regular basis.

Delko: **Any of them have it in for a guy named Aurelio Moreno?**

델코: 여기는 제한금지구역인가요?

찰리 베린저: 물론요. 그렇다고 접근하지 못한다는 뜻은 아녜요. 경비원들, 부두근로자들, 게다가 연방감사원들이 정기적으로 여기에 오죠.

델코: 그 사람들 중에 아우렐리오 모레노라는 사람에게 앙심을 품은 사람이 있나요?

▶ **CSI: Las Vegas 5-17**

닉이 캐서린에게 중간보고를 하고 있다.

Nick: Found a pile of pipes by the side of the house; one seems to be missing. This is an exemplar of a possible murder weapon. And I cast a shoe impression just outside the kid's bedroom window. Also some graffiti on the window -- B-R-A-T. **Maybe somebody had it in for the kid.**

닉: 집 옆쪽에서 파이프 한더미를 발견했는데, 하나가 없어진 것 같아요. 이거는 살인무기일 수도 있어 샘플로 가져온거예요. 그리고 아이의 침실창문밖에서 발자국을 본떴어요. 창문에 B-R-A-T(나쁜 놈)라는 낙서도 찾았구요. 누군가 아이에게 앙심을 품은 것 같아요.

그냥 장난야
I'm just flirting

먼저 flirt라는 단어에 대해서 알아야 한다. flirt는 이성에 관심이 있어 유혹하는 것은 맞지만 진지한 연인관계를 시작할 목적은 아니고 또한 가끔은 그렇게 되지만 꼭 합체(sex)로 이르지 않는 그런 유혹을 말하는 단어이다. 다시 말해서 연인관계로 발전할 생각은 없으면서도 관심있는 척하며 접근하는 것을 뜻한다.

POINT

I'm just flirting 그냥 관심있는 척했어
Stop flirting with me 그만 집적대

▶ **Big Bang Theory 2-12**

하워드가 페니에게 느끼하게 치근대자 하워드에게 가차없이 융단폭격을 가하는데…

Howard: Wait a minute. **This isn't flirting,** you're serious.
Penny: **Flirting?** You think **I'm flirting with you? I am not flirting with you,** no woman is ever gonna **flirt with** you, you're just gonna grow old and die alone.

하워드: 잠깐만. 이거 장난이 아니라 진심이네.
페니: 장난한다고? 내가 장난한다고 생각해? 난 너와 장난하는게 아냐. 어떤 여자도 너와 장난하지 않을거야. 넌 나이 들어 외롭게 혼자 죽을거야.

▶ **Modern Family 4-17**

필은 아들의 온라인 데이트 신청을 대신 해주고 상대로 나온 학부모 발레리도 자신이 대신 써줬다고 하면서…

Valery: If my husband were more like you maybe I'd still be married.
Phil: Well, if my wife were here, she'd want me to be clear that I'm fully committed to her. You know that, right?
Valery: What?
Phil: No, I just wanna make sure, because you unbuttoned a button, and I love my wife, so…
Valery: **You were the one who was flirting** and saying we're on a date.

발레리: 내 남편이 조금만 당신같아도 내가 이혼하지 않았을텐데요.
필: 내 아내가 여기 있다면 내가 자기에게 완전히 충실하다는 것을 분명히 하길 바랄거에요. 아시겠죠?
발레리: 뭐라구요?
필: 아뇨, 그냥 확실히 하려구요 왜냐면 당신이 좀 풀어지고, 난 내 아내를 사랑하니까…
발레리: 집적댄 건 당신예요. 그리고 우리가 데이트하는 셈이라고 말했잖아요.

그럴 수도 있다, 그럴 지도 모르지
That's a theory

theory는 일상생활에서는 「확실하지 않은, 근거가 빈약한 생각」이라고 이해하면 된다. 그래서 자기의 생각이나 말이 확실하지 않아 자신도 조금은 혼란스럽다는 것을 나타낼 때 이 표현을 쓰면 좋다.

POINT

That's one theory 그럴 지도 모른다, 그럴 수도 있다

That's a theory 그럴 지도 모른다

have a theory 개인적인 생각이나 의견이 있다

▶ Desperate Housewives 1-2

극성스런 아이들을 데리고 운전하다 안전벨트 미착용으로 경찰단속에 걸린 르넷…

Police:	Ma'am, you know why I pulled you over?
Lynette:	**I have a theory.**
경찰:	부인, 왜 차를 세우라고 했는지 압니까?
르넷:	짐작은 가요.

▶ Desperate Housewives 3-2

브리와 올슨의 결혼식장. 올슨 전부인의 실종이 올슨의 짓이 아닌지 토론이 벌어지는데…

Bree:	He did not hack her up and dissolve the pieces in acid.
Gabrielle:	**I said it was a theory.**
브리:	올슨이 부인을 난도질해서 그 조각난 시신들을 산에 넣고 녹였을 리가 없어.
가브리엘:	그럴 수도 있다는 거지.

159

너 정말 대단해!, 야 나 너한테 두 손 다 들었다!

I've got to hand it to you!

hand it to sb는 sb가 너무 잘하고 뛰어나서 「sb에게 두 손 든다」, 「sb가 이겼다」라고 sb가 잘했음을 축하해주고 인정해주는 표현이다. "너 정말 대단해," "야, 나 너한테 두 손 다 들었다" 정도로 이해하면 된다.

POINT

I've got to hand it to you 너한테 두 손 들었어
You did a good job 잘했어

▶ **Sex and the City 6-20**

캐리를 찾아 파리에 온 빅은 캐리가 러시아 애인에게 뺨을 맞았다는 얘기를 듣고서…

Big: **I gotta hand it to you kid.** Most people come to Paris to fall in love. You came and got slapped.

Carrie: What is that funny?

빅: 나 너한테 손들었어. 대부분의 사람들은 파리에 와서 사랑에 빠지는데, 넌 와서 뺨을 맞다니.

캐리: 그게 뭐가 그렇게 우스워?

▶ **CSI: Las Vegas 2-14**

캐서린이 용의자 로이 로건이 있는 유치장으로 찾아온다. 로건은 캐서린을 끌어 들여 완전범죄를 시도하다 잡히고 말았는데…

Roy Logan: You know, with all that money on my lap we could've driven to Mexico.

Catherine: That's right. You're short one mistress. **I got to hand it to you.** That was a brilliant performance.

로이 로건: 그 많은 돈을 갖고서 우리는 멕시코 갈 수도 있었는데.

캐서린: 맞아요. 애인이 더 이상 없으니까요. 당신 정말 대단해요. 정말 훌륭한 연기였어요.

sex and the city

160

너 땜에 놀랬어!

You freak me out!

You freak me out에서 freak의 개념은 사람이 평소와 다르게 이상하거나 혹은 무서울 정도로 행동을 해서 'me'가 맘이 불편하다하다는 뜻이다. 그냥 S+freak out하게 되면 짧은 순간 매우 당혹하거나 엄청 스트레스를 받는다는 것을 의미한다.

POINT

You freak me out 너 때문에 놀랬어, 당황했어

S+freak out 당혹하다, 놀라다

▶ Friends 5-14

챈들러가 피비가 자기를 유혹했다고 하자 모니카는 피비가 자신들이 사귀는 것을 안다고 추론하는데…

Chandler:	Okay, so now do you believe that she's attracted to me?
Monica:	Oh my God! Oh my God! She knows about us!
Chandler:	Are you serious?
Monica:	Phoebe knows and **she's just trying to freak us out!** That's the only explanation for it!

챈들러: 그래, 그럼 이제 피비가 내게 끌렸다는 것을 믿어?
모니카: 맙소사! 걔가 우리들에 대해서 아는거야!
챈들러: 정말?
모니카: 피비가 알고 우리를 놀래주려고 하는거야! 그렇게 밖에는 설명이 안돼.

▶ Friends 8-3

레이첼은 로스에게 임신했다고 말하고, 로스는 콘돔이 100% 임신을 예방하지 않는다는 사실을 알고선…

Rachel:	Listen, y'know what? **I was really freaked out too** when I found out…
Ross:	**Freaked out? Hey no, I'm not freaked out!** I'm indignant! As a consumer!

레이첼: 저기, 그거 알아? 나도 알았을 때 엄청 놀랐어.
로스: 놀랐다고? 아냐, 난 놀란게 아냐! 난 소비자로서 분개하는거야!

161

네가 좋아하게 될거야, 맘에 들어할거야

It will grow on you

그게(It) 너에게서 자랄 것이다라는 말은 바꿔 말해보면, 네가 그것(It)을 좋아하게 될 것이다라는 뜻이 된다. 지금 당장은 싫어할 수도 있지만 앞으로 점점 좋아지게 될 것이다라는 의미가 내포되어 있다.

 POINT

It will grow on you 네가 그걸 좋아하게 될거야, 맘에 들어할거야

sb will grow on you 네가 sb를 좋아하게 될거야

grow out of 자라서 …하지 않아, 몸이 커서 옷이 안맞다

▶ **Desperate Housewives 3-6**

피자가게를 하겠다는 톰은 르넷 몰래 허름한 반지하 가게를 계약하고 보여주는데…

Lynette: Tom, you know how I feel about this pizza thing.

Tom: Well, hopefully, **it'll grow on you.**

Lynette: Don't tell me you didn't sign a lease.

르넷: 톰, 내가 피자가게 하는거에 대해 어떻게 생각하는지 알잖아.

톰: 당신 마음에 점점 들거야.

르넷: 임대계약을 했다는 말은 아니겠지.

▶ **Desperate Housewives 3-7**

르넷은 톰이 결혼 전 낳은 아이인 Kayla를 엄마인 Nora 대신 양육하겠다고 하자…

Lynette: Kayla will be much better off without "crazy" in her life. And so will we.

Tom: I am right there with you. I just, I never thought you'd want a fifth kid.

Lynette: I don't, but I didn't want the first four, and **they're starting to grow on me.**

르넷: 케일라의 인생은 "미침"이 없어야 더 나을거야, 우리도 마찬가지이고.

톰: 나도 당신과 동감이야. 난 당신이 다섯번째 아이를 원치 않는 줄 알았지.

르넷: 원치 않아, 하지만 첫 네명의 아이도 원치않았지만 점점 좋아지기 시작하더라고.

개는 재미있어 할거야

He will get a kick out of it

좀 낯설어보이는 get a kick out of~는 of 이하의 것으로 「즐거워하다」 「재미있어하다」라는 표현이다. do sth for kicks(재미로 …를 하다)에서 보듯 kick은 신나고 즐거워하는 감정을 뜻하기 때문이다.

POINT

He will get a kick out of it 걔는 재미있어 할거야
You'll get a kick out of it 넌 재미있어 할거야
do sth for kicks 재미로 …를 하다

▶ Desperate Housewives 3-16

이디는 아들 트래버스를 데리고 카를로스를 찾아간다.

Edie: I have a little visitor that I thought **you might get a kick out of** seeing. Remember my little boy?

Carlos: Hey, Travers. How you doing?

이디: 내게 손님이 왔는데 당신이 만나보면 좋아할 것 같아서요. 내 아이 기억해요?

카를로스: 안녕, 트래버스. 잘 있었어?

▶ Law & Order : SVU 4-18

엘리엇 형사가 Mr. Rizzo를 심문하고 있다.

Elliot: Did you take Hoffman to the strip club, you know, boys night out?

Mr. Rizzo: No, but I tried. Especially after I saw that stripper. She's a dead ringer for his wife.

Elliot: Did you tell Hoffman about this stripper?

Mr. Rizzo: I called him on my way home, you know, thought **he'd get a kick out of it.**

엘리엇: 호프만 씨를 스트립클럽에 데려갔습니까, 남자들만의 밤의 외출요?

리조: 아뇨, 하지만 시도해봤죠. 그 스트리퍼를 본 후에는 특히. 그 여자는 호프만의 아내를 빼닮았어요.

엘리엇: 호프만 씨에게 그 스트리퍼에 대해 말했습니까?

리조: 집에 가는 길에 전화했지요. 그 사람이 재미있어 할거라 생각했죠.

네게 이런 소식 전하기 싫지만,

I hate to break it to you,

break는 뭔가 지속되던 것이 「멈춘다」는 개념을 갖고 있다. 그래서 뉴스관련에서도 속보라고 쓰면 평온한 상태를 깨는 따라서 나쁜 소식을 전하다라는 뜻으로도 쓰이는 팔방미인형 동사이다. 정리하자면 break sth to sb하게 되면 sb에게 sth에 대한 자세한 얘기를 말하다이다.

POINT

I hate to break it to you 네게 이런 소식 전하기 싫지만

Break it down for me 자세히 설명해줘

break the news to~ …에게 소식을 전하다

Let me break it down for you 내가 그거 설명해줄게 *break it down은 설명해주다

▶ **Breaking Bad 3-5**

월터는 다시 마약을 제조하기로 하고 이를 제시에게 통보한다.

Walter: That is the last money you'll ever earn in this business.

Jesse: What the hell is that supposed to mean?

Walter: Well, **I hate to break it to you,** Jesse, but our mutual associate was only using you to get to me.

Jesse: What are you talking about?

월터: 네가 이 사업에서 벌 마지막 돈이야.

제시: 도대체 그게 무슨 의미예요?

월터: 이런 소식 전하기 싫지만, 제시, 우리의 공동 동업자는 나에게 접촉하기 위해서 너를 이용한거란다.

제시: 그게 무슨 말예요?

▶ **CSI: Las Vegas 6-11**

닉은 브렌트 모이어와 함께 대화를 나누고 있다.

Nick: I tried to call her cell phone and…

Brent Moyer: She's at my parents, in Pahrump. Her cell phone's probably out of range.

Nick: But you can get me their home number, address, all that?

Brent Moyer: Sure. But if it's okay, I'd… **I should break the news to** her in person.

닉: 그녀의 핸드폰으로 전화를 하려고 했는데…

브렌트 모이어: 그 애는 파럼프에 있는 부모님 집에 있어요. 핸드폰이 안 터질거예요.

닉: 그럼 부모님의 집전화와 주소 등을 알려주시겠습니까?

브렌트 모이어: 그럼요. 하지만 괜찮다면, 제가 그 애에게 직접 소식을 전하고 싶군요.

164

딱 맞네, 이 정도면 충분해

That fits the bill

100% 완벽하지는 않지만 자기가 필요로 하는 기준에는 「충분하다」는 말이다. 그래서 선택해서 사용하기에 부족함이 없다고 말할 때 쓰는 표현이다. 많은 사람들이 사용하는 구어체 표현으로 우리말로는 "딱 맞네," "이 정도면 충분해"라고 생각하면 된다.

POINT

That[It] fits the bill 딱 맞네, 이 정도면 충분해

That[It] fits the bill for sb …에게 딱 맞다

fill[foot] the bill 계산하다

Criminal Minds 3-1

에밀리 프렌티스가 경찰들에게 프로파일링 결과를 설명하고 있다.

Emily: What we need you to do is look at people who are part of the campus fabric. See if anyone **fits the bill**…,students, professors, support staff.

에밀리: 여러분이 해야 되는 것은 캠퍼스 조직원들을 봐달라는 것입니다. 학생, 교수, 직원들 중에서 조건에 맞는 사람이 있는지 말이죠.

Law & Order: SVU 8-20

가족들을 살해한 말콤 로이스를 체포한 후 황박사와 크레이건 반장이 나누는 대화.

Hwang: Family annihilators are the ultimate narcissists. They're usually men who lead average lives, who lie to make themselves sound more important.

Craigen: CIA operative fits the bill.

황박사: 가족 살해범들은 자기애가 최고로 강하죠. 보통 평범한 삶을 사는 남자로 자기들이 더 중요한 사람이라고 거짓말을 합니다.

크레이건: CIA요원으로 딱 맞는구만.

누군가 널 곤경에 빠트리려고 해

Somebody's out to get you

get sb는 물리적으로 잡는다라는 뜻이라기 보다는 「sb를 곤경에 처하게 하다」, 「괴롭히다」, 「못살게 굴다」 정도로 이해하면 된다. 그리고 be out에서 out을 밖으로 나와서 쫓는게 아니다. 다시 말해 물리적으로 밖으로 나오는 게 아니고 그냥 숨김없이 대놓고 괴롭힌다는 의미에서 out를 썼다고 봐야 한다.

POINT

Somebody's out to get you 누군가 너를 괴롭히려고 해
be out to get sb …을 괴롭히려고 하다, 곤경에 빠트리려고 하다
go out to get sth …을 사러 나가다

▶ **Desperate Housewives 8-6**

자살한 메리의 나레이션이 이어지는 부분이다.

Mary: Paranoia. It's the irrational feeling that the whole world is against you. But it's no longer paranoia when you discover that **someone really is out to get you.**

메리: 편집증은 온 세상이 당신에게 적대적이라는 불합리한 감정이다. 하지만 정말 당신에게 해코지를 하려는 사람이 있다는 것을 알았을 때는 그건 편집증이 아닌 것이다.

▶ **Revenge 3-14**

에밀리와 결혼한 다니엘이 동생 샬롯과 이야기를 나누고 있다.

Charlotte: My party was a blast, Daniel. Sadly, no potential boyfriends, but, still, thank you.

Daniel: Stay single, Charlotte. Life's far easier that way. I think **Emily's out to get me.**

샬롯: 내 생일파티 끝내줬어, 오빠. 아쉽게도 남자친구될 후보는 없었지만, 그래도 고마워.
다니엘: 결혼하지마라, 샬롯. 그러는 편이 훨씬 쉬울거야. 에밀리가 나를 해코지하려는 것 같아.

166

난 …라고 말하겠어

I would be telling~

Sb would be telling (sb) that S+V이라고 하면 "난 …라고 말하겠어"라는 의미이며, 주어를 사물로 써서 Sth is telling이라고 하면 「…가 이해할 수 있도록 단서를 제공하다」라는 다른 뜻으로 쓰이니 주의해야 한다. 참고로 That would be telling은 비밀이기 때문에 관련된 정보를 말할 수 없다라는 완곡한 거절표현이다.

POINT

Sb would be telling (sb) that S+V …라고 말하겠어

Sth is telling~ …가 …를 말해주고 있어

That would be telling 그건 비밀인데, 말하기 좀 곤란한데

▶ **Law & Order: SVU 8-13**

멜린다 검사관이 암의 원인에 대해서 올리비아 벤슨 형사에게 말하고 있다.

Melinda: Cancer is a complex multi-step process involving environment and genetics. Even if I found ten people in that same building with the same disease, **I'd be telling** you the same thing.

멜린다 검사관: 암은 환경과 유전의 영향을 받아 여러 단계로 복잡하게 진행되는 병이예요. 같은 건물에서 10명이 같은 병에 걸렸다 하더라도 난 같은 얘기를 했을거예요.

▶ **Law & Order: SVU 9-15**

엘리엇 형사가 애쉴리의 삼촌인 릭키 타일러를 심문하고 있다.

Elliot: What does that mean? You know who did this to your niece. You know. You don't love Ashley. If you did, **you'd be telling** me who raped her.

엘리엇: 그게 무슨 말이야? 누가 네 조카에게 그랬는지 알고 있지. 알고 있구만. 넌 애쉴리를 사랑하지 않아. 네가 사랑했다면 누가 걔를 강간했는지 말했을거야.

그래서 내가 얻는게 뭔대?, 내게 무슨 이득이 있어?

What's in it for me?

이 문장은 "무엇이 나를 위해 그거 안에 있느냐?"라는 말이 된다. 의역하면 "그래서 내가 얻는게 뭔대?," "내게 무슨 이득이 있어?"(What benefit do I get?), 혹은 문맥에 따라 "그게 나랑 무슨 상관이 있냐?"라는 뜻으로 쓰인다.

POINT

What's in it for me? 내가 얻는게 뭔대?, 내게 무슨 이득이 있어?
Sb be in it for sth …때문에 …을 하다
Sth be in it for sb …에게 …이득이 되다
You're in for it! 네가 자초한 일이니 후회해도 소용없어!, 너 큰일 났어!

▶ **Desperate Housewives 3-16**

빅터의 예상대로 개비는 빅터가 서명을 안한 수표를 갖고 빅터에게 온다.

Victor: Ms. Solis, what a nice surprise. Are you here to make a contribution to my campaign?

Gabrielle: Not exactly.

Victor: Oh, no. Did I forget to s…I'm so sorry. Let me make it up to you. I'll take you to dinner. My treat.

Gabrielle: It would be your treat. I'm a hot date. **What's in it for me?**

빅터: 솔리스 부인, 이렇게 찾아오시다니 반가워요. 제 선거운동에 기부하시려고 오셨나요?
가브리엘: 그런 건 아니예요.
빅터: 이런, 제가 깜빡 사인을… 미안해요. 제가 보상해드릴게요. 저녁식사 사드릴게요.
가브리엘: 당신이 내야 되겠지만. 난 핫한 데이트 상대인데, 내가 무슨 이득이 있죠?

168

속지마라
Don't fall for it

for 다음에는 sb혹은 sth이 올 수 있는데, 먼저 fall for sth하게 되면 상대방이 속이려고 하는 말이나 행동에 넘어가는 것을 말한다. 그리고 fall for sb하게 되면 이때는 sb에게 끌려서 사랑에 폭 빠지다라는 뜻이 된다.

POINT

Don't fall for it 속지마라
fall for sth …에 속다
fall for sb 사랑에 빠지다

▶ **Friends 8-9**
조이가 임신한 레이첼을 골려 먹고 있는 장면.

Joey: Hey, Rach, did you know that during pregnancy, your hands can swell up to twice their size and never go back?

Rachel: Oh my God, lemme see that!!

Joey: **You fall for it every time!**

조이: 레이첼, 임신하게 되면 손이 두배로 부어올라 예전으로 다시 안돌아간다는거 알고 있어?
레이첼: 맙소사. 어디 보자!!
조이: 넌 매번 넘어가더라!

▶ **Desperate Housewives 3-22**
톰은 르넷이 주방장 릭에게 감정이 있었냐고 추궁한다.

Lynette: I said that it was totally inappropriate, and then I fired him.

Tom: Do you have feelings for him, Lynette? Do you have feelings for Rick?

Lynette: I would never cheat on you. You know that.

Tom: That's not what I asked. **Did you fall for him?**

르넷: 말도 안되게 부적절하다고 말하고 해고했어.
톰: 르넷, 그 남자한테 맘이 갔었어? 릭에게 감정이 생겼어?
르넷: 난 부정을 절대 저지르지 않았어. 그거 알잖아.
톰: 내가 묻는 것은 그게 아냐. 그 남자를 사랑했냐고?

169

그냥 가볍게 즐긴거였어
It's just a fling

동사로는 「내던지다」, 「몸을 던지다」이지만 명사로는 그냥 아무 생각없이 즐기는 것을 말하거나, 나아가 애시당초 사귈 생각없이 즉 진지하지 않게 짧은 기간 이성을 만나서 섹스하고 즐기는 것을 말한다. 짧은 기간이지만 one night stand보다는 길다고 보면 된다.

 POINT

It's just a fling 그냥 가볍게 즐긴거였어
I want to have a fling 가볍게 즐기고 싶어
have a fling with sb …와 가볍게 즐기다

▶ Law & Order: SVU 7-15

벤슨이 스트리퍼 빅키의 살해 용의자인 Linus를 심문하고 있다.

Linus: I haven't been able to have sex with my wife since her accident. Vicky was smart, pretty. It just happened.
Benson: And you fell in love with her.
Linus: No. No, I love my wife. **It was a fling.** That's all.
라이너스: 난 아내의 사고 이후에 함께 섹스를 할 수 없었어요. 빅키는 똑똑하고 예쁘고, 어쩌다 그렇게 됐어요.
벤슨: 사랑에 빠지게 된거군요.
라이너스: 아녜요. 난 아내를 사랑해요. 그건 가볍게 즐긴거예요. 그게 다예요.

▶ Friends 4-10

레이첼이 카페에서 가볍게 놀 남자라도 필요하다고 외치는 장면.

Rachel: I want somebody! Y'know, I want a man!! I mean, it doesn't even have to be a big relationship, y'know, just like a fling would be great.
Chandler: Really?! I didn't think girls ever just **wanted a fling.**
Rachel: Well, believe me, it's been a long time since **I've been flung.**
레이첼: 난 누군가가 필요해. 남자가 필요해. 내 말은 거창한 관계를 맺을 필요없이 그냥 가볍게 즐기는 것이라도 좋겠어.
챈들러: 정말?! 여자들은 가볍게 만나는 것을 싫어하는 줄 알았는데.
레이첼: 정말이야. 가볍게 즐겨본지 정말 오래됐어.

알겠어?

You dig?

dig에는 구멍을 파헤치듯, 뭔가 정보나 사실관계를 「캐내다」 그리고 「이해하다」 그리고 「먹다」라는 의미도 있다는 것을 기억해둔다. dig sb하면 용의자에 대한 정보를 캐낸다. dig up하면 샅샅이 뒤져서 원하는 정보를 얻다. dig in은 열심히 뭔가 먹기 시작하다(start eating)라는 뜻으로 쓰인다. 끝으로 You dig?(알겠어?)하면 이는 Can you dig it?을 줄여서 쓴 것으로 상대방이 이해했는지 물어보는 문장이다.

POINT

You dig? 알겠어?(You know?)

dig in 열심히 뭔가 먹기 시작하다

dig sb 용의자에 대한 정보를 캐내다

dig up 샅샅이 뒤져서 원하는 정보를 얻다

▶ Modern Family 3-5

헤일리가 돈을 빌려준 피터를 찾아가 돈을 받아내려는 제이와 필.

Jay:	You Peter?
Peter:	What do you want?
Jay:	You know Haley Dunphy? You owe her $900. We're here to collect.
Phil:	**You dig?**
Peter:	I tried to call that girl, like, ten times, but her voice mail was always… full.
Phil:	That does sound like Haley.
제이:	네가 피터냐?
피터:	뭘 원하시죠?
제이:	너 헤일리 던피라고 알지. 걔한테 900달러 빚졌다며. 우리 수금하러 왔다.
필:	알겠어?
피터:	전화하려고 했는데, 열번이나, 근데 음성사서함은 항상 꽉차있더라구요.
필:	헤일리답네.

▶ CSI: Las Vegas 3-20

피살자의 무덤을 다시 파서 2차 부검을 했다고 하자 용의자가 반발한다.

George Stark:	I didn't give anyone permission to **dig her up.**
Brass:	You're a suspect in a murder case. We don't need your permission.
조지 스타크:	그녀의 무덤을 파라고 허락한 적이 없는데요.
브래스:	당신은 살인사건의 용의자야. 우리는 당신의 허가가 필요없어.

171

이게 걸잡을 수 없게 되었어

This is getting out of hand

「통제하기 힘든 상황이 된」이라는 뜻으로 여기에 만능동사 get을 붙여서 get out of hand하게 되면 뭔가 지나쳐서 「통제할 수 없게 되다」, 「걷잡을 수 없게 되다」라는 의미. 주로 This나 It, 혹은 Things 등을 주어로 해서 This is getting out of hand, 혹은 It got out of hand란 형태로 자주 쓰인다.

POINT

This is getting out of hand 이게 걷잡을 수 없게 되었어
It got out of hand 통제할 수 없게 되었어
get totally out of hand 완전히 걷잡을 수 없게 되다

▶ **Friends 5-14**

피비와 챈들러의 결전장면. 피비가 로션을 자기 몸에 발라달라고 하자 챈들러가 놀라 모니카에게…

Phoebe: No. No! It's just y'know first, I wanna take off all my clothes and have you rub lotion on me.

Chandler: Well that would be nice. I'll go get the lotion. Listen, **this is totally getting out of hand!** Okay? She wants me to put lotion on her!

피비: 아니야! 먼저 내가 옷을 다 벗고 네가 로션을 발라주기를 바래.

챈들러: 그럼 좋겠네. 가서 로션을 가져올게. 이봐, 일이 걷잡을 수 없게 되었어. 피비가 자기 몸에 로션을 발라달라고 해!

▶ **Sex and the City 2-16**

섹스수업을 받는 중에 캐리가 자기 애인의 문제점을 토로한다.

Carrie: He wants to have sex all the time. **It's getting a little out of hand.**

Samantha: At least he wants to fuck you.

캐리: 그 남자는 종일 섹스를 하고 싶어해. 통제할 수 없는 상황이라니까.

사만다: 적어도 그는 너랑 섹스하고 싶어하잖아.

F·R·I·E·N·D·S

172

나까지 끌고 들어가지마
Don't bring me into this

bring sb into this처럼 쓰이게 되면 「sb를 어떤 특정 상황에 놓이게 하다」 혹은 「강제적으로 그 상황에 관련되게 하다」라는 뜻으로 쓰인다.

POINT

Don't bring me into this 나까지 끌고 들어가지마

bring sb in 인재를 영입하다

Get him out of her[my sight] 데려가

▶ Sex and the City 3-5

사만다의 흑인 애인인 Chivon의 누나가 둘의 만남을 용인하지 않는다.

Charlotte: Maybe you should stop seeing him, Samantha. Race is a very big issue.

Samantha: No. **There is no reason to bring race into this.** Chivon is a sweet man. We have great sex, and he happens to have the biggest…

Charlotte: Black cock! We know he has a big black cock!

Samantha: I was about to say biggest heart. But now that you're so interested, yes. He does have a big black cock.

Miranda: It's big African-American cock. Right, Charlotte?

Charlotte: Don't make fun of me. My chin hurts.

샬롯: 사만다, 그를 그만 만나는게 어때. 인종은 큰 문제잖아.

사만다: 아니. 우리 사귀는데 인종문제를 끌어들일 이유는 없어. 쉬본은 달콤한 남자야. 우리는 아주 멋진 섹스를 했고 공교롭게도 아주 큰…

샬롯: 흑인의 고취! 우리는 그가 커다란 흑인고추를 갖고 있는 것을 알아!

사만다: 난 아주 맘이 넓다고 말하려고 했는데. 하지만 관심이 그렇게 있다면야, 그는 커다란 흑인 고추를 갖고 있어.

미란다: 커다란 아프리카 미국인 고추라고 해야지. 맞지, 샬롯?

샬롯: 나 놀리지마. 턱이 아프네.

네가 먼저 날 봐야지, 네가 날 먼저 보면

Not if I see you first

"I'll see you later"에 대한 장난스런 대답. 무슨 깊은 의미가 있는 것도 아니고 그냥 장난삼아 받아치는 문장으로 생각하면 된다. 즉 상대가 "나중에 보자"고 하니, 내가 널 먼저 보지 않는다면이라는 말로, 내가 먼저 널 보게 되면 널 피할테니 나중에 날 못보게 될거야라는 의미이다.

POINT

Not if I see you first 네가 먼저 날 봐야지

Not if I kiss you first 내가 먼저 키스해야 그렇지

Not if I can help it 그런 짓은 안해, 천만에

▶ **Friends 5-14**

챈들러와 피비가 키스하려는 명장면.

Chandler: It's very, very nice. Well, come here. I'm very happy were gonna have all the sex.

Phoebe: You should be. I'm very bendy. I'm gonna kiss you now.

Chandler: **Not if I kiss you first.**

챈들러: 아주 좋지. 이리로 와. 우리가 섹스를 하게 돼 무척 기뻐.

피비: 그래야지. 나 아주 유연하거든. 이제 내가 네게 키스할게.

챈들러: 내가 먼저 네게 키스안해야 그렇지.

▶ **Gossip Girl 1-3**

댄의 아버지인 루퍼스가 댄에게 하는 조언.

Rufus: But I know what you're capable of and nothing; my last name, my bank account, is going to stop you from getting what you deserve. **Not if I can help it.**

루퍼스: 하지만 난 너의 가능성을 믿어. 내 성이나 계좌도 그 어떠한 것도 네가 마땅히 받을 것을 방해하지 못할거야. 피할 수 있다면 피할게.

174

걘 날 돕기 위해 애를 많이 썼어

He goes out of his way to help me

go out of one's way to+V는 「…하기 위해 많은 노력을 기울이다」라는 뜻이다. 특히 자발적으로 보통 이상의 노력을 기울여 애를 쓰라는 뉘앙스가 내포되어 있다.

POINT

go out of one's way to+V …하기 위해 많은 노력을 기울이다

▶ **Friends 4-10**

남자가 필요하다고 부르짖는 레이첼에게 남자를 소개시켜줄까라고 하는 챈들러.

Chandler: There's some nice guys at my office, do you want me to set you up?

Rachel: Yeah! Wait a minute, it's been a long time that I've been single. How come you never offered this before?

Chandler: Well, I have a girlfriend, I'm-I'm happy. So, I no longer feel the need to **go out of my way to** stop others from being happy.

챈들러: 사무실에 멋진 남자가 있는데, 소개시켜줄까?

레이첼: 그래! 잠깐, 내가 혼자인지가 오래됐는데 왜 이제서야 제안을 하는거야?

챈들러: 난 여친이 있어서 행복하잖아. 그러니, 이제는 남의 행복을 애써 막을 이유가 없게 된거지.

▶ **Desperate Housewives 2-1**

브리는 렉스의 장례식에 렉스의 어머니를 못오게 하는데…

Andrew: Look, I'm sure she was a real bitch, okay? But she's family. That makes her our bitch. Let her say good-bye to dad.

Bree: **She went out of her way to** be cruel to me. I don't want her at the funeral.

앤드류: 저기, 할머니가 못됐다는 건 확실해요, 그죠? 하지만 가족이잖아요. 우리의 못된 할머니라구요. 아빠에게 작별 인사를 하게 해줘요.

브리: 나에게 못되게 굴려고 애를 많이 썼어. 장례식에서 보고 싶지 않아.

175

걘 팀을 위해 총대를 맸어!

He took one for the team!

take one for the team는 팀(전체)을 위해 나서다, 희생하다. 즉 다른 사람들을 위해서 힘든 일을 맡아서 하다. 우리말로 하자면 「팀을 위해 희생하다」, 「총대를 메다」라는 의미이다.

POINT

take one for the team 팀을 위해 희생하다. 총대를 메다

▶ Big Bang Theory 1-13

볼링 팀에서 쉘든이 빠지자 친구들을 레너드에게 레슬리 윙클에게 부탁하자고 하는데…

Raj: Why? Because you slept together and when she was done with you she discarded you like last night's chutney?

Leonard: Yes.

Howard: Sometimes you've got to **take one for the team.**

라지: 왜? 같이 잤는데 끝나자마자 걔가 널 저녁에 먹은 처트니처럼 버렸어?

레너드: 어.

하워드: 가끔은 팀을 위해서 희생해야지.

▶ Big Bang Theory 4-16

레너드가 노부인과 잠자리를 한 다음날 학교 구내식당에 레너드가 들어오자 총장은…

Seibert: Ah, there he is! The man of the hour! **He took one for the team!**

Leonard: I didn't do it for the money!

Seibert: Keep telling yourself that, it makes it easier. Trust me, I know.

사이버트: 아, 여기 오네. 화제의 인물! 전체를 위해 몸을 바쳤어요!

레너드: 돈 때문에 그렇게 한 게 아녜요!

사이버트: 계속 그렇게 생각해. 그러면 좀 더 쉬워져. 정말야. 내가 알아.

난 파티에서 개를 찜했어!

I called dibs on her at that party!

call dibs on은 「…에 대해 찜을 해두다」, 「…를 찍어두다」, 그리고 get dibs on 혹은 have got dibs on은 「…을 찜하다」, 「…을 먼저 차지하다」라는 의미이다.

POINT

call dibs on …에 대해 찜을 해두다

get dibs on/ have got dibs on …을 찜하다. …을 먼저 차지하다

▶ **Desperate Housewives 1-17**

수잔이 줄리에게 자신의 연애사 고충을 토로하고 있다.

Susan: I can't believe Edie. **She doesn't have dibs on** every man on the planet. If I want to go out with Bill I should be able to.

Julie: I thought you weren't even into him.

수잔: 이디를 믿을 수가 없어. 걔가 세상의 모든 남자를 찜해 놓을 수는 없잖아. 내가 빌하고 데이트하고 싶으면 내가 할 수 있어야 되지.

줄리: 난 엄마가 그 남자에게 관심 없다고 생각했는데.

▶ **Big Bang Theory 1-14**

레너드는 페니가 자신이 pathetic하다는 말에 충격을 받고 소장품을 팔려고 한다.

Raj: Too bad, **I called dibs.**

Howard: Well you can't just **call dibs.**

Raj: I can and I did, look up **dibs** on Wikipedia.

Sheldon: Dibs doesn't apply in a bidding war.

라지: 안됐네. 내가 찜했는데.

하워드: 그냥 말로 찜하는게 어디있어.

라지: 할 수 있고 내가 했지. 위키피디아에서 dibs를 찾아봐.

쉘든: 경매전쟁을 할 때는 dibs가 적용되지 않아.

177

그냥 빨리 끝냈으면 해

I just want to get it over with

get it over with는 하기는 해야 되는데 뭔가 힘들고 어려운 일을 빨리 해치우다, 빨리 마무리하다라는 의미이다. with 를 생략해서 쓰이기도 한다.

 POINT

get it over with 빨리 해치우다, 빨리 마무리하다

▶ **Sex and the City 4-17**

해군 파티에 온 캐리는 샬롯이 한 장교에게 가슴보여주는 것을 보고 그만 나가려고 하는데…

Samantha:	Carrie! There you are. Where's Charlotte?
Carrie:	Believe it or not, she's involved in a peep show upstairs.
Samantha:	I'm starting to have a new-found respect for that girl.
Carrie:	What is it about today? I've seen Miranda's boobs, Charlotte's boob. Why not show me yours and **get it over with?**
사만다:	캐리! 여기 있구나. 샬롯은 어디있어?
캐리:	믿기지 않겠지만, 윗층에서 핍쇼를 하고 있어.
사만다:	샬롯이 존경스러워지기 시작하네.
캐리:	오늘 왜 이러지? 미란다의 가슴, 샬롯의 가슴을 봤어. 네 것도 보여주고 빨리 끝내버리자.

▶ **Big Bang Theory 4-10**

페니는 horny한 에이미에게 쉘든이 할 수 있는게 있다고 말해주는데…

Sheldon:	Oh. Oh! You mean something I could do.
Penny:	Exactly.
Sheldon:	Well, I was hoping to avoid this. But I might as well **get it over with.** Thank you, Penny. I'll let you know what happens.
쉘든:	오! 내가 할 수 있는 뭔가를 말하는거지.
페니:	바로 그거야.
쉘든:	이건 피하고 싶었는데. 하지만 빨리 해치우는게 나을 것 같아. 고마워, 페니. 결과 알려줄게.

178

넌 방해하지 않고 그만 갈게

I'll get out of your hair

get[be, keep] out of sb's hair는 「사라지다」, 「폐끼치지 않고 그만 가다」, 「괴롭히지 않다」 그리고 get[keep] ~ out of one's hair는 「…가 괴롭히지 못하게 하다」. 끝으로 get in(to) a sb's hair는 「괴롭히다」.

POINT
get[be, keep] out of sb's hair 사라지다, 괴롭히지 않다
get[keep] ~ out of one's hair …가 괴롭히지 못하게 하다
get in(to) a sb's hair 괴롭히다

▶ **Desperate Housewives 2-16**

앤드류는 엄마 브리에게 독립하게 자신의 신탁기금을 달라고 하는데…

Andrew: Mom, we're both so unhappy. Why not just let me take my trust fund and **I'll get out of your hair** forever? Please.

앤드류: 엄마, 우린 둘 다 불행해요. 내 신탁기금을 주세요. 그러면 완전히 엄마한테서 사라질게요. 제발요.

▶ **Desperate Housewives 3-15**

회상장면으로 배관공 마이크가 올슨의 집에 와서 싱크대를 수리하려고 한다.

Orson: I'm Monique's boyfriend. She's upstairs lying down. She wasn't feeling well.

Mike: Well, I'll just finish up with the sink and **get out of your hair.**

Orson: Look, why don't you let me take care of that? I mean, I'm pretty handy, and it's getting late.

올슨: 난 모니크의 남친예요. 그녀는 위층에서 쉬고 있어요. 몸이 좀 안좋아서요.

마이크: 그럼 싱크대 빨리 고치고 가겠습니다.

올슨: 저기, 내가 하는게 어떨까요? 내 말은 내가 손재주가 있고 날도 늦어서요.

무슨 일이야?

What have you got going on?

What have you got going on?은 지금 현재 하고 있거나 관련된 일을 의미하는 것으로 우리말로 하자면 「무슨 일이야?」라는 의미가 된다.

POINT

What have you got going on? 무슨 일이야?
He's real interested in what you got going on
갠 네가 지금 하고 있는 일에 관심이 커

▶ **Friends 5-2**

챈들러는 자신도 모르게 모니카에게 딥키스를 하고 나서 자신의 관계가 들키지 않기 위해 레이첼과 피비에게도 딥키스를 한다.

Rachel: Hey-whoa-whoa-whoa!! Ho-ho-hold on a sec there, Mr. Kissey! Y'know, I've been meaning to talk to you about this whole, little, **new European thing you got going on,** and I just need to tell you that it makes me very uncomfortable and I just, y'know, stop it!

레이첼: 잠깬 키스하는 양반 잠깐 멈추라니까. 네가 벌이고 있는 이 새로운 유럽식 키스에 대해서 내가 말하려던 참이었어. 내가 정말 불편하니까 그만 하라고 네게 말해야겠어.

▶ **Desperate Housewives 2-12**

음주운전으로 유치장에 있는 브리에게 옆에 있던 창녀가 오해하고 언제부터 일을 시작했냐고 묻는다.

Prostitute: I bet the guys go crazy with your whole classy, **repressed thing you got going on, huh?** I mean, your skin has, like, no pores.

Bree: I am not sure, but I think there was a compliment in there somewhere, so thank you. But I am not an escort.

매춘부: 당신한테서 풍기는 고상하고 억제된거에 남성네들이 미칠거예요? 당신 피부에는 저기, 모공도 없잖아요.

브리: 잘모르겠지만, 그래도 칭찬하는 것 같으니 고마워요. 하지만 난 고급접대부가 아녜요.

넌 최선을 다해, 안간힘을 다 쓰고 있어

You bend over backwards

bend over backwards for sth[~ing/ to do]은 남을 위하거나 어떤 목표를 향해 '최선을 다해 …하려고 애쓰다'라는 의미이다.

POINT
bend over backwards for sth[~ing/ to do]
최선을 다해 …하려고 애쓰다

▶ **Sex and the City 6-13**

사만다는 스미스와 함께 파티에 갔다가 옛애인 리차드를 만난다.

Richard: So, how long have you been babysitting?

Samantha: Said the man who's hosting a Teen Posse party.

Richard: Don't rub it in. The hotels have to stay hip. So **I have to bend over backwards.**

리차드: 그래, 보모 일을 한지는 얼마나 됐어?

사만다: 당신이야말로 '십대들' 파티를 주최하면서 말야.

리차드: 그만 들먹이고, 호텔은 유행의 상징이니 난 최선의 노력을 해야 돼.

▶ **Law & Order: SVU 7-22**

용의자 카메론의 아버지인 Mr. Shaw가 경찰서에 와서 따진다.

Mr. Shaw: That girl made false charges against my son. That's a crime. I want her charged.

Cabot: I'll decide that after I review the evidence.

Benson: **We bent over backwards to** get the facts before we arrested your son.

쇼: 그 여자애가 내 아들에게 거짓 고소를 했는데, 그건 죄예요. 그녀를 기소하세요.

캐봇: 증거를 검토한 후에 결정하겠습니다.

벤슨: 우리는 당신 아들을 체포하기 전에 사실들을 알아보려고 최선을 다했습니다.

181

너무 신경쓰지마
Don't get hung up on it

get[be] hung up on[about]~은 「잊지못하다」 「매우 걱정하다」 「신경쓰다」 그리고 hang up on sb는 「전화를 도중에 끊다」(cut off one's phone call)라는 의미이니 혼동하면 안된다.

POINT
get[be] hung up on[about]~ 잊지못하다, 매우 걱정하다, 신경쓰다
hang up on sb 전화를 도중에 끊다

▶ **Desperate Housewives 1-9**
정원사 존의 집 앞에서 존이 친구와 자신의 연애사에 대해 얘기하고 있다.

Friend: I still don't get while you're not with Danielle anymore. She looked so slutty at Ray's party.
John: She's not my type, I guess.
Friend: What? Oh, **you still hung up on** your mysterious married lady?

친구: 네가 더 이상 다니엘과 사귀지 않는 걸 이해못하겠어. 레이의 파티에서는 헤프게 보이던데.
존: 내 타입이 아닌가봐.
친구: 뭐라고? 네 숨겨둔 유부녀를 잊지 못하고 있는거야?

▶ **Desperate Housewives 1-11**
마이크는 수잔에게 아직도 전남편에 대한 애정이 남아있냐고 물어본다.

Mike: I'm sure part of you does hate him, but, you know, maybe **part of you is still hung up on him.**
Susan: Where are you getting this?

마이크: 맘속에 조금은 그를 싫어하겠지만 또 당신 맘속 일부는 아직도 그를 잊지 못하고 있을 수도 있어.
수잔: 왜 그렇게 생각해?

182

나한테 화내지마!

Don't bite my head off!

bite one's head off는 「(이유없이) 신경질 내다」, 「갑자기 화를 내다」, 특히 「무턱대고 화를 내다」, 「아무 이유없이 물고 늘어지다」라는 의미를 갖는다.

POINT

bite one's head off 무턱대고 화를 내다

take one's head off …에게 화를 내다

▶ **Desperate Housewives 3-19**

빅터와 개비는 엘리베이터에서 섹스를 하게 되고 그들의 사진이 노출되게 되는데…

Gabrielle:	Look, I know this is my fault, so if you wanna **bite my head off**, go ahead.
Victor:	You know, Gaby, there are only two things that matter to me these days-- my campaign and you.
가브리엘:	내 잘못이니까 내게 화를 내고 싶다면 그렇게 해요.
빅터:	저 말이야, 개비, 요즘 내게 중요한 것은 딱 두가지가 있는데 하나는 내 선거운동이고 다른 하나는 당신이야.

▶ **CSI: Las Vegas 1-21**

놀이기구에서 아이가 사망한 사건을 맡고 있는 캐서린과 새라의 대화.

Sara:	You worried you tipped your hand in there?
Catherine:	No.
Sara:	Look, **don't bite my head off**, but any chance you're going after this guy because you're a mother?
새라:	아까 정보를 흘려서 걱정돼요?
캐서린:	아니.
새라:	저기, 뭐라고 하지 말고요. 캐서린이 엄마라서 이 남자를 쫓는거 아니예요?

183

지금 그 얘기를 하고 싶지 않아

I'm not getting into this right now

get into는 「어떤 상태에 빠지다」, 「…에 관련되다」, 「…에 대해 이야기하다」라는 의미로 쓰인다. 그래서 get into that[this] (right) now의 형태로 쓰이면 "지금은 그 얘기를 하고 싶지 않다"라는 문구로 화자가 단순히 바쁘던지, 혹은 자신이 불리하거나 불쾌한 얘기를 하고 싶지 않다는 이야기.

POINT

I'm not getting into this right now 지금 그 얘기는 하고 싶지 않아
I'm not getting this 난 이해가 안돼

▶ **Sex and the City 2-12**

술에 취한 캐리는 파리로 간다는 빅에게 전화해서 따지는데…

Carrie:	I would like to know how you could even think of going to Paris and not even think about discussing it with me. Huh? I think about you all the time. What's he doing? What's he thinking? But you, no. I mean, when… When were you planning to tell me? Are you still there?
Big:	Yes.
Carrie:	Okay, well, because I think about you all the time. No, no. Correction, correction. I think about us all the time.
Big:	**Can we get into this another time?** I was sleeping.
캐리:	당신이 어떻게 나하고 상의할 생각도 하지 않고 파리에 갈 생각을 했는지 알고 싶어. 난 항상 당신 생각뿐인데. 뭐하고 있을까? 뭘 생각하고 있을까? 하지만 당신은 아냐. 내 말은 언제 말하려고 했어? 전화받고 있어?
빅:	어.
캐리:	좋아, 난 당신을 항상 생각하고 있기 때문에. 아냐, 다시 말할게. 난 항상 우리에 대해 생각을 하고 있다고.
빅:	이 문제는 다음 기회에 얘기하면 안될까? 난 자는 중이었는데.

▶ **CSI: Las Vegas 5-22**

집에 온 캐서린에게 엄마가 불평을 늘어놓는다.

Catherine:	**Can't get into this now, Mother.** I'm in a jam.
Catherine's mom:	You haven't seen your daughter all week.
캐서린:	지금 이 문제 얘기할 수가 없어. 엄마. 난 곤경에 처했다고.
캐서린 엄마:	딸 얼굴 못본지도 일주일이나 됐잖아.

너는 그러고도 남을 놈이야

I wouldn't put it past you

put it[sth] past sb는 sb가 뭔가 「불법적이고 나쁜 짓을 한 것에 놀라다」라는 뜻이다. 그리고 I wouldn't는 가정법으로 I wouldn't put it past you하게 되면 "난 네가 그짓을 한다고 해도 놀라지 않을거다"라는 의미로 'you'가 아주 기본적으로 못된 놈이라고 강조하는 문장이 된다.

POINT

I wouldn't put it past you 너는 그러고도 남을 놈이야, 네가 그래도 전혀 놀랍지 않아

I wouldn't put it past sb to~ …가 …해도 놀라지 않을거야

▶ **Sex and the City 5-2**

사만다는 애인인 리차드와 대화를 나누고 있다.

Samantha: My friends don't believe you.

Richard: Am I dating your friends?

Samantha: **I wouldn't put it past you.**

사만다: 내 친구들은 당신을 믿지 않아.

리차드: 내가 당신 친구들과 데이트하는거야?

사만다: 당신은 그러고도 남을 사람이지.

▶ **Criminal Minds 5-14**

집 안에 있는 범인을 잡으러 들어가는 로시와 하치의 대화

Rossi: We got a car down the street and one in the driveway.

Hotch: Both plates match the wife's name. Remember, there's a 9-year-old boy in there and **I wouldn't put it past him to** hurt his own family. Or himself.

로시: 차는 길가에 한대, 주차장 입구에 한대가 있어.

하치: 두 차 모두 아내명의로 되어있네. 기억하라고, 저 안에는 9살 먹은 아이가 있다는 걸. 그리고 범인은 자기 가족이나 혹은 자신에게 해를 끼치고도 남을 사람이야.

185

잘 알아 들었어

Duly noted

duly는 due의 부사형으로 「충분히」, 「적절하게」라는 뜻이고 noted는 note(메모하다)라는 동사의 pp형으로 「메모했다」라는 뜻이다. 이를 해석해보면 Duly noted는 「충분히 받아적었다」라는 의미가 된다. 즉 "잘 알아 들었다"라는 뜻이 되는 것이다.

POINT

Duly noted 잘 알아들었어
Noted 잘 알아들었어
make notes 메모를 하다

 Friends 7-11

피비가 조이와 한달에 한번 만나서 다른 친구들 얘기를 한다고 하니까…

Phoebe: Oh, I have dinner plans with Joey. We get together about once a month to discuss the rest of you guys.

Ross: Wow, did not know that! May I say how lovely you look today?

Phoebe: **Duly noted.**

피비: 어, 나 조이랑 저녁먹어. 한 달에 한번씩 만나서 너희들 얘기를 해.
로스: 와, 난 몰랐네! 오늘 네가 얼마나 예쁜지 말해도 될까?
피비: 잘 알아들었어.

 Big Bang Theory 4-12

쉘든은 어플을 개발하자고 하고 친구들에게 일을 분담하는데…

Raj: Hey, why am I in charge of phone support? Seems a bit racist.

Sheldon: A customer service representative with an Indian accent will create the impression we're a vast enterprise that uses overseas call centers.

Raj: Oh. Very clever. But still racist.

Sheldon: **Duly noted.**

라지: 왜 내가 전화지원 담당이야? 인종차별같은데.
쉘든: 인도 억양의 고객지원 담당자가 있으면 해외 콜센터를 이용하는 커다란 기업이라는 인상을 줄 수 있을거야.
라지: 아. 알겠어. 그래도 인종차별적이야.
쉘든: 잘 알아들었어.

이거 어떻게 생각해?

What's your take on this?

take가 여기서는 명사로 쓰인 경우로, sb's take on sth하게 되면 「sth에 대한 sb의 의견」이나 「관점」이라는 뜻으로 쓰인다. What's your take on~?의 형태로 상대방의 의견을 물어보는 형태로 많이 쓰이는 구어체 표현이다.

POINT

What's your take on this? 이거에 대해 어떻게 생각해?

Your take on this is~ ? 이거에 대한 네 생각은 …라는거지?

be on the take 뇌물받고 나쁜 짓을 저지르다

▶ Desperate Housewives 1-13

르넷은 바람피우고 있는 아버지 로드니에게 질타를 하는데…

Lynette: It's not complicated. It's completely irresponsible.

Rodney: For years, I have stayed married to a woman that I don't love because I made a vow to God. So don't talk to me about responsibilities!

Lynette: But **your take on this is** you're the victim?

르넷: 복잡한게 아니라 완전히 무책임한거죠.

로드니: 오랫동안, 신께 맹세했다는 이유로 해서 사랑하지 않은 여자와 결혼생활을 유지해왔다. 그러니 내게 책임감 운운 하지마라!

르넷: 그럼 이거에 대한 아버지 생각은 아버지가 피해자라는거예요?

▶ CSI: Las Vegas 3-16

잠복근무하고 있는 워릭과 브래스 경감의 대화장면.

Brass: So, **what's your take on this?** Inside or outside job?

Warrick: No, I think it's just some freak with a nicotine habit and access to a laser printer.

브래스: 그래, 이 사건 어떻게 생각해? 내부자 소행? 아니면 외부자 소행?

워릭: 아뇨. 담배피는 괴짜로 레이저 프린터를 사용하는 사람일거예요.

남자하고 좀 해야겠어

I need to hook up with some guy

사람들끼리 hook up을 하게 되면 「그냥 친구가 되거나」 「뭔가 함께 하다」 「연락을 하다」라는 뜻으로도 쓰이지만 미드에서 가장 많이 쓰이는 hook up with에는 sex가 바탕에 깔려 있다. 그런데 특이한 점은 연인관계에 있는 사람들뿐만 아니라, 연인 관계가 아니라 평소 아는 사람 혹은 모르는 사람과도 하는 섹스를 말한다

POINT

I need to hook up with some guy 남자하고 섹스 좀 해야겠어

hook up sb with sb …을 …에게 소개시켜주다

hook up 가볍게 만나는 거

get one's hooks in sb …을 통제하다

▶ **Friends 7-11**

모니카가 런던에서 하룻밤 자려고 한 상대는 원래 챈들러가 아니라는 사실을 피비가 얼떨결에 말하고 마는데…

Phoebe: Tell him who you originally wanted to **hook up with** that night.

Monica: What?!

Chandler: What?

Phoebe: What?!

Chandler: Who did you originally want to **hook up with**?

피비: 그날밤에 원래 누구랑 보낼려고 했는지 챈들러에게 말해.

모니카: 뭐라고?!

챈들러: 뭐라고?!

피비: 뭐라고?!

챈들러: 원래 누구랑 자려고 했는데?

▶ **Desperate Housewives 1-1**

카를로스가 출근하자 개비는 정원사 존을 유혹하는데…

John: I really like it when we **hook up,** but I just gotta get my work done. I can't afford to lose this job, and…

존: 우리가 섹스할 때 정말 좋지만 저는 제 일을 마쳐야 해요. 이 일을 잃을 수는 없거든요, 그리고…

난 반대야, 절대 안돼

I got to put my foot down

상대방이 뭔가 하려는 것을 중단시키려고 하거나 혹은 상황을 장악하고 있기 때문에 자신있게 「반대」할 수 있는 선택권이 있다는 이야기이다. 이 표현은 따라서 당연히 선생님, 직장 상사, 부모님 등 위계질서상 위에 있는 사람들이 쓰게 되는 표현이다.

POINT

I got to put my foot down 난 반대야, 절대 안돼
I had to put my foot down 금지해야만 했었어
You're gonna have to put your foot down? 넌 반대할거야?

▶ Friends 7-2

모니카는 성대한 결혼식을 원해서 챈들러가 모은 돈을 다 쓰자고 하는데…

Chandler: I realize that honey, but I'm not gonna spend all of the money on one party.

Monica: Honey, I love you, but if you call our wedding a party one more time, you may not get invited. Okay? Listen, we could always earn more money, okay? But uh, we're only gonna get married once.

Chandler: Look, I understand, but I **have to put my foot down.** Okay? The answer is no.

Monica: You-you're gonna **have to put your foot down?**

챈들러: 그건 나도 알아 하지만 한 파티에 돈을 다 쓰지는 않을거야.

모니카: 자기야, 널 사랑하지만, 우리의 결혼식을 파티라고 한번 더 부르면 넌 초대받지 못할 수도 있어. 알았어? 이봐. 우리는 앞으로 계속 더 많은 돈을 모을 수 있지만, 결혼은 오직 한번 뿐이야.

챈들러: 저기, 이해해. 하지만 난 반대야. 알겠어? 대답은 노야.

모니카: 네가 반대할거라고?

가볍게 끝났어, 별로 처벌받지 않았어

We got off easy

get off easy는「가볍게 처벌받다」라는 뜻으로, 뭔가 잘못을 저질렀는데 나쁜 결과가 별로 없었다라는 의미로 사용된다. 자신들이 한 짓에 비해 처벌을 아주 가볍게 받아 운이 좋다고 생각할 때 이 표현을 쓰면 딱이다.

POINT

We got off easy 별로 처벌받지 않았어

I got off easy 가볍게 끝났어

let sb off easy …을 쉽게 봐주다

We've got it easy 편안한 삶을 즐기고 있어

▶ **Friends 5-6**

로스는 결혼식에서 실수를 하고 나서 에밀리를 뉴욕으로 데려오고 싶은데…

Ross: Look, if I can just do what Emily wants and get her to New York, I'm sure everything will be fine.

Chandler: Okay, but don't you think this is a little extreme?

Ross: After what I did? Can you blame her?

Phoebe: Oh my God! **You got off easy!** When my friend Silvie's husband said someone else's name in bed, she cursed him and turned his thingy green.

로스: 에밀리가 원하는 걸 해서 뉴욕으로 오게 할 수 있다면, 뭔들 못하겠어.

챈들러: 그래 하지만 좀 심한 것 같지 않아?

로스: 내가 한 짓이 있는데 에밀리를 비난할 수는 없지.

피비: 맙소사! 넌 가볍게 끝나는거야! 내 친구 실비는 자기 남편이 침대에서 다른 사람 이름을 말했다고 해서 저주를 퍼붓고 그 사람 고추를 녹색으로 만들었대.

▶ **Sex and the City 2-17**

친구들은 남녀관계와 우정에 대해서 이야기를 주고 받고 있다.

Carrie: If you don't make it as a couple, you withhold your friendship as a punishment?

Charlotte: Oh, you make it sound so bad.

Samantha: Black Widow spiders bite their heads off of their mates when they're through with them. I think withholding friendship **is letting them off easy.**

캐리: 연인이 되어 주지 않으면 벌로 우정을 거부하는거야?

샬롯: 그렇게 말하니까 이상하다.

사만다: 블랙 위도우 거미들은 교미가 끝나면 상대를 먹어치운대. 우정을 주지 않는 것은 쉽게 봐주는거지.

난 되갚아줘야 할게 있어

I got an old score to settle

settle a score하면 과거에 자기에게 상처나 피해를 본 사람에게 아직도 분이 풀리지 않아 피해를 되갚아줘서 청산하고 복수를 하는 것을 말한다. 「보복하다」, 「앙갚음을 하다」라는 뜻. 과거에 당한 것을 되갚아주는 것이기 때문에 get an old score to settle이라고도 쓴다.

POINT

I got an old score to settle 난 되갚아줘야 할게 있어

settle a score 보복하다

even the score 복수하다

▶ **Law & Order: SVU 7-6**

엘리엇 형사가 인종차별주의자인 스타 모리슨을 심문하고 있다.

Elliot: And Ackerman telling him that your group tracks race traitors, and there was a white guard there by the name of Mark Whitlock, who'd adopted a black boy.

Star Morrison: This is a prisoner who **has a score to settle against** a guard.

엘리엇: 그리고 액커만이 당신네 단체가 인종배신자들을 추적한다는 걸, 그리고 흑인 아이를 입양한 마크 휘틀락이라는 이름의 백인 교도관이 있다는 것을 그에게 말했어요.

스타 모리슨: 그는 교도관에게 되갚아줘야 할게 있는 죄수예요.

▶ **Desperate Housewives 1-13**

브리의 남편 렉스는 브리가 사귀는 약사 조지에게 찾아와 경고한다.

Rex: I just want you to know that she'd only be using you to **even the score with** me. Don't fall for it.

George: Bree would never do anything like that. She's a lady.

렉스: 브리는 오직 나에게 복수하려고 당신을 이용하고 있다는 것을 알았으면 해요. 넘어가지 마요.

조지: 브리는 절대로 그런 짓을 할 사람이 아녜요. 숙녀인데요.

원점으로 돌아왔어
We're back to square one

「출발점으로 다시가다」 「원점으로 돌아가다」라는 뜻이 된다. 특히 범죄수사물에서 수사가 진척이 될거라 생각했는데, 용의자에게 알리바이가 있거나, DNA가 불일치하던가해서 다시 원점에서 수사를 시작해야 한다고 할 때 많이 들린다.

POINT

We're back to square one 원점으로 돌아오다
go back to square one 원점으로 다시 돌아가다
from square one 다시 처음부터

▶ CSI: Miami 1-7

난관에 봉착한 호라시오 반장과 칼리가 나누는 대화.

Horatio: I know. You know what we do? Let's round up the rest of the evidence from the party and get it to trace.

Calleigh: **Back to square one.**

호라시오: 알겠어. 우리 이렇게 하자고. 그 파티에서 나온 나머지 증거들을 조사해보고 추적해보자고.
칼리: 원점으로 돌아가는거네요.

▶ Law & Order: SVU 7-18

시신없이도 살해되었다는 사실을 증명할 수 있다고 말하는 노박 검사.

Novak: I can still prove Nina Stansfield was murdered without her body from the blood volume at the crime scene. But without the confession **we're back to square one.**

노박: 범죄현장에서 그렇게 피가 많이 있는 걸로 봐서 시신이 없어도 니나 스탠즈필드가 살해되었다는 것을 증명할 수 있어요. 하지만 자백이 없으면 우린 다시 원점으로 돌아가요.

192

난 내 맘대로 그걸 취소했어

I took the liberty of declining it

take the liberty of~는 「실례를 무릅쓰고 …하다」, 「제멋대로 …하다」, 「마음대로 …하다」, 「허락도 없이 …하다」라는 의미로 of 다음에는 ~ing을 붙여 쓰면 된다.

POINT

take the liberty of ~ing 임의대로 …하다

▶ NCIS 4-10

검시관 덕은 깁스를 아래층으로 내려오라고 하는데…

Gibbs: Couldn't have told me that on the phone, Duck?

Duck: Yes, I could have, Jethro, but that's not the reason I asked you down here. **I took the liberty of** reviewing the profile that the FBI prepared on our serial killer eight years ago.

깁스: 덕, 전화로 말할 수 없는 거였어요?

덕: 아니, 할 수 있었지, 제스로. 하지만 이리로 내려오라고 한 이유는 그게 아냐. 내가 임의로 FBI가 8년 전에 우리가 찾는 연쇄살인범에 대해 한 프로파일을 훑어봤네.

▶ Big Bang Theory 3-16

속도위반으로 딱지를 끊긴 쉘든과 페니는 법정으로 가야 하는데…

Sheldon: **I've taken the liberty of** scripting your appearance on the witness stand because, let's face it, you're somewhat of a loose cannon. Now, don't worry, it's written in your vernacular. So shall we rehearse?

Penny: Do I have a choice?

쉘든: 증언대에서의 네 역할에 대해 스크립트를 임의로 준비했어. 인정하자고, 넌 좀 통제불능이잖아. 걱정마, 이건 네 수준에 맞게 적은거야. 자, 예행연습을 시작할까?

페니: 내게 선택권이 있어?

NCIS

어떻게 견디고 있어?, 어떻게 지내?

How're you holding up?

뭔가 안좋은 일을 당한 상대방에게 위로의 맘을 담아 쓸 수 있는 표현으로 우리말로는 "어떻게 견디고 있어?"에 해당되는 위로 인사이다.

POINT

How're you holding up? 어떻게 지내?

What're you holding? 뭘 들고 있어?

▶ **Friends 7-8**

레이첼은 비서 태그가 여친과 헤어지자 작업에 들어가기 시작하는데…

Rachel: **How are you holding up?**

Tag: Not bad.

Rachel: Yeah? I'm sorry about your girlfriend.

Tag: Thanks.

레이첼: 어떻게 지내?

태그: 괜찮아요.

레이첼: 그래? 여친 문제는 유감이야.

태그: 고마워요.

▶ **Desperate Housewives 1-2**

수잔의 실수로 집을 날린 이디에게 마이크가 안부인사를 한다.

Mike: Hey, I'm sorry about your house. **How you holding up?**

Edie: All right, I guess. Oh! Is somebody having a party?

Mike: No, Susan is just throwing me one of her traditional welcome to the neighborhood dinners.

마이크: 집 일은 정말 안됐어요. 어떻게 잘 지내고 있어요?

이디: 괜찮아요. 오! 누가 파티하나요?

마이크: 아뇨, 수잔이 관습대로 이웃환영 저녁식사를 해준다고 해서요.

194

난 키 큰 사람을 무척 좋아해
I'm a sucker for tall guys

sucker는 비유적으로 「잘 속는(gullible) 사람」이란 의미로 미드에서 "You sucker,!" "Suckers!"하면 "바보같은 놈!." "머저리같은 놈들!"이란 뜻이 된다. 여기서 발전하여 sucker는 간쓸개 다 내주고 싶을 정도로 뭔가 사족을 못쓰는 사람을 의미해. be a sucker for sb[sth]의 형태로 「…에 죽고 못산다」, 「사족을 못쓰다」라는 뜻이 되는 것이다.

POINT

I'm a sucker for tall guys 난 키 큰 사람을 무척 좋아해
I'm such a sucker for chocolate cake 난 초콜렛 케익을 엄청 좋아해
I have a weakness for showgirls 난 쇼걸들만 보면 사족을 못써.

CSI: Las Vegas 6-13

캐서린이 아버지 샘에게 사건에 관해 물어본다. stag는 속어 go alone이라는 뜻.

Catherine: **You always were a sucker for** a hot dancer, weren't you, Sam?

Sam Braun: Me and Lois -- I love her, but I like to be in the driver's seat. Like this dancer I'm seeing now -- she's working tonight; that's why I came stag.

캐서린: 아버지는 항상 섹시한 댄서에는 사족을 못쓰잖아요, 그렇지 않았어요?
샘 브라운: 나와 로이스… 그녀를 사랑하지만 난 내가 주도하는 것을 좋아한단다. 내가 요즘 만나는 댄서처럼 말이다. 오늘밤에 일한다고 해서 그래서 혼자 왔지.

Desperate Housewives 1-11

몰에서 알바를 하는 개비는 톰과 르넷을 보고 숨으려하다 그만 옷이 회전대에 끼고 만다.

Gabrielle: Just doing a little shopping, trying to get my mind off things.

Sarah: Hey Gabby, you need help, it looks like you're stuck here.

Gabrielle: Uh! I guess I am.

Sarah: No worries, I got it.

Gabrielle: I guess I got too close to the turn table. **I'm a sucker for** these Buicks.

가브리엘: 머리 좀 식히느라 쇼핑 좀 하고 있었어.
새라: 개비, 도와줄게, 네 옷이 끼인 것 같아.
가브리엘: 그런 것 같아.
새라: 걱정마, 내가 처리했어.
가브리엘: 내가 회전대에 너무 가까이 갔나봐. 내가 이 뷰익에는 사족을 못쓰잖아.

195

개와 연락이 되지 않아
I can't get a hold of her

get a hold of sb하게 되면 「(전화나 대면에서)…와 겨우 얘기를 나누다」라는 뜻이 된다. 특이한 것은 부정관사 a를 붙여서 get ahold of~라고 쓰기도 하고, get a hold of~라고 쓰기도 한다는 점이다.

POINT
I can't get a hold of her 걔와 연락이 되지를 않아
get ahold of sth …잡다. 얻다
get ahold of sb 얘기를 나누다
Get a hold of yourself! 진정해라!. 정신차려라!

▶ **Sex and the City 1-7**

빅과의 연애에 빠져서 친구들과 소원해지자 미란다가 전화를 한다.

Miranda: Hi, **I'm trying to get a hold of** a Miss Carrie Bradshaw. She used to be a friend of mine

Carrie: Good morning.

Miranda: Wait. I think I recognize that voice.

미란다: 안녕, 한때 내 친구였던 캐리 브래드쇼 양이라는 사람과 통화하고 싶은데요.
캐리: 안녕.
미란다: 잠깐. 목소리를 알아볼 것 같아.

▶ **Breaking Bad 3-8**

행크가 병원으로 후송되자 병원에 와있는 월터에게 제시가 전화한다.

Walter: What the hell are you thinking? Why are you calling me here?

Jesse: Tried your cell and it went straight to voicemail. How am I to **get a hold of** you?

월터: 너 도대체 무슨 생각인거야? 왜 여기에 전화를 하고 그래?
제시: 핸드폰으로 전화했는데 음성으로 넘어가더라고요. 내가 어떻게 연락을 취하겠어요?

196

그렇기는 하지만, 죄송합니다만

with all due respect

due respect하면 「적절한 존중[정중]」이라는 것으로 여기에 with를 붙여 with due respect하면 '당연히 정중하게'라는 뜻이 된다. 예의바른 표현인데 이왕이면 한 단어 더 써서 상대방에 대한 존중하는 맘을 더 표현할 수 있는데 이게 바로 with all due respect이다. 상대방의 의견과 다른 의견을 제시할 때 꺼내는 서두로 의역하자면 "죄송합니다만," "그렇기는 하지만"에 해당한다.

POINT

with all due respect 그렇기는 하지만
with due respect 그렇기는 하지만

▶ **Sex and the City 4-17**
보그지에 연재하게 된 캐리가 에니드와 나누는 대화.

Enid: This shows improvement, but still reeks of you. This magazine doesn't care what you say about shoes. What do you know about shoes?

Carrie: Enid, **with all due respect,** men I may not know, but shoes… … shoes, I know.

에니드: 훨씬 나아졌지만 아직도 당신 냄새가 나요. 이 잡지는 당신이 구두에 대해 뭐라하든 관심없어요. 구두에 대해서 뭘 알아요?

캐리: 에니드, 그렇기는 하지만, 내가 남자는 모를지라도 구두에 대해서는 알아요.

▶ **Desperate Housewives 1-4**
수잔이 이디의 집에 불질렀다는 사실을 알고 있는 후버부인과 얘기나누고 있다.

Mrs. Huber: I hope it works out with you and Mike. You've been so desperate to land him.

Susan: I am not desperate.

Mrs. Huber: Oh, good Lord, Susan. You burned your rival's house down. If that isn't desperate, I don't know what is.

Susan: Mrs. Huber, **with all due respect,** you're crazy.

후버부인: 너와 마이크가 잘되기를 바래. 마이크를 잡기 위해 그렇게 절박했잖아.

수잔: 난 절박하지 않은데요.

후버부인: 이런, 수잔. 넌 경쟁자의 집을 불태웠는데, 그게 절박하게 아니라면 뭐가 절박하다는 건지 모르겠네.

수잔: 후버부인, 죄송하지만 당신 미쳤네요.

누가 부추긴거야?

Who put you up to it?

이 표현을 쓸 때는 앞서 뭔가 좋지 않고 짓궂거나 혹은 놀라운 일이 벌어진 후이다. 그래서 이 표현을 씀으로써 그 행동이 누구의 생각이었는지, 누가 그렇게 되도록 초래했는지 등을 알아내기 위해서 다그칠 때 사용한다.

POINT

Who put you up to this? 누가 부추긴거야?

put sb up to~ …을 꼬득여 …하게 하다

▶ **Desperate Housewives 2-13**

카를로스는 결혼무효선언자료를 가지고 와서 가브리엘에게서 약속을 받아내려고 한다.

Gabrielle: You are threatening me with an annulment? That conniving little bitch **put you up to this,** didn't she? Didn't she?

Carlos: This fight could be over right now if you'd just make me a promise.

가브리엘: 결혼을 무효로 하겠다고 협박하는거야? 그 앙큼하고 못된 년이 당신한테 이러라고 시켰지, 그렇지 않아?

카를로스: 이 싸움은 당신이 약속만 해줬으면 벌써 끝났을거야.

▶ **Big Bang Theory 5-2**

쉘든은 페니의 지저분한 의자를 버리게 하려고 에이미를 이용하는데…

Amy: I just have one question about the chair.

Penny: And what's that?

Amy: Aren't you worried about it being unhygienic?

Penny: No, it's completely fine. Hmm. I get it. Sheldon sent you. **He put you up to this.**

에이미: 의자에 대해 물어볼게 하나 있어.

페니: 그게 뭔데?

에이미: 의자가 비위생적이라고 생각하지 않아?

페니: 응, 전혀 괜찮어. 음. 알겠어. 쉘든이 널 보냈구나. 쉘든이 너보고 이렇게 하라고 시켰어.

걘 재기하고 있어
He's picking up the pieces

원래 전체에서 떨어져 나간 조각조각들을 주워 모아 다시 하나로 만든다는 것으로, 비유적으로 뭔가 안 좋거나 충격적인 일을 겪고 나서 흩어졌던 정신들을 하나하나 모아서 다시 온전하게 만드는 모습을 추상적으로 생각해보면 답이 나온다. 우리말로는 「회복하다」, 「추스리다」, 「재기하다」 등으로 생각하면 된다.

POINT

He's picking up the pieces 재기하고 있어
be still in one piece 모든 게 다 무사하다

▶ **Desperate Housewives 3-22**

개비가 조깅중에 수잔을 보고 와서 인사한다.

Gabrielle: Oh, Susan! Julie told me about Ian. I am so sorry. You must be devastated.

Mike: Hey, Gaby.

Gabrielle: I see **you've picked up the pieces.**

Susan: We got engaged last night. We're getting married!

가브리엘: 오 수잔 줄리한테 이안소식 들었어. 안됐어. 상심이 크겠어.
마이크: 안녕, 개비.
가브리엘: 다시 일어섰구나.
수잔: 간밤에 약혼했어. 우리 결혼해!

▶ **Game of Thrones 1-4**

세르세이가 네드 스타크를 찾아온다.

Stark: The King called on me to serve him and the realm, and that's what I'll do until he tells me otherwise.

Cersei: You can't change him. You can't help him. He'll do what he wants, which is all he's ever done. You'll try your best to **pick up the pieces.**

Stark: If that's my job, then so be it.

스타크: 왕이 제가 왕과 왕국을 위해 일하라고 하셨습니다. 다른 말씀이 있기 전까지는 그 일을 할 겁니다.
세르세이: 왕을 변화시킬 수는 없어요. 왕을 도울 수도 없어요. 왕은 지금까지 그래왔던 것처럼 자기 맘대로 할거예요. 당신은 최선의 노력을 다해서 사태를 수습하는게 다일거예요.
스타크: 그게 저의 일이라면 그렇게 하지요.

그렇게 하자

I'll take you up on that

take sb up on sth를 토대로 하는 이 표현은 상대방이 한 초대나 제안을 받아들일 때 사용하면 된다. 다시 말해서, 상대방이 뭔가 하자고 제안을 했을 때, 자기는 그게 좋은 생각이라고 하는 표현으로 "그 제안을 받아들일게," "그렇게 하자," "그럴게" 등으로 이해하면 된다.

POINT

I'll take you up on that 그렇게 하자

Take her up on that 걔 말을 들어

I didn't take her up on it but it was nice
난 걔말을 듣지 않았지만 괜찮았어.

▶ Sex and the City 1-5

프랑스인 건축가인 질은 캐리에게 함께 파리에 가자고 제안한다.

Carrie: I thought you were spending the next six months in Brazil?

Gilles: You can join me there first.

Carrie: Don't tempt me. I'm so broke, **I might take you up on that** just to save in rent.

캐리: 앞으로 6개월 동안은 브라질에 있는 걸로 알고 있는데요.
질: 먼저 거기서 만나면 돼요.
캐리: 유혹하지마요. 요즘 돈이 없어서 집세 아끼려고 당신 말을 들을지 모르니까요.

▶ CSI: Las Vegas 4-11

캐서린이 댄서인 Davis를 심문하고 있다.

Catherine: **Did he take you up on** your offer?

Davis: Well, if you ask me, arguing was his turn-on.

캐서린: 그가 당신제안을 받아들였나요?
데이비스: 제가 보기엔 논쟁하는게 그를 자극하는 것 같았어요.

200

바로 그래, 그런 줄 알아

There you have it

말하는 사람이 상대에게 자기 일이 돌아가는 상황을 있는 그대로 최선을 다해 설명했다는 점을 전달하기 위해 쓰이는 표현이다. 달리 표현하자면 That's the way it is라는 말로, 상대방에게 앞서 설명한 것이 맞다라고 할 때 주로 쓰인다. 우리말로 하자면 "바로 그렇게 된 것이다.", "바로 그렇다.", "다 들은 것이다"에 해당된다.

POINT

There you have it 바로 그렇다. 그런 줄 알아

That's the way it is 바로 그렇게 된거야

▶ **Friends 5-16**

모니카와 연인이 되는 꿈을 꾼 조이가 챈들러에게 이를 말하는데…

Chandler: Joey, look, are you attracted to Monica? Right here, right now, are you attracted to her?

Joey: Not really.

Chandler: **Well there you have it!**

Monica: Well sure! I'm just wearing sweats!

챈들러: 조이, 모니카에게 끌려? 지금 여기서, 모니카에게 끌리냐고?
조이: 그렇지 않아.
챈들러: 그래 바로 그런거야.
모니카: 당연하지! 난 운동복을 입고 있는데!

▶ **CSI: Miami 1-15**

델코는 지폐에 눌린 자국의 숫자를 발견하는데…

Horatio: Could lead us straight back to him hopefully, huh?

Delko: Yeah. Looks like sixteen numbers.

Horatio: Eric, your genius knows no bounds. **There you have it.** Nice going.

호라시오: 잘하면 누군지 바로 알아낼 수도 있겠네, 그렇지?
델코: 예,16자리 숫자인 것 같아요.
호라시오: 에릭, 자네 능력은 정말 대단해. 그런 줄 알아. 잘했어.

201

딱 걸렸네
I'm so busted

bust는 범죄 수사물에 자주 나오는 단어로 「고장내다」, 「급습하다」, 「체포하다」 등의 의미로 쓰인다. 여기서 설명하는 I'm so busted는 일상생활에서 잘못을 저지르다 "딱 걸렸다"라는 의미로, 경찰에 체포되는 "The criminal was busted"와는 다르다.

POINT

I'm so busted 딱 걸렸네
be busted for …로 체포되다
gun bust 총기사건

▶ Friends 3-4

피비는 조이의 에이전트일을 그만두려고 일을 꾸미는데…

Joey: Wait a minute. Wait a minute, did you just make up all that stuff just to get out of being my agent.

Phoebe: Oh, you caught me. **I am so busted.**

조이: 잠깐만. 잠깐만, 내 에이전트 하기 싫어서 이 얘기들 다 꾸며낸거야?
피비: 걸렸네. 딱 걸렸어.

▶ Law & Order: SVU 10-3

벤슨 형사가 이웃집 학생을 탐문수사하고 있다.

Student: **I am so busted.** Stupid neighbors always ratting me out to my parents.

Benson: Right, and I'm sure you don't deserve it.

학생: 딱 걸렸네요. 멍청한 이웃사람들이 항상 부모님에게 일러 바친다니까요.
벤슨: 맞아, 넌 그럴 만한 짓을 하지 않았을텐데 말야.

202

이거 어떻게 생각해?, 뭐 알아낸 거 있어?

What do you make of this?

"이거 어떻게 생각해?." "뭐 알아낸 거 있어?"라고 상대방의 의견을 묻는 문장이다. 자기는 이 상황에 대해 아직 확신이 없어서 다른 사람의 의견을 알고 싶을 때 사용하는 표현으로 자신의 생각과 상대방의 생각을 비교해보려고 할 때 주로 쓰인다.

POINT

What do you make of this? 이거 어떻게 생각해?, 뭐 알아낸 거 있어?

Hang on. What do you make of that? 잠깐, 이거 어떻게 생각해?

What do you make of the smears? 이 얼룩 어떻게 생각해?

CSI: Las Vegas 3-19

새라가 대나무 조각을 발견하고 어떻게 할건지 물어본다.

Sara: Hey, guys. **What do you make of** this piece of bamboo? I found it on the roof.

Nick: Bag it.

새라: 이 대나무 조각 어떻게 생각해? 지붕 위에서 발견했어.

닉: 가방에 넣어.

CSI: Las Vegas 4-7

워릭이 뭔가 발견하고 그리섬에게 물어본다.

Warrick: Grissom, **what do you make of this?** We noted a similar type substance on the girl's wrists.

Grissom: Doesn't look like it belongs on the victim or her sheets.

워릭: 반장님, 이거 어떻게 생각해요? 그 여자애의 손목에서도 비슷한 유형의 물질을 봤잖아요.

그리섬: 이건 피해자나 그녀의 시트에서 나올 그런 물질은 아닌 것 같아.

Section 03 **217**

그렇게 해야지, 그렇게 해보라고 해, 그러라고 해

So be it

「어떤 상황이나 결정 등을 받아들이다」 혹은 「…하는데 동의하다」라는 것으로 우리말로는 "해보라고 해," "그렇게 해보라고 해," "그렇게 해야지"에 해당된다. 체념에서건 어쩔 수 없는 상황에서건 혹은 결의를 다지는 상황에서 쓰이는 표현으로 앞뒤 문맥에 따라 뉘앙스를 잘 살려줘야 한다.

POINT

So be it 해보라고 해, 그렇게 해보라고 해, 그렇게 해야지

If S+V, so be it …한다면 해보라고 해

If that gets me sued. So be it 그 때문에 내가 고소를 당한다면 그렇게 해보라고 해

If I have to go to jail, so be it 내가 감방에 가야 된다면, 그렇게 하라고 해

CSI: Las Vegas 1-13

닉은 검의관 로빈스 박사에게 자신이 시신을 제대로 묻어주고 싶다고 하는데…

Dr. Albert Robbins: Sure that's prudent, given the circumstances?

Nick: Doc, I'm giving this girl a proper burial. I don't much care about my career right now. Someone wants to throw me in jail for that **so be it.**

로빈스 박사: 주변환경을 고려할 때 그게 신중한 행동일까?

닉: 박사님, 이 소녀에게 제대로 매장을 해주는거예요. 지금 내 경력은 신경쓰지 않아요. 이걸로 날 감방에 넣고 싶어한다면 그러라고 해요.

CSI: Miami 1-24

탈옥수가 자기를 감옥에 넣은 사람들을 차례로 살해하는데…. 형사 존은 칼리에게…

John: Don't you get it? Kerner broke out to kill anyone who could hurt him at trial. You're next, Calleigh.

Calleigh: Well, then **so be it,** 'cause I'm not leaving the investigation.

존: 모르겠어요? 커너가 재판에서 자신에게 해가 될 수 있는 사람들을 죽이기 시작한거예요. 칼리가 다음 차례예요.

칼리: 그럼 그러라지요. 난 조사를 그만두지 않을거예요.

204

계속 노력해

Stick with it

stick은 여기서 「뭔가 끝까지 계속하다」라는 의미이다. 특히 stick with sb하게 되면 「계속 붙어다니다」, 「뭔가 분명히 기억나다」 그리고 stick with it하게 되면 「역시 계속하다」라는 의미로 상대방이 뭔가 계속 노력하고 성공하기까지 계속 노력하도록 격려하는 문장이 된다.

POINT

Stick with it 계속해, 계속 노력해
sb stick with sb 계속 붙어다니다
sth stick with sb 기억이 또렷이 나다

▶ **Big Bang Theory 4-15**
총장이 레이섬 부인에게 3명을 소개하는데, 하워드만이 박사가 아니다.

Seibert: Mrs. Latham, I'd like you to meet three of our outstanding young researchers. This is Dr. Leonard Hofstadter, Dr. Rajesh Koothrappali and Howard Wolowitz.

Mrs. Latham: Well, what happened to you, Wolowitz, couldn't **stick with it** long enough to get your PhD?

시버트: 레이섬 부인, 우리의 뛰어난 젊은 연구가 3명을 만나보시죠. 여기는 레너드 호프스태더 박사, 라제쉬 쿠트라팔리 박사, 그리고 하워드 월로위츠입니다.

레이섬 부인: 월로위츠는 어떻게 된거예요, 박사학위를 받을 정도로 계속 공부하지 못한거예요?

▶ **Gossip Girl 1-8**
루퍼스의 부인 앨리슨이 와플을 만들고 있다.

Alison: Who wants waffles? I mean, you do still like waffles, right, Rufus?

Rufus: You know me, Al. I'm a loyal guy. Once I commit to something, **I stick with it.**

앨리슨: 와플 먹을 사람? 루퍼스, 아직 와플 좋아하지, 그지?

루퍼스: 나 알잖아. 난 충실한 사람이야. 한번 몰두하면 절대 돌아서는 법이 없지.

GOSSIPGIRL

나도 협박 받을 만큼 받아봤어
I've had my share of threats

have (got) one's share of~하게 되면 「합당한 만큼 …을 해보다」, 「받아야 할 만큼의 …을 겪다」라는 뜻이 된다. 이 공식을 적용하면 위 문장은 내 몫의 협박을 받아왔다, 즉 "나도 받을 만큼의 협박들을 받아봤다"라는 표현이 된다.

POINT
I've had my share of threats 나도 협박받을 만큼 받아봤어
I've been with my share of women 여자 사귈 만큼 사귀어봤어
I've seen my share of abductions 유괴사건을 겪어볼 만큼 겪어봤어

▶ Gossip Girl 1-15
블레어가 남친에게 버림받은 넬리에게 하는 말.

Blair: There's nothing like the fresh, sharp pain of a breakup. Believe me, **I've had my fair share of** heartache… But this is about you. Tonight you're gonna come over to my house, and just cry till you get it all out of your system.

블레어: 남친이랑 헤어진 것만큼 가슴 아픈 일도 없어. 나도 상처받을 만큼 받아봐서 잘 알아. 네 가슴 무너지고 있으니 오늘 밤 우리 집에 와서 실컷 울고 털어버리자.

▶ Desperate Housewives 1-17
르넷은 어설프게 남의 가정사에 끼어들었다가 된통 당하는데…

Lily: Where the hell do you come off telling people to stop going to counseling?

Lynette: I didn't mean that you…

Lily: Sure, **we have our share of** problems. Financial, emotional, sexual… but we we're solving them.

릴리: 당신이 뭔데 나타나서 사람들에게 상담가는걸 멈추라고 하는거예요?
르넷: 난 그 뜻이 아니라…
릴리: 그래요, 우린 우리들의 문제점들이 있어요. 재정적, 정서적, 그리고 성적인 문제들요. 하지만 우리는 그 문제들을 풀고 있어요.

난 절대로 그 쇼에 가지 않을거야

I wouldn't be caught dead at that show

I wouldn't be caught dead는 "죽어도 …을 하지 않겠다," "절대로 …하지 않겠다"라는 강한 거부를 나타내는 표현이 된다. 보통 뒤에는 장소명사나, 옷에 관한 문구 혹은 ~ing가 이어져 온다.

POINT

I wouldn't be caught dead 죽어도 하지 않아, 절대로 하지 않아
I wouldn't be caught dead ~ing[in, with~] 절대로 …하지 않을거야

▶ Sex and the City 5-4

표지모델로 선정된 캐리는 옷을 선정하는데 사만다와 함께 간다.

Carrie: Nice to meet you. I don't usually dress like a high class hooker.

Samantha: That is not a hooker look.

Carrie: Please, this screams hooker. What respectable New York woman **would be caught dead** wearing this?

캐리: 반가워요. 보통 고급창녀같은 옷을 입지 않아요.
사만다: 창녀처럼 보이지 않아.
캐리: 창녀라고 외치고 있잖아. 인텔리 뉴욕 여성은 절대 이런 옷을 입지 않을거야.

▶ Desperate Housewives 1-9

개비는 자선행사로 집에서 패션쇼를 연다.

Bree: So, why isn't Mrs. Huber here?

Edie: Last I heard, she went to visit her sister. I just can't believe that Martha would agree to wear this. She always said **she'd never be caught dead** in black.

브리: 왜 후버 부인은 왜 안오는거야?
이디: 최근에 듣기론 언니 만나러 갔어. 후버부인이 이걸 입겠다고 했다니 놀랍네. 항상 검은 색 옷은 절대 안입을 거라고 생각했는데.

그거 꼭 지켜야 돼

I'm gonna hold you to that

sb가 약속하였거나 하기로 결정한 to 이하의 것을 지키게 만들다, 즉 지키도록 하다라는 의미를 갖는다. 그래서 I'll hold you to that, 혹은 I'm gonna hold you that의 형태로 자주 쓰이는 이 문장은 상대방에게 "그거(그 약속) 꼭 지켜야 돼"라는 다짐의 표현이 된다.

POINT

I'm gonna hold you that 그거(그 약속) 꼭 지켜야 돼

hold sb to (standard) sb가 to 이하의 기준에 따라 행동하게 하다

hold it[that] against sb sb에게 원한을 갖다, 맘속에 담아두다

▶ **Desperate Housewives 1-17**

카를로스는 개비의 말대로 유죄협상을 하고 감방에 가기로 하는데, 개비에게 바람피지말 것을 약속하게 한다.

Carlos: I love you, too. And just so you know, **I'm gonna hold you to that promise.**

카를로스: 나도 사랑해. 꼭 알아두어야 할 건 난 당신이 그 약속을 지키게 할거야.

▶ **Desperate Housewives 3-5**

르넷이 톰의 꿈인 피자가게 여는 걸 도와준다고 하자 친구들이…

Lynette: I know, but I said that I would support him and help him follow his dream.

Susan: Well, **he can't hold you to that,** not if the dream is pizza.

Gabrielle: She promised to stand by him, and once you make that commitment you have to see it through.

르넷: 알아요 하지만 남편이 꿈을 이루는데 지지하고 도와주기로 했어요.

수잔: 그 꿈이 피자가 아니라면 몰라도 너한테 그 약속을 지키라고 할 수는 없지.

가브리엘: 르넷이 톰을 지지한다고 약속했잖아. 한번 약속을 하면 끝까지 그 약속을 지켜야 돼.

우리가 지금 어떤 상황인지 모르겠어
I don't know where we stand right now

where sb stand는 sb가 서 있는 곳. 다시 말해 sb가 처해있는 「특정한 상황」이나 「입장」, 「의견」을 말한다. 어떤 상황인지 말하려면 where sb stand on~. 누구와의 입장인지를 말하려면 where sb stand with sb라 쓰면 된다. 상대방이나 제 3자의 의견을 물어보려면 Where do you[does he] stand on~?이라 한다.

POINT

I don't know where sb stand right now …가 지금 어떤 상황인지 모르겠어
where sb stand on~, sb가 처한 입장[상황]
Where do you[does he] stand on~? …에 대해서 무슨 입장이야?
from what I stand 내가 보기로는

▶ **Desperate Housewives 3-7**
Grocery에서 남편이 바람폈다고 총으로 인질을 잡고 있는 캐롤린이 노라를 죽이고 나서…

Carolyn: Oh, don't look at me that way. You know you wanted her dead.
Lynette: How can you say that?"
Carolyn: Well, you told me about her and your husband after I made it pretty clear **where I stand on** whores.

캐롤린: 그런 식으로 날 쳐다보지마. 너도 걔가 죽기를 원했잖아.
르넷: 어떻게 그런 말을 해요?
캐롤린: 창녀같이 바람핀 년들을 내가 어떻게 생각하는지 분명히 밝힌 후에 넌 그년과 네 남편얘기를 내게 했어.

▶ **Big Bang Theory 6-1**
구내식당에서 쉘든이 레너드에게 질문을 던진다.

Sheldon: Leonard, **where do you stand on** the anthropic principle?
Leonard: Interesting question. On the one hand, I always thought…
Sheldon: You don't even know what it is, do you?

쉘든: 레너드, 인본원리에 대한 너의 생각은 뭐야?
레너드: 흥미로운 질문이네. 한편으로는 난 항상 생각을…
쉘든: 넌 그게 뭔지도 모르지, 그렇지?

209

켠 크리스에게 푹 빠져있어
She's head over heels for Chris

뭔가에 푹 빠져있는 상태를 말하는데 주로 이성에 홀딱 반한 것을 표현할 때 이를 애용한다. 현재는 head over heels 를 기준으로 be[fall] head over heels about[for] sb 혹은 be[fall] head over heels in love (with sb)의 형태로 정신없이, 즉 이성을 잃고 이성에 푹 빠져 있다라는 의미로 쓰인다.

 POINT

be[fall] head over heels about[for] sb …에게 푹 빠져있다
fall be head over heels in love with sb …에게 홀딱 빠져있다

▶ Sex and the City 2-11
샬롯은 애인이 게이가 아닌지 스탠포드에 평가를 내리게 하는데…

Standford: I find him very attractive. Which, of course, means he's straight. He's obviously choosing to be straight… …because **he seems to be head over heels about** her.

Charlotte: What if he's gay and he doesn't know it yet?

스탠포드: 매우 매력적이야. 물론 이 말은 그는 게이가 아니라는거야. 그는 샬롯을 무척 좋아해서 이성애자가 되기로 선택한게 분명해.

샬롯: 자신이 게이인데 아직 모르고 있으면 어떻게?

▶ Desperate Housewives 3-22
이디는 카를로스와 관계를 발전시키고 싶어하지만…

Carlos: Edie, nobody wants a kid more than me. It's just…

Edie: Yeah, yeah, **we're not head over heels** in love. We like each other, right? I mean, that's more than a lot of parents have going for them.

카를로스: 이디, 나만큼 아이를 원하는 사람은 없을거야. 그건 단지…

이디: 그래, 그래. 우린 깊이 사랑을 하지 않지. 서로 좋아는 하잖아, 맞지? 내 말은 그거면 웬만한 부모들 사이보다 훨씬 나은거야.

224 아는 척하고 싶은데 도저히 모르겠다!

내게 분풀이 하지마!
Don't take it out on me!

본인이 화가 나거나 열받아 아무 죄도 상관도 없는 「sb에게 화풀이」, 「분풀이를 하는」 것을 말한다. 그래서 Don't take it out on me!하게 되면 그런 사람에게 "나한테 분풀이 하지마!"라고 맞서는 표현이 된다.

POINT

Don't take it out on me! 나한테 분풀이 하지마!
be dying to find sb to take it out on 분풀이 할 사람을 눈씻고 찾다

▶ **Desperate Housewives 1-15**

존의 친구 저스틴은 특별한(?) 정원사가 되겠다고 간청하는데…

Justin: Mrs. Solis, please.

Gabrielle: Did I mention why my husband's home a lot? He's under house arrest. He has a lot of anger toward the government right now and he's just dying to find someone to **take it out on.**

저스틴: 솔리스 부인, 부탁해요.

가브리엘: 내가 남편이 집에 많이 있다고 말했나? 가택연금중이야. 지금 정부에 분노가 많아서 분풀이 할 사람을 눈씻고 찾고 있다고.

▶ **CSI: Las Vegas 2-10**

새라는 자신이 부탁한 분석이 나왔는지 그렉의 실험실로 들어온다.

Sara: Hey. Are you baking a cake? What's the hold up on my pills?

Greg: Process. Just because you got passed over, **don't take it out on me.**

새라: 빵굽는거예요? 내가 부탁한 약약분석이 왜 늦어지는거예요?

그렉: 하는 있는 중예요. 반장님한테 무시당했다고 나한테 분풀이 하지마요.

나한테 뒤집어 씌우지마!

Don't try to pin it on me!

pin sth on sb 범죄미드에서 많이 나오는 표현으로 자기 잘못을 다른 사람 잘못이라고 '죄를 전가시키다.' '뒤집어씌우다'라는 의미이다.

POINT

pin sth on sb ···을 ···에게 뒤집어 씌우다

▶ **Desperate Housewives 3-2**

브리의 결혼식장. 르넷은 노라를 카를로스에게 소개시켜주고 둘은 춤추며 키스하는데 개비가 달려온다.

Tom:	This is not going to end well.
Lynette:	They are just two random people who met at a wedding. **Can't pin it on me.**
톰:	좋게 끝나지 않겠는데.
르넷:	결혼식장에서 두명이 우연히 만났을 뿐인데. 나한테 뒤집어 씌울 수는 없지.

▶ **CSI: Las Vegas 2-1**

캐서린이 용의자 재닌을 심문하고 있다.

Catherine:	We found fifty Xanax in Tony's stomach.
Janine:	**Don't pin that on me.** I'd left.
Catherine:	I'll tell you what you left -- your fingerprints all over the prescription bottle.
캐서린:	토니의 위에서 자낙스 50알을 발견했어.
재닌:	나한테 뒤집어 씌우지마요. 난 이미 나갔다구요.
캐서린:	당신이 남기고 한 것을 말해주지. 조제약병에 곳곳에 지문이 묻어 있어.

212

개킨데 사기쳐서 잠시 애들을 돌보게 했어

I suckered her into taking the kids for a while

sucker ~ into~는 「사기쳐서 …가 하기 싫은 일을 하도록 하다」, 그리고 be[get] suckered into~는 「속아서 …을 하다, 말려들다」라는 의미이다.

POINT

sucker ~ into~ 사기쳐서 …가 하기 싫은 일을 하도록 하다

be[get] suckered into~ 속아서 …을 하다, 말려들다

▶ **Desperate Housewives 3-6**

르넷은 집앞 그네에 앉아 술을 마시고 있고 지나가던 수잔이 인사를 한다.

Susan: Hey, you. Whatcha doing?

Lynette: **I suckered McCluskey into** taking the kids for a while so I could kick back and catch up with my old friend margarita. You care to join us?

수잔: 안녕, 뭐하는거야?

르넷: 맥클러스키 부인을 꼬득여서 잠시 아이들 봐달라고 했어. 좀 쉬면서 내 오랜 친구인 마가리타와 회포를 풀 수 있게 말야. 함께 할래?

▶ **Law & Order: SVU 7-2**

올리비아와 엘리엇은 피해자가 다니던 회사의 사장을 심문하고 있다.

Olivia: But I bet yours was the only one who took out an insurance policy on the one person who could blow the whistle on where you got your sperm.

Elliot: **She suckered you,** too, didn't she? She blackmailed you so nobody would find out? That's why you were so broke.

벤슨: 하지만 장담하건데, 정자를 어디서 구하는지 폭로할 수 있는 사람의 사망보험금을 받는 건 당신네 회사가 유일할 거예요.

엘리엇: 그녀가 당신을 사기쳤죠, 그렇지 않아요? 협박해서 아무도 모르게 했구요? 그래서 당신이 파산했군요.

213

내 말 진심이야
I'm not being flip

be flip(=be flippant)은 「경솔하다」, 「건방지다」, 「무례하다」라는 뜻. 그래서 be not being flip하게 되면 주어가 농담하는게 아니라 심각하고 진지하다는 의미.

POINT
I'm not being flip 내 말 진심이야
be flip(=be flippant) 경솔하다, 건방지다, 무례하다

▶ Desperate Housewives 1-3

메리의 자살로 메리가 주최하기로 한 파티는 없었던 일로 되어 버리는데…

Susan:	How could we have all forgotten about this?
Lynette:	We didn't exactly forget. It's just usually, when the hostess dies, the party is off.
Bree:	Lyne tte!
Lynette:	**I'm not being flip,** I'm just pointing out a reality.
Gabrielle:	Mary Alice was so excited about it. It's so sad.
수잔:	어떻게 우리 모두가 이걸 잊어버릴 수 있지?
르넷:	정확히 말하면 잊은게 아냐. 그냥 보통 파티 주최하는 사람이 끝나면 파티는 없는거지.
브리:	르넷!
르넷:	진심이야, 난 현실을 얘기했을 뿐이야.
가브리엘:	메리 앨리스가 무척 좋아했었는데. 정말 슬프다.

▶ Law & Order: SVU 1-11

올리비아와 엘리엇이 피살자의 아버지를 찾아가서 조사하고 있다.

William Landon:	Homosexuality is not natural. It is a crime against God.
Elliot:	And AIDS is divine retribution.
William Landon:	**Are you being flippant with me?**
윌리엄 랜던:	동성애는 타고난 게 아닙니다. 신에 대한 모독예요.
엘리엇:	그리고 에이즈는 신이 내리신 천벌이구요.
윌리엄 랜던:	나를 모욕하는거요?

난 이걸 참지 않을거야
I'm not taking this lying down

take sth lying down은 「…을 감수하다」, 「참다」, 「가만히 있다」라는 의미로 I'm not taking this lying down하게 되면 「난 이걸 참지 않을거야」라는 표현이 된다.

POINT

I'm not taking this lying down 난 이걸 참지 않을거야

take sth lying down …을 감수하다, 참다, 가만히 있다

▶ Boston Legal 3-14

데니 크레인에게 판사가 찾아와 사건을 의뢰하는데…

Denny Crane:	What do you mean?
Judge Clark Brown:	What I mean is: The person erroneously convinced that he's sexually attracted to a person of the same sex.
Denny Crane:	This affects you?
Judge Clark Brown:	Yes.
Denny Crane:	But you're a man. That would mean you're attracted to men.
Judge Clark Brown:	Yes. Oh, I'm not, of course. It's just that I think I am.
Denny Crane:	You mean like homosexual gay?
Judge Clark Brown:	Which is why I want to sue. **I will not take this lying down.**

데니 크레인:	그게 무슨 의미입니까?
클락 브라운 판사:	내가 말하는 것은, 자신이 동성의 사람에게 성적으로 끌린다고 잘못된 확신을 하게 되는 것을 말합니다.
데니 크레인:	그런 증상이 있습니까?
클락 브라운 판사:	네.
데니 크레인:	판사님은 남자잖아요. 그럼 판사님이 남성에게 끌린다는 건가요?
클락 브라운 판사:	네, 물론 아니죠. 그냥 내가 그렇게 생각한다는거지요.
데니 크레인:	게이처럼 말이죠?
클락 브라운 판사:	그래서 내가 고소를 하려는거예요. 가만히 두지 않을거예요.

난 걔를 이해시킬 수가 없어

I can't get through to her

get through to sb는 「…에게 이해시키다」, 「…와 말이 통하다」, 「전화가 통하다」, 그리고 get through on~은 「…을 이해시키다」라는 의미.

POINT

I can't get through to her 난 걔를 이해시킬 수가 없어

get through to sb …에게 이해시키다, …와 말이 통하다, 전화가 통하다

get through on~ …을 이해시키다

▶ **Desperate Housewives 1-17**

브리 부부가 아들 앤드류를 캠프에 넣을 것인가 대화하고 있다.

Bree: We have to admit that we need help. If we **can't get through to** Andrew then we have to find someone who can.

Rex: You really want to send our son away to some prison camp?

브리: 우리는 도움이 필요하다는 사실을 인정해야 돼. 우리가 앤드류와 의사소통이 안되면 할 수 있는 누군가를 찾아야 돼.

렉스: 정말 우리 아들을 감옥 같은 캠프로 보내고 싶어?

▶ **Desperate Housewives 3-5**

기억상실증에 빠진 마이크를 깨워보려고 노력하는 수잔.

Susan: Julie, there you are. I think I found a way to **get through to** Mike.

Julie: Let it go! He's not into you!

수잔: 줄리, 거기 오는구나. 마이크와 의사소통하는 방법을 찾은 것 같아.

줄리: 잊어버려! 엄마를 좋아하지도 않잖아!

216

사람들이 생각하는 것 만큼 좋지 않아, 생각보다 그리 좋지 않아
It's not all it's cracked up to be

not all it's cracked up to be는 뭔가 사람들이 생각하는 것 만큼 좋지 않다는 것을 말하는 표현. 따라서 실망감이 베어져 있는 문장으로, 좀 좋을 거라고 생각했지만 실제로는 그렇지 않은 일이나 경험을 한 사람이 쓸 수 있는 표현이다.

POINT

It's not all that it's cracked up to be 생각보다 그리 좋지 않아
crack a joke 농담하다
get cracking 빨리 시작하다
be on crack 마약하다

▶ **Modern Family 1-16**

미첼과 카메론은 입양한 딸 릴리에게 엄마가 없는거에 고민하다 소아과 의사인 미우라 박사와 대화를 나눈다.

Dr. Miura: Guys, listen. I had a very complicated relationship with my mother. She was born in Japan crazy-traditional. She didn't want me to become a doctor. She wanted me to get married and have kids. But my father… we would talk, and he would actually listen to what I wanted. Anyway, what I'm trying to say is, having a mother **isn't always what it's cracked up to be.**

미우라 박사: 들어봐요. 난 엄마와 매우 복잡한 관계였어요. 엄마는 일본태생으로 아주 전통적이셨어요. 엄마는 제가 의사가 되는 걸 원치 않았죠. 결혼해서 아이들 낳는 것을 바랬어요. 하지만 아버지는, 우린 대화를 하게 되었고 아버지는 마침내 내가 원하는 것에 귀를 기울이셨죠. 어쨌든, 내가 말하려고 하는 것은 엄마가 있다는게 항상 좋은 것만은 아니예요.

▶ **Desperate Housewives 1-10**

르넷과 이디의 대화장면.

Lynette: They're with the new nanny.
Edie: Wow! Your own personal nanny? Smell you.
Lynette: Well, trust me, **it's not all it's cracked up to be.**

르넷: 아이들은 새로운 보모와 있어.
이디: 와, 개인 보모야? 이제 알겠네.
르넷: 내 말 믿어. 그게 생각보다 그리 좋지 않아.

217

그게 다야, 그렇게만 하면 되는거야
That's all there is to it

That's all that there is to it에서 관계대명사 that이 생략된 것으로 all 이하를 먼저 해석하자면 그거에 있는 것은 그게 전부다이다가 된다. 여기서 it은 앞서 자기가 설명한 것을 말하는 것으로 조금 의역을 하자면 그것에는 그게 다야, 좀 더 발전시키자면 "그게 다야," "그렇게만 하면 되는거야"라는 문장이 되는 것이다.

POINT

That's all there is to it 그게 다야, 그렇게만 하면 되는거야

That's all there is to say 더 이상 할말이 없다

▶ **Desperate Housewives 1-18**

렉스는 예약한 부부상담에 가자고 하지만 브리는…

Rex: We can't cancel now. It's two days away.

Bree: Rex, I'm not going. **That's all there is to it.**

Rex: Counseling is part of the treatment at Camp Hennessey. You knew
         that.

렉스: 이제 와서 취소할 수는 없어. 이틀 남았잖아.

브리: 렉스, 난 안가. 더 이상 할 말없어.

렉스: 상담은 헤네시 캠프의 치료과정 중의 하나야. 당신도 알잖아.

▶ **Desperate Housewives 1-20**

파티에서 렉스에게 모욕을 당한 조지에게 브리가 찾아와 사과한다.

Bree: Well, I decide who I need in my life, and I've decided that I need you,
         and **that's all there is to it.**

George: He could make it awfully difficult for you to spend time with me.

브리: 내 인생에 누가 필요한지는 내가 결정하고요, 난 당신이 필요하다고 결정했어요. 그게 다예요.

조지: 렉스 때문에 당신이 나랑 같이 시간을 보내는게 무척 어려워질 수도 있어요.

큰 코 다칠 수 있어, 다시 생각해보는게 좋을거야

You've got another thing coming

여기서 another thing은 예상치 못한 일이 일어날 것이다라는 의미. 좀 상상력을 발휘해본다면 "상대방의 생각이 틀렸다"라고 말하는 셈이다. 우리말로 하자면 "다시 생각해보는게 좋을거야," "큰 코 다칠 수 있어"라는 문장.

POINT

You've got another thing coming
다시 생각해보는게 좋을게야, 큰 코 다칠 수 있어

He's got another thing coming 걔 다시 생각해보는게 좋을거야

▶ **Shameless 3-7**

칼은 양부모 집에 있고, TV를 켜려고 하는데…

Man: Put the remote down. It's time for your bath.

Karl: How many damn times do I have to smell like mango and pomegranate?

Man: Uh, if you think I'm gonna let you near your tutor without one, **you got another thing coming,** young man.

남자: 리모콘 내려놓고, 씻을 시간이다.

칼: 몇번이나 망고나 석류같은 냄새를 풍겨야 하나요?

남자: 내가 너의 가정교사랑 단둘이 있도록 허락해줄거라고 생각하면 큰 코 다칠 수 있어.

219

오버하지마

Don't go overboard with it

go overboard하면 「지나치다」, 화가 나서건 들떠서건 그만둘 때를 모르고 어떤 행동이나 말을 필요이상으로 지나치게 하다라는 뜻이 된다. 그래서 Don't go overboard라고 하면 「진정해라」 「오버하지마」라는 말이 된다.

POINT

Don't go overboard (with/~ing) 진정해라, 오버하지마
go overboard 지나치다
throw overboard 없애다

▶ **Big Bang Theory 5-6**

쉘든의 어머니는 교회에 가서 다들 기도를 하게 하는데 페니의 차례이다.

Penny: Okay, um, hey, God. What's up? Um, I'm good, but, uh, it would be a big help to my family if you could get my brother to stop cooking meth. But no cops. Be cool.

Mrs. Cooper: **She also goes a little overboard** on the love thy neighbour.

페니: 좋아요. 하느님. 안녕? 전 괜찮은데 내 동생이 마약제조하는 것을 그만두게 해주실 수 있다면 우리 가족에게 큰 도움이 될거예요. 경찰은 빼주세요.

쿠퍼부인: 이 아이는 또한 이웃을 지나치게 사랑하는게 문제예요.

▶ **Friends 6-10**

송년파티에서 조이는 라이벌 남자를 내쫓기 위해 화장실에서 그 남자 중요부위에 물을 뿌리는데…

Joey: Uh, take a look at the guy's pants! I mean, I know you told us to show excitement, but don't you think **he went a little overboard?**

Director: What's the matter with you? Get out of here!

Joey: Yeah, take a hike, wet pants!

조이: 저 친구의 바지를 봐요! 내 말은 열띤 분위기를 만들라고 했지만 저 친구는 너무 지나쳤다고 생각하지 않아요?

감독: 당신 왜그래? 나가요!

조이: 그래, 가버려, 오줌싸개야!

거짓말쟁이와 사는 건 바람직하지 않아

You wouldn't want to live with a liar

wouldn't want to~는 to 이하를 하게 되는 건 별로 좋은 생각이 아니다. 바람직하지 않다라는 것을 말하는 표현. 즉 상대방에게 조언을 할 때 일상적으로 쓰이는 문장으로 그렇지 않을 경우 부정적인 결과를 낳을 수도 있기 때문에 하지 않는게 좋다라는 의미를 내포하고 있다.

POINT
You wouldn't want to live with a liar 거짓말쟁이와 사는 것은 아냐
I wouldn't want to be with you 24/7 너랑 하루종일 붙어있는 것은 안되겠어

▶ **Sex and the City 6-19**

빅은 파리에 간 캐리를 잊지 못하고 세친구를 찾아와 자신이 파리에 가도 되는지 물어본다.

Big: But I do love her. And if you think I have the slightest chance, I'll be on the next plane to Paris, I'll roam the streets until I find her. I'll do anything. But if you think that she really is happy, well, **I wouldn't want to** wreck that for her. And I'll be history.

Miranda: Go get our girl.

빅: 하지만 난 캐리를 사랑해요. 가능성이 조금이라도 있다면 다음 비행기로 파리에 갈거예요. 찾을 때까지 거리를 돌아다닐거예요. 뭐든지 할거예요. 하지만 그녀가 정말 행복하다면 괜히 방해하지 않을게요. 그리고 잊혀질게요.

미란다: 가서 잡아요.

▶ **Desperate Housewives 2-23**

올슨의 치과에 온 마이크가 서로 대화를 한다.

Mike: Diploma says you graduated from Minnesota.

Orson: I'm licensed in three states. Open wide, please. Don't talk. **I wouldn't want to** hurt you.

마이크: 학위증에 보면 미네소타에서 졸업했다고 되어 있는데요.

올슨: 3개주에서 면허증을 갖고 있어요. 입을 크게 벌려요. 말하지 말고요. 다치게 하고 싶지 않으니까요.

221

걸 거짓말쟁이라고 부를 맘은 조금도 없지만,

Far be it from me to call her a liar,

far be it from me to+V는 반대나 비난하기 전에 '…할 마음은 조금도 없지만,' '…할 생각은 추호도 없지만'이라는 의미의 표현이다.

POINT

Far be it from me to call her a liar,

개를 거짓말쟁이라고 부를 맘은 조금도 없지만,

far be it from me to+V …할 마음은 조금도 없지만, …할 생각은 추호도 없지만

▶ **Desperate Housewives 1-19**

존은 찾아온 개비에게 신용카드를 쥐어주는데…

John:	Yes, you can.
Gabrielle:	I'll pay it off.
John:	If you want. But you don't have to. Mrs. Solis…to take care of you… it's my dream.
Gabrielle:	Well, **far be it from me to** stand in the way of a young man's dream.

존: 받아도 돼요.
가브리엘: 나중에 갚을게.
존: 그러고 싶으면요. 하지만 그러지 않아도 돼요. 솔리스 부인, 당신을 돌봐주는게 나의 꿈예요.
가브리엘: 그럼, 젊은이의 꿈을 방해할 생각은 추호도 없어.

갠 쇼엄계에서 잔뼈가 굵은 사람이야

He's done everything there is to do in show business

do everything there is to do~는 「해야 될 것은 다 해보다」 그리고 know everything there is to know about~은 「…에 관한 모든 것을 알고 있다」 「…에 대해 알아야 될 것은 다 알고 있다」라는 의미의 표현이다.

POINT

He's done everything there is to do in show business

갠 쇼업계에서 잔뼈가 굵은 사람이야

do everything there is to do~ 해야 될 것은 다 해보다

know everything there is to know about~

…에 관한 모든 것을 알고 있다

▶ Criminal Minds 4-19

하치는 모건에게 피해자에 대한 정보를 찾으라고 하는데…

Hotch: Morgan, call Garcia. Tell her we need to **know absolutely everything there is to know** about these 5 victims and we need to know it now.

하치: 모건, 가르시아에게 전화해. 이번 사건 다섯 명의 피해자에 대해서 뭐든 지 다 조사하라고 해. 지금 당장 알아야 된다고 해.

▶ Desperate Housewives 1-20

수잔은 폴 영 집안의 비밀을 캐내기 위해 사설탐정을 찾아 온다.

Susan: This family's got a secret. A bad secret. I think I'm in over my head. I need you to **find out everything there is to know** about Paul Young and his family. Do you think you can help me?

Private Investigator: As a matter of fact, I know I can.

수잔: 이 가정엔 비밀이 있어요. 나쁜 비밀이요. 제가 해결할 수는 없어요. 폴 영과 그의 가족에 대해 알아야 될 모든 것을 알아내주세요. 도와주실 수 있나요?

사설탐정: 사실은 가능합니다.

223

오늘밤에는 중국음식이 당기네

I've got a hankering for Chinese food tonight

have a hankering은 hanker의 명사형을 쓴 것으로 have a hankering for+명사[to+동사]의 형태로 쓰인다. 의미는 역시 '…하고 싶다.' '…가 당기다'라는 의미이다.

POINT

I've got a hankering for Chinese food tonight
오늘밤에는 중국 음식이 당기네

have a hankering for N[to~] …하고 싶다, …가 당기다

▶ **Desperate Housewives 2-13**

이디가 전단지를 보면서 저녁으로는 중국음식을 먹자고 하자…

Edie: **I've got a hankering for** Chinese food tonight.
Karl: I'm so over rice. Let's do pizza.
이디: 오늘 밤에는 중국음식이 당기는데.
칼: 쌀은 질렸어. 피자로 하자.

▶ **Big Bang Theory 5-15**

쉘든이 식사를 하면서 자기가 하고 싶은 것을 말하면서 같이 할 사람을 구하는데…

Sheldon: Um, I need a new picture frame and **I have a hankering for** Swedish meatballs. Who wants to spend the day with me at IKEA?
쉘든: 난 새 사진액자가 필요하고 스웨덴식 미트볼이 당겨. 누가 나와 함께 이케아에 갈테야?

다 털어놓고 잊어버려

Get it out of your system

get ~ out of one's system은 불쾌하고 안좋은 감정을 없애는데 도움이 되는 일을 하다. 즉 근심이나 걱정을 덜다 라는 의미가 된다. get 다음에는 사람이나 사물이 올 수 있다.

POINT

Get it out of your system 다 털어놓고 잊어버려

get ~ out of one's system 걱정을 버리다

▶ **NCIS 4-22**

토니와 지바가 토닥거리고 있다.

Tony: If you're going to give me advice on dating, I'm going to need to **get something out of my system** first, okay?

Ziva: Stop laughing or I will hurt you.

토니: 내게 연애 상담을 해주겠다면, 마음을 먼저 비우는게 필요할거야, 알았어?

지바: 웃지마 그렇지 않으면 아프게 하겠어.

▶ **Modern Family 4-7**

헤일리는 학교에서 쫓겨나 집에 오는데…

Alex: Oh, my God. What are you doing here?

Haley: I got kicked out. So go ahead, make your jokes. **Get it out of your system.**

Alex: No, that's horrible. I'm so sorry.

알렉스: 어머나, 여기는 무슨 일이야?

헤일리: 나 쫓겨났어. 어서해, 놀려먹어, 다 털어놓고 해봐.

알렉스: 아냐, 안됐네.

225

걘 기회를 놓쳤어

She let it slip through her fingers

slip through one's fingers는 「놓치다」「빠져나가다」「기회를 놓치다」, 그리고 let a thing slip through one's fingers는 「…을 놓치다」라는 의미이다.

 POINT

She let it slip through her fingers 걘 기회를 놓쳤어
slip through one's fingers 놓치다, 빠져나가다, 기회를 놓치다
let a thing slip through one's fingers …을 놓치다

▶ **Desperate Housewives 8-18**

르네는 애인의 몸을 뒤진 후 반지를 발견하고서는 형사들에게…

Renee:	Wait! He's not my boyfriend. He's my fiance.
Mary(narration):	Yes, Renee Perry had waited a long time for a proposal.
Renee:	Okay. Now you can take him.
Mary(narration):	And she wasn't about to **let it slip through her fingers.**
르네:	잠깐! 이 사람은 내 남친이 아녜요. 내 약혼남예요.
메리:	르네 페리는 오랫동안 프로포즈를 기다렸어요.
르네:	이제 데려가도 돼요.
메리:	그리고 그녀는 그 반지를 손가락에서 놓칠 마음이 없었습니다.

▶ **Game of Thrones 1-8**

투옥된 네드 스타크를 바리스 경이 찾아온다.

Varys:	I trust you know you are a dead man, Lord Eddard?
Ned:	The Queen can't kill me. Cat holds her brother.
Varys:	The wrong brother sadly. And lost to her. Your wife **has let the Imp slip through her fingers.**
바리스:	죽은 목숨이라는 건 알고 계시겠죠, 스타크 경?
네드:	왕비는 날 죽일 수 없소. 내 아내가 왕비의 동생을 데리고 있잖소.
바리스:	아쉽게도 동생을 잘못 골랐지요. 그리고 놓쳤구요. 경의 부인은 난쟁이를 놓쳤어요.

왜 그렇게 화를 내?

What're you getting so bent out of shape for?

get bent out of shape은 '…에 대해 화를 내다.' '열받다'라는 뜻으로 get upset과 같은 의미로 생각하면 된다.

POINT

What're you getting so bent out of shape for? 왜 그렇게 화를 내?
get bent out of shape …에 대해 화를 내다, 열받다

▶ **Friends 2-16**
조이가 다른 아파트를 생각하는 것 같자 룸메이트인 챈들러가 흥분하기 시작한다.

Chandler: Woah, woah, woah. I don't need a roommate either, OK? I can afford to live here by myself. Ya know, I may have to bring in somebody once a week to lick the silverware.

Joey: **What're you gettin' so bent out of shape for, huh?** It's not like we agreed to live together forever.

챈들러: 나도 룸메이트가 필요없어, 알았어? 나 혼자 여기서 살 여력도 되고. 은 숟가락을 핥아 줄 친구는 일주일에 한 번만 부르면 돼.

조이: 왜 그렇게 화를 내는거야? 영원히 함께 살기로 약속한 것도 아니잖아.

F·R·I·E·N·D·S

227

왜 네가 걔한테 처음으로 시도하는데?

Why do you get first crack at her?

take[have] crack at sth은 (성공할지는 모르겠지만)「…을 시도하다」 그리고 have[get] first crack at sth[~ing]
은「…을 처음으로 시도하다」라는 의미이다.

POINT

Why do you get first crack at her? 왜 네가 걔한테 처음으로 시도하는데?

take[have] crack at sth …을 시도하다

have[get] first crack at sth[~ing] …을 처음으로 시도하다

▶ **Big Bang Theory 2-17**

기차를 타고 가는데 여배우가 나타나자 하워드가 작업들어가려고 한다.

Raj:	Hang on a sec. **Why do you get first crack at her?**
Howard:	Um, well, let's see, couple reasons. One, I saw her first.
Raj:	No, you didn't. I did.
Howard:	Fair enough. But then let me move on to number two, unlike you, I can actually talk to women when I'm sober.
라지:	잠깐만. 왜 네가 먼저 저 여자에게 작업을 거는데?
하워드:	음, 몇가지 이유가 있지. 첫째, 내가 처음으로 그녀를 봤잖아.
라지:	아냐. 네가 아니라 내가 봤지.
하워드:	그렇다고 치자. 하지만 두번째 이유로 넘어가자. 너와는 달리, 난 술 안먹고 여자한데 말을 할 수 있거든.

▶ **Big Bang Theory 5-21**

하워드가 핸드폰에 찍힌 쉘든의 사진을 버나뎃에게 보여준다.

Howard:	Check this out, I got Sheldon to wear the French maid's costume.
Bernadette:	Oh, my God, that's terrible.
Howard:	Hey, **I gave you first crack at it.**
Bernadette:	Why are you doing that? You're being mean to him.
하워드:	이것 봐. 쉘든에게 프랑스 하녀복을 입혔어.
버나뎃:	어머. 끔찍하다.
하워드:	너한테 먼저 기회를 줬잖아.
버나뎃:	왜 그렇게 하는데? 넌 쉘든한테 못되게 굴더라.

228

넌 여전히 걔 죽음에 한몫했어
You still had a hand in her death

have a hand in sth은 in 이하의 일에 '관여하거나 관련되다'라는 의미로 keep one's hand in이라고도 한다.

POINT

You still had a hand in her death 넌 여전히 걔 죽음에 한몫했어

have a[one's] hand in~ …에 관여하다, 연루되다, 한몫하다, 영향을 미치다

▶ CSI: Las Vegas 2-21

닉이 용의자를 찾아와 조사결과를 말해주고 있다.

Matt Hudson: Are you telling me Stacy's death was an accident?

Nick: An accident of nature, yeah. But **you still had a hand in** her death just the same, didn't you, Mr. Hudson?

맷 허드슨: 스테이시의 죽음이 사고였다는 겁니까?

닉: 우연사이기는 하지만 당신도 책임이 있죠, 그렇지 않나요, 허드슨 씨?

▶ Game of Thrones 4-3

조프리왕 시해범으로 투옥된 티리온에게 종자 포드가 찾아온다.

Tyrion: My father. Maybe Joffrey was too much work for him. Sweet Tommen will be so much easier to handle. Whenever something bad happens to me, I assume it's my sister that **had a hand in** it.

티리온: 아버지일 수도 있어. 아마 조프리를 감당하기에 너무 벅찼나보지. 착한 토멘이 훨씬 다루기 쉬울거야. 언제나 내게 안좋은 일이 생기면, 내 누이가 관련되어 있었다고 생각해.

229

개는 지겨울 정도로 그랬어

If I had a nickel for every time he did that

If I have a nickel for every time S+V는 「정말 수없이 …했다」 「지겨울 정도로 수도 없이 …했다」라는 표현으로 풀어쓰면 …할 때마다 5센트를 모았다면 엄청 부자가 되었을거야라는 의미이다.

POINT

If I had a nickel for every time he did that 개는 지겨울 정도로 그랬어

If I have a nickel for every time S+V 정말 수없이 …했다

▶ **Desperate Housewives 2-14**

톰과 르넷이 다니는 회사에서 사장 에드와 대화를 나누는 톰.

Tom: Look, **if I had a nickel for every** Phi Kapppa that I tied naked to a freeway sign…

Ed: Scavo, if you were my pledge, I'd have made you my bitch.

Tom: Oh you think so?

톰: 저기 제가 정말 수없이 많은 파이카파 클럽 회원을 나체로 고속도로 표지판에 묶어놨지요.
에드: 톰, 자네가 신입회원으로 들어왔다면 내 꼬붕으로 만들었을거야.
톰: 그럴까요?

▶ **House 2-12**

하우스가 자신의 행동을 막는 포맨에게 강하게 반응하는데…

Foreman: House! You can't do this!

House: Oh **if I had a nickel for every time** I've heard that. Relax. Are they going to sue us? If I'm right, I save his life. If I'm wrong, he's dead no matter what I do.

포맨: 하우스! 이러시면 안됩니다!
하우스: 그 얘기는 지겨울 정도로 들었어. 진정해. 우리를 고소할건가? 내가 맞다면 그의 생명을 살리는 것이고, 내가 틀렸다면 내가 어떻게 하든지 죽는거지.

필요이상으로 내주지마
Don't give away the farm

give away the farm은 협상 등에서 미리 양보하거나 복안을 꺼내 보이지 말라고 할 때 쓰는 표현이다. 우리말로는 「필요이상으로 내주다」, 「메인은 놔둬」 정도로 생각하면 된다.

POINT

Don't give away the farm 필요이상으로 내주지마, 메인은 놔둬
give away the farm 필요이상으로 양보하다

▶ **Friends 5-14**

피비와 챈들러가 결전을 벌이는 순간. 레이첼은 피비의 상의 단추를 풀어주는데…

Rachel:	Okay honey, now I'm gonna try to listen from right here!
Phoebe:	Okay.
Rachel:	Okay? Whoa, wait!
Phoebe:	Good idea!
Rachel:	Yeah, oh wait!
Phoebe:	Oh, now, **don't give away the farm!**

레이첼: 그래. 난 바로 여기서 듣고 있을게!
피비: 좋아.
레이첼: 됐어? 잠깐!
피비: 좋은 생각이야!
레이첼: 그래, 잠깐!
피비: 필요이상으로 내주지는 마.

걔는 너무 놀라 어쩔 줄 모를거야
She won't know what hit her

not know what hit sb는 「너무 놀라 어쩔 줄을 모른다」, 「너무 놀라고 혼란스러워하다」라는 의미로 위문장은 「걔는 너무 놀라 어쩔 줄 모를거야」라는 표현이 된다.

POINT
She won't know what hit her 걔는 너무 놀라 어쩔 줄 모를거야
not know what hit sb 너무 놀라 어쩔 줄을 모르다

▶ **Law & Order: SVU10-18**

엘리엇이 과격하게 한 용의자를 다루고 있다.

Man: Let go of me!

Elliot: **You'll never know what hit you.** You'd better get used to this position 'cause they like to come back over and over again.

남자: 나 놔줘요!

엘리엇: 넌 너무 놀라서 어쩔 줄 모를거야. 넌 이 자세에 익숙해져야 돼. 왜냐면 그들이 계속해서 널 찾아올거니까.

▶ **Modern Family 1-9**

여친이 없는 매니에게 엄마 글로리아가 자신감을 복돋아준다.

Manny: I'll always love you, no matter what.

Gloria: Oh. You see right there? You need no tricks. Just be the sweet, wonderful little boy that you are.

Manny: Sweet little boy… Got it. **She won't know what hit her.**

매니: 무슨 일이 있어도 항상 엄마를 사랑할게요.

글로리아: 봤지? 트릭이 필요없어. 있는 그대로 착하고 훌륭한 소년의 모습을 보여주면 돼.

매니: 착한 소년이라…. 알았어요. 그녀는 놀라서 어쩔 줄 모를거예요.